Kurt Hassert

Reise durch Montenegro

Nebst Bemerkungen über Land und Leute

Kurt Hassert

Reise durch Montenegro
Nebst Bemerkungen über Land und Leute

ISBN/EAN: 9783743699601

Hergestellt in Europa, USA, Kanada, Australien, Japan

Cover: Foto ©Andreas Hilbeck / pixelio.de

Weitere Bücher finden Sie auf **www.hansebooks.com**

REISE

DURCH

MONTENEGRO

NEBST

BEMERKUNGEN ÜBER LAND UND LEUTE.

VON

Dr. KURT HASSERT.

MIT 30 ABBILDUNGEN NACH DEN AUFNAHMEN DES VERFASSERS
UND EINER KARTE.

WIEN. PEST. LEIPZIG.
A. HARTLEBEN'S VERLAG.
1893.

Vorwort.

Zwar ist Vollkommenheit ein Ziel, das
stets entweicht,
Doch soll es auch erstrebt nur werden,
nicht erreicht.
F. Rückert, Die Weisheit des Brahmanen. III, 34.

Es möchte vielleicht überflüssig erscheinen, mit einem neuen
Werke über Montenegro hervorzutreten, da die geographische Literatur
über die Crnagora neben einer Anzahl älterer Arbeiten zwei umfangreiche neuere Bücher — B. Schwarz, Montenegro (1883) und P. Rovinski,
Černogorija va eja prošlom i nastojaštem (Montenegro in der Ver-
gangenheit und Gegenwart (1888) — besitzt. Das eine derselben ent-
hält ausser einer allgemeinen geographischen Uebersicht die lebendige
Schilderung einer etwa einmonatlichen Reise durch die Schwarzen
Berge, das zweite, die Frucht eines langjährigen Aufenthaltes und von
dem besten Kenner Montenegros verfasst, gibt eine sehr ausführliche
Darstellung der physikalischen Geographie und Geschichte des Landes.
Die Umstände jedoch, dass Schwarz nur den kleinsten Theil der
Crnagora kennen lernte, dass zwei neuere Reisende, Dr. O. Baumann
und Dr. A. Baldacci, bisher wenig über ihre Streifzüge veröffentlichten,
und dass Rovinski's Werk in russischer Sprache geschrieben, also nicht
Jedermann zugänglich ist, bewogen mich zur Herausgabe dieses Buches,
das meine Erlebnisse auf einer nahezu fünfmonatlichen Fusswanderung
durch Montenegro schildern und vielmehr ein unterhaltendes als wissen-
schaftliches Buch sein soll, ohne jedoch des wissenschaftlichen Charakters
gänzlich zu entbehren. Die beigegebene Karte dient einzig und allein
zur Veranschaulichung meiner Routen und kann schon aus dem Grunde
nicht genau sein, weil das kartographische Material über jene Gebiete
der Balkan-Halbinsel, soweit es nicht geheim gehalten wird, ziemlich
mangelhaft und stellenweise falsch ist. Wenn an der Darstellung etwas
auszusetzen ist, so möge als Entschuldigung dienen, dass mich andere
Arbeiten und die Vorbereitungen zu einer zweiten Reise nach Montenegro sehr in Anspruch nahmen, und dass ich den letzten Theil des
Manuscriptes erst in Montenegro selbst fertig stellen konnte.

Um einige allgemeine Bemerkungen hinzuzufügen, so hebe ich von meiner Ausrüstung hervor: ein halbes Dutzend Thermometer, zwei Kappeler'sche Minimum-Thermometer mit Schutzvorrichtung, zwei Kompasse, drei Aneroïde, einen photographischen Apparat und einen Apparat zu Tiefenlothungen (Tiefenloth nach den Angaben von Herrn Professor Dr. E. Richter, Apparat nach dem Muster des Ule'schen Loth-Apparates), dessen Anschaffung mir durch das gütige Entgegenkommen des Vereins für Erdkunde zu Leipzig ermöglicht wurde. Erbswurst, Suppenconserven und Cacao leisteten mir mehrmals gute Dienste, und zwei warme Schlafdecken waren mir in den oft sehr primitiven Nachtquartieren nicht minder unentbehrlich. Als Waffe trug ich einen Revolver, doch habe ich denselben nie gebraucht und liess ihn meist meinen Diener tragen.

Endlich wurde mir durch die Güte der Kaiserlich Russischen Botschaft zu Berlin ein Empfehlungsschreiben an den Kaiserlich Russischen Minister-Residenten in Cetinje und durch Vermittlung der Deutschen Botschaft in Wien ein Vorschreiben an die k. und k. Diplomatische Mission in Cetinje zu theil: vom Fürstlich Montenegrinischen Ministerium des Aeusseren erhielt ich einen offenen Brief an die Landesbehörden, und ich kann es nicht unterlassen, Allen, die mich bereitwilligst mit Rath und That unterstützten, meinen ergebensten Dank auszusprechen.

Kolašin, den 15(3). Juli 1892.

— ·

Der Verfasser.

Zur Aussprache:

ć = dsch, č = tsch, c = c (da das Serbische ein k besitzt), z = ss, ž = französisch (joli), š = sch, v = w.

Häufig vorkommende Bezeichnungen und geographische Namen

Voda	= Wasser	Crni	= Schwarz
Rijeka	= Fluss	Dobar	= Gut
Jezero	= See	Sveti	= Heilig
Blato	= Sumpf	Polje	= Ebene
Gora, Planina	= Gebirge	Do	= Thal
Vrh	= Berg	Ždrijelo	= Engpass
Gornji	= Ober	Grad	= Stadt
Pod, Dolnji	= Unter	Selo	= Dorf
Veliki	= Gross	Kula	= Blockhaus
Mali	= Klein	Crkva	= Kirche
Zelen	= Grün	Locanda	= besseres Gasthaus
Bio	= Weiss	Han	= Gasthaus

REISE

DURCH

MONTENEGRO.

1. Capitel.

Nach Cetinje.

Unter den Ländern Europas war von jeher eines der eigenartigsten und geheimnissvollsten die Balkan-Halbinsel. Ein Volk, fremd nach Stammeszugehörigkeit und Religion, ein Volk mit anderen Sitten und anderer Denkungsart hatte sich in den gesegneten Gefilden festgesetzt, und erstarrend in den Vorschriften des Koran sank es von Stufe zu Stufe. Auch die unterworfenen Staaten blieben von diesen Nachwirkungen nicht verschont, und erst der russisch-türkische Krieg von 1877/78 brachte für die meisten derselben die völlige Erlösung aus Knechtschaft und Unbekanntheit. Nur e i n Land konnte der Islam trotz Jahrhunderte langer Kämpfe nie dauernd bezwingen, und seine tapferen Bewohner behaupteten allein ihre Selbstständigkeit. Das war Montenegro. Und doch! Wie falsche Ansichten herrschen noch heute über die als Krieger bewunderten, als Bürger und Menschen gering geachteten Crnogorcen! Niemand erinnerte sich der Reisen eines Vialla de Sommières, Wilkinson, Stieglitz oder Ebel, und erst im letzten Jahrzehnt haben die Forschungen von E. Tietze, B. Schwarz, O. Baumann, J. Wünsch, P. Rovinski, L. und A. Baldacci das halb verschollene Land wieder der Vergessenheit entrissen.

Während ich mich mit der Literatur über die Schwarzen Berge beschäftigte, konnte ich ebenfalls die Zweifel zwischen Wahrem und Uebertriebenem nicht überwinden, und obwohl ich mir klar wurde, dass die Söhne der Crnagora weit besser seien als ihr Ruf, so fiel es mir schwer, Alles zu glauben, was ältere und neuere Schriftsteller über sie berichtet haben. Diese Widersprüche bestärkten mich in meinen lange gehegten Reiseplänen noch mehr, und im Jahre 1891 war die Zeit gekommen, die mich dem ersehnten Ziele zuführte.

Am 31. März sagte ich der Heimat Lebewohl, nicht ohne vor der
vermeintlichen Unsicherheit in jenen Gebieten Europas dringend gewarnt
worden zu sein. Ein vorbereitender Ausflug im Anschluss an den Wiener
Geographentag bot mir die erwünschte Gelegenheit, unter fachmännischer
Leitung den Karst kennen zu lernen, ein zweiter Besuch galt dem Neu-
siedler See, der in vielen Beziehungen dem Scutari-See gleicht, und nach
sechswöchentlichem Aufenthalte kehrte ich der schönen Kaiserstadt an
der Donau den Rücken. Am Morgen des 20. Mai betrat ich in Triest
den Lloyddampfer, und klopfenden Herzens sah ich das Schiff sich in
Bewegung setzen, das mich an den Fuss der Schwarzen Berge bringen
sollte.

Langsam verschwand das amphitheatralisch aufgebaute Häusergewirr des wichtigen Handelsplatzes, und die Ostküste der Adria entfaltete ihre malerischen Schönheiten. Hoch oben wölbt sich der unendliche Himmel, unten fluthet das blaue Meer, in dem muntere Delphine
ihr lustiges Spiel treiben und Fischerbarken mit breiten, weissen Segeln
auf- und niederschaukeln. Die nackten Steilwände des istrischen und
dalmatinischen Karstes heben sich scharf vom tiefblauen Firmamente ab,
und freundliche Ortschaften, dunkle Wälder oder grünende Aecker um-
kränzen abwechselnd die unteren Gehänge. Anfangs kann man die Reize
der südlichen Landschaft, das Labyrinth der zahllosen Inseln, den anmuthigen Ufersaum und die drohenden Gebirgsmauern nicht genug
bewundern, bis sie schliesslich doch ihre Zauberkraft verlieren. Umsomehr wendet man sich der Reisegesellschaft zu; Bekanntschaften sind
bald geschlossen, und in angenehmer Unterhaltung verfliegt die Zeit.

Das Schiff landet in Pola, dem Kriegshafen der österreichischen
Marine, es hält in Dalmatiens politischer Hauptstadt Zara, und am
Nachmittage des zweiten Tages ist Spalato, die Residenz Kaiser Diocle-
tians und heute der volkreichste Ort Dalmatiens, erreicht. Jedesmal
bietet ein mehrstündiger Aufenthalt Zeit genug, um die originellen Städte
und ihre Alterthümer kennen zu lernen. Buntmützige Morlaken in ihrer
ebenso malerischen als schmutzigen Tracht warten am Hafen auf den
Reisenden, um sich unter Schreien und Zanken seines Gepäckes zu
bemächtigen; zerlumpte Bummler sonnen sich träge auf den breiten
Steinfliesen und halten, zum Reden zu faul, dem Fremden mit einer
bezeichnenden Geberde die Hand entgegen. Kaum hat dieser die engen,
winkligen Gassen betreten, so läuft ihm schon eine Schaar von Bettlern
aller Altersclassen und Geschlechter nach, bleibt er irgendwo stehen,
gleich sind andere Aufdringliche bei der Hand, und sucht er in einem
Gasthause Zuflucht, so folgen ihm die Unverschämtesten dorthin nach.

Doch die Dampfpfeife mahnt zur Eile; die Nacht breitet rasch
ihren Schleier aus, das Stampfen der Maschine und die an die Schiffs-
wand schlagenden Wellen wiegen uns in festen Schlaf, und der
frühe Morgen findet uns neu gestärkt in einer lieblichen Bucht. Cypressen-
und Pinienhaine, Feigen und Aloës, der Lorbeer und andere immergrüne Laubhölzer verhüllen schmeichelnd den nackten Kalk, stattliche
Häuser schauen aus dem Gebüsch hervor, und stolze Forts grüssen von
den steilen Höhen herab. Wir waren in Gravosa, dem trefflichen Hafen
der alten Handelsstadt Ragusa, die ich einige Monate später als unfreiwilliger Wanderer zum zweiten Male betreten sollte.

Nun wird der Gebirgswall zusehends wilder, er scheint an Höhe
und Steilheit zu gewinnen, und nach Mittag biegt unser Fahrzeug um
die berüchtigte Punta d'Ostro. Mit einem Schlage hat sich die Scenerie
verwandelt. Die noch eben bewegte See kräuselt sich in leichten Wellen,
schauerliche Kalkmauern stürzen fast unvermittelt in die blauen Fluthen
und kommen sich zuweilen so nahe, dass sie blos einen schmalen
Canal übrig lassen. Das sind die Bocche di Cattaro, die so vielfach
an den Vierwaldstätter See erinnern und zu den berühmtesten, ge-
räumigsten und sichersten Häfen der Welt gehören. An der Einfahrt
thürmt sich der riesige Orjen auf, im Hintergrunde winken die nackten
Felszüge der Crnagora, und als weithin sichtbares Wahrzeichen grüsst
ein Berg herüber, dessen sargdeckelartigen Kamm grauweisse Schneeflecken zieren. Das ist der Lovćen, der heilige Berg der Montenegriner,
an dem der uralte Saumpfad und die neue Fahrstrasse in zahllosen
Zickzacken emporklimmen. Fieberhafte Thätigkeit herrscht auf dem
Schiffe. Das Gepäck wird heraufgewunden, die Fahrgäste drängen sich
auf dem Verdeck zusammen, und Cattaros weisse Häusermasse kommt
rasch näher. Schon sind die Gestalten der neugierigen Zuschauer zu
erkennen, und vernehmbar klingt das Gezeter der Lastträger herüber,
die sich um die besten Plätze streiten. Jetzt hält das Schiff, die Landungs-
brücke wird aufgerichtet, und im nächsten Augenblicke stürzen die
Facchini, einer losgelassenen Meute gleich, an Bord.

Vier der rohen Gesellen fielen über meine beiden Reisekörbe her
und schleppten sie durch das schmale Thor der Festungsmauer in die
Zollstätte. Nachdem die Durchsicht des Gepäckes zu beiderseitiger
Zufriedenheit beendet war, konnte ich das Hôtel aufsuchen; draussen aber
warteten schon die zweifelhaften Helfer, um für ihre Dienste einen
unverschämten Preis zu verlangen. Ich nahm einen derselben bei Seite,
theilte ihm mit, dass ich am nächsten Tage nach Cetinje wollte, und
fragte ihn, ob er mir einen Mann mit einem Tragthier verschaffen

könnte. Bald hatte er das Gewünschte gefunden, der Aufbruch wurde auf ¹/₂5 Uhr Morgens festgesetzt, und nun konnte ich mit einiger Ruhe den kommenden Ereignissen entgegensehen. Ein Rundgang durch Cattaro bot nicht viel Neues, da dieses genau den übrigen Städten Dalmatiens gleicht. Ich kehrte deshalb ins Hôtel zurück; kaum aber war ich eingetreten, als mich ein Herr in fliessendem Französisch an-redete und sich als türkischen Major vorstellte. Er war gekommen, um ein Mitglied der türkischen Gesandtschaft abzuholen und nach Cetinje zu geleiten; und mit dem Letzteren, einem fein gebildeten, des Deutschen und Französischen gleich mächtigen jungen Manne vornehmer türkischer Abkunft, hatte ich bereits auf dem Schiffe einige genussreiche Stunden verbracht. Inzwischen war es dunkel geworden, und die wunderbar milde Luft lud nach des Tages Hitze doppelt zu einem Spaziergange am Strande ein. Am Himmel glänzten zahllose Sterne, und das silberne Licht des Mondes beleuchtete gespensterhaft den Scheitel der maje-stätischen Gebirgsmauer. Dort oben nahm Montenegro seinen Anfang, und dort oben weilten meine Gedanken. —

Pünktlich erschien mein Begleiter und trug das Gepäck vor das Thor, da Pferde das Innere der Stadt nicht betreten dürfen. Der Be-sitzer des Maulesels war ebenfalls zur Stelle; die schwere Last wurde dem geduldigen Thiere aufgebürdet, und hinauf ging es, den Schwarzen Bergen zu, während über Cattaro noch die friedliche Morgenruhe lagerte. Die 1879 vollendete Fahrstrasse läuft zunächst in einer Einsenkung, verlässt dann den nach Budua führenden Strassenzug, und es beginnt eine Unzahl grosser Krümmungen, die durch kümmerliche Pfade abge-schnitten werden. Mehrmals überspannen Steinbrücken die in den schroffen Berghang eingerissenen Schluchten; aber nur in den wenigsten derselben floss noch Wasser, das von dem schneebedeckten Lovćen herabrieselte und wenige Wochen später gänzlich versiegt war.

Mit wachsender Höhe des Aufstieges erweitert sich der Ausblick zusehends, und es entrollt sich — wer könnte ein solches Bild be-schreiben — das unendliche Meer, um in unbestimmter Ferne mit dem Horizonte zu verschwimmen. Vor uns liegen die Bocche mit ihren steilen Gebirgsmauern, ihren anmuthigen Ufern und schmucken Häusern, die von der Höhe wie die winzig kleinen Häuschen eines Kinderspiel-zeuges aussehen. Noch einige Schritte, dann zieht sich eine Reihe ein-gelegter Steine schräg über die Strasse; sie zeigt die Grenze (924 Meter) zwischen hüben und drüben an, und ich überschritt sie mit einem kräf-tigen Hurrah, Crnagora!«

Nun ist der vielgenannte Krstac-Sattel (984 Meter), der dem Strassenbau die meisten Schwierigkeiten entgegenstellte, nicht mehr weit, und eine andere Landschaft nimmt uns auf. Wüstes Steingeröll verhüllt eine grau in grau gehüllte Hochebene, die von schmalen Erhebungen regellos zergliedert und von rundlichen Trichtern, den Dolinen, siebartig durchlöchert ist. Kein starker Baum ziert die trostlosen Einöden; niedere Büsche oder Stämmchen fristen zwischen den Felsen ein neidloses Dasein und beugen sich ächzend unter dem Eiseshauche der Bora. Noch hat der Frühling die Macht des Winters nicht ganz bezwungen, und schüchtern entfaltet sich erst das junge Grün, das unten bereits üppig entwickelt war. Aber rührend ist es zu sehen, wie der als Tagedieb verschriene Montenegriner mit peinlicher Sorgfalt jedes verfügbare Fleckchen Erde zu einem kleinen Felde ausgenutzt hat, das oft mehr Steine als feine Krume aufweist. Noch ein kurzes Stück müssen wir wandern, dann nimmt uns die erste wohlbebaute Oase dieser Karstwüste, die Ebene von Njeguš (885 Meter), auf.

Unter Njeguš versteht man das mässig grosse Kesselthal, an dessen Rändern sieben Weiler und Dörfchen — Herakovići, Rajčevići, Dugi Do, Vrba, Velji Kraj, Radonići, Petrovići — zerstreut sind und aus deren letztem Montenegros Herrscherhaus stammt. In der Mitte des 16. Jahrhunderts flüchtete nämlich die hercegovinische Familie der Petrovići vor der türkischen Gewaltherrschaft in die Schwarzen Berge und siedelte sich im Njeguško Polje an. Mit schroffen, spärlich bewaldeten Lehnen fällt der Lovćen zum Becken ab, und seinen windumbrausten Gipfel krönt die einfache Capelle, welche das dankbare Volk dem Gedächtnisse seines grossen Dichters und Staatsmannes, des Fürsten Peter II., weihte.

In einem sehr bescheidenen Han verweilten wir zwei Stunden, um den knurrenden Magen zu befriedigen und dem Tragthiere einige Ruhe zu gönnen. Der beschwerlichste Theil des Weges, der Aufstieg, war überwunden, und mit frischer Kraft klommen wir am Golo Brdo an, auf dessen Rücken die Strasse ihre bedeutendste Meereserhebung (1274 Meter) erreicht. Noch schweift der Blick über eine langweilige, traurige Steinwüste und über trümmererfüllte Dolinen, da senkt sich plötzlich der Weg, und unwillkürlich bleiben wir stehen, um das neue Panorama zu bewundern, das an Lieblichkeit und grossartiger Romantik seinesgleichen sucht. Eine blaue, dunstbedeckte Fläche glänzt aus Südost herauf, umgeben von einem breiten, grünen Streifen: das ist der Scutari-See mit seinen weiten Niederungen. Hier umgrenzt ihn das majestätische Küstengebirge mit den schneeweissen Zinnen der Rumija und

dem tiefen Einschnitte des Sutorman-Passes; dort thürmt sich in überwältigender Schönheit und Wildheit die schneebedeckte Kette der Albanesischen Alpen auf, und an sie schliesst sich die vielzackige Mauer
des Kuči-Landes, die ebenfalls noch in der reinen Hülle des Winterschnees leuchtet. Doch bald verschwindet das wechselvolle Bild zwischen dem Blockwerk und den nackten Hügeln des Karstes, und erst nach
langer eintöniger Wanderung ändert sich die Scenerie wieder. Die Ge-
birgswände senken sich zu einem geräumigen Becken mit grünen Feldern, und an seinem Ostende liegt eine kleine Häuseransammlung. Einladend winken die weissgetünchten Wände und die rothen Ziegeldächer,
am Berghang erhebt sich ein Kloster, und eine breite Strasse durchschneidet den ganzen Ort. »Evo ti Cetinje!« (Hier ist Cetinje) ruft
mein Begleiter aus. Und wirklich da fand ich Alles, was ich aus Be-
schreibungen schon kannte. Das einfach-schöne Palais, das Pulvermagazin, das Hospital und unweit des Klosters die berüchtigte Kula,
einen Thurm, auf dem noch zur Zeit von Ebel, Stieglitz und Wilkinson
die Köpfe der getödteten Türken aufgespiesst waren, während jetzt eine
eherne Glocke deren Stelle ziert.

Die Nähe des Zieles verdoppelt unsere Schritte, und die vielen
Curven, welche die Strasse beschreibt, um die Ebene zu gewinnen,
kürzen wir auf geröllbesäeten Steigen ab. Bald stehen wir unten am
Beckenrande in Bajce und langen eine halbe Stunde später in dem
behaglich eingerichteten Hôtel (673 Meter) an.

Das oft beschriebene Cetinje, der politische Mittelpunkt Montenegros, erweckt in dem Ankömmling die gemischtesten Gefühle. Trotz
seines Charakters als Residenz und als Sitz von sechs fremden Gesandt-
schaften gleicht es eher einem Dorfe als selbst einer kleinen Stadt, zumal die Gesammtbevölkerung der Niederung kaum mehr als 1200 Seelen
zählen mag. Ursprünglich bestand es aus einem Kloster, das 1485 gegründet ward und um welches sich die anderen Häuschen nach und
nach zu einer breiten Hauptstrasse mit mehreren kurzen Nebenstrassen
und grossen Plätzen aneinanderreihten. Die Hauptstrasse schliesst mit
dem Hôtel und dem Mädcheninstitut ab, eine Nebenstrasse mündet auf
den Platz aus, den die stattliche Lesehalle ziert, eine zweite endet einerseits auf dem Markte, andererseits am Palais und an einem langen,
festungsartigen Gebäude, in welchem die verschiedenen Ministerien und
das Gymnasium untergebracht sind. Nach der uralten Ulme, unter deren
schattenspendenden Zweigen der Fürst Recht spricht, ist das kleine, bescheidene Gefängniss jedenfalls am originellsten, dessen Sträflinge meist
fessellos umherlaufen. Sehr selten hört man von einem Fluchtversuche,

da sich ein solcher mit dem Ehrgefühl des Crnogorcen nicht verträgt, und überdies werden hier nur die wegen leichterer Verbrechen Verurtheilten in Haft behalten; das wohlverwahrte Staatsgefängniss für schwere Verbrecher befindet sich auf der Inselklippe Grmožur im Scutari-See. Cetinje macht mit seinen ebenerdigen oder einstöckigen Häusern, den bescheidenen Läden und Werkstätten, den reinlichen, mit Laternen versehenen Strassen einen recht freundlichen Eindruck: hinter dem Städtchen ist neuerdings ein Park angelegt worden, und eine im October

Cetinje, vom Hospital aus.

1891 eröffnete Wasserleitung liefert gutes Trinkwasser, das dem Obsovica-Berge entstammt. Die Cisternen sind daneben noch immer im Gebrauch, und allabendlich schöpfen dort die Frauen ihre Kübel voll oder tränken die Heerden.

Die Montenegriner gehören zu den Südslaven, erinnern aber in ihrem Typus und in ihren ausdrucksvollen, scharfen Zügen auffallend an die edel gestalteten Albanesen. Ueberhaupt scheint es sehr fraglich, ob sich bei ihnen die serbische Rasse rein erhalten hat, denn abgesehen davon, dass die einwandernden Serben in jenen Gegenden bereits die Abkömm-

linge eines jedenfalls albanesischen und mit Griechen und Römern stark
vermischten Urvolkes vorfanden, trug die beständige Berührung mit
Türken, Arnauten, Italienern und Hercegovinern nothwendig zu gegenseitigen Vermischungen bei. Der Crnogorce ist breitschulterig, von mittelgrossen, ebenmässigen Körperformen und erfreut sich bis ins späte Alter
einer unnachahmlichen Gewandtheit und Geschmeidigkeit. Wohlbeleibte
Personen sind selten, vielmehr begegnet man hageren, sehnigen Männern,
denen die lebhaften blitzenden Augen und der martialische Schnurrbart
ein imponirendes, kriegerisches Aussehen verleihen.

In dieser Beziehung kommt ihnen auch die einheitliche, kleidsame
Nationaltracht zu Hilfe. Eine scharlachrothe, mit Aermeln besetzte oder
ärmellose Weste (Ćamadan), die je nach dem Grade oder dem Reichthum ihres Besitzers mit schwarzen oder goldenen Stickereien besetzt
ist, umschliesst die Brust. Um den Leib schlingt sich eine breite, bunte
Schärpe (Pas), und von ihr wird der eigentliche Waffengürtel (Kolan)
verborgen. Die faltige, blaue Hose reicht bis zum Knie, die muskulösen
Waden schützen die Tokolenice, gamaschenartige, durch zahllose Haftel
zusammengehaltene Strümpfe, und der Fuss steckt in kurzen Socken
(Ćarape), über welche die Opanken, Schuhe oder Stiefeletten gezogen
werden. Wohlhabendere tragen über dem Ćamadan einen bis zum Knie
fallenden weissen oder grünen, vorn offenen Rock (Gunj oder Dolama)
und darüber nicht selten noch eine zweite reich verzierte Weste (Jelek).
Als Ueberwurf dient ein grobwollenes, gefranstes Plaid (Struka) oder
ein aus grobem Stoff verfertigter, mit einer Kapuze versehener Mantel
Kapanica). Das Haupt endlich ziert die Kapa, deren symbolische Farben — der schwarze Atlasrand, der blutrothe Deckel und der goldene
Regenbogen mit einem Stern oder dem Namenszuge des Fürsten —
die Trauer um die auf dem Amselfelde verlorene Freiheit des grossen
Serbenreiches, das Türkenblut, welches der Kampf um sie kostete, und
die Hoffnung auf ihre dereinstige Wiedererlangung andeuten sollen. Auf
ihr sind auch die Metallschilder angebracht, die statt besonderer Uniformen die einzelnen Beamtenclassen kennzeichnen.

Wie ganz anders erscheint das montenegrinische Weib dem stolzen
Manne gegenüber, hinter dem es an Schönheit und Körpergrösse weit
zurücksteht. Ausnahmen gibt es natürlich ebenfalls, doch vermisst man
bei der Mehrzahl die regelmässigen Gesichtszüge und die ebenmässigen
Formen: überdies lässt die angestrengte Arbeit im Kampfe ums Dasein
die Frauen rasch altern und macht sie runzelig und knochig, so dass
sie in keiner Weise die Bezeichnung schönes, zartes oder schwaches
Geschlecht verdienen.

Schmucklos und düster ist auch ihr Alltagsgewand, denn es besteht aus einem dunklen Rock und einem ärmellosen, bis zum Knie fallenden Ueberkleide (Koret). Entsprechend dem Gunj der Männer ist es vorn offen und lässt die vom Hemd verhüllte Brust frei. Das Haupt der Verheirateten ziert ein schlichtes, schwarzes Kopftuch, das der Mädchen die landesübliche Kapa, die einfache Goldstickereien enthält und öfters einen kurzen Schleier trägt. Bei festlichen Gelegenheiten wird statt des gewöhnlichen ein weisser, verzierter Koret angezogen, und die Frauen, nicht aber die Mädchen, schmücken sich mit einem breiten, aus Silber oder geringwerthigem Metall getriebenen Gürtel (Pojas).

Zunächst galt es, die Empfehlungen abzugeben und für die bevorstehende Wanderung einen des Italienischen mächtigen Eingeborenen zu suchen, da ich damals noch sehr wenig von der serbischen Sprache verstand. Ein solcher, Arso Popović, hatte sich bald gemeldet, doch war er dem Trunke so ergeben, dass ich ihn schliesslich in Foča Knall und Fall entlassen musste. Das Zweite war der Ankauf eines Gebirgspferdes zum Transporte unseres Gepäckes; und auch dieses, ein kleines, kräftiges Thier mit dem Namen Kulaš, war binnen kurzem beschafft. Bei den nothwendigen Besuchen und der Abgabe meiner Empfehlungen lernte ich in dem Geschäftsträger der k. und k. diplomatischen Mission, Herrn Van Zell d'Arlon, einen liebenswürdigen Beamten kennen, der mir in jeder Weise beistand. Der russische Minister-Resident Herr Argiropulos war nicht minder zuvorkommend, und der montenegrinische Minister des Aeussern, Vojvoda Gavro Vuković, stellte mir bereitwilligst ein offenes Schreiben an die Landesbehörden aus. Endlich traf ich mit Herrn Rovinski, dem besten Kenner und eifrigsten Freunde des kleinen Fürstenthums, zusammen und erhielt von ihm eine Fülle von Belehrungen. Allen diesen Herren sei an dieser Stelle mein aufrichtigster Dank dargebracht.

2. Capitel.

Ueber Rijeka nach Podgorica.

-

Die vier Tage meines Aufenthaltes schwanden schnell dahin.
und am Morgen des 28. Mai wurde der Marsch ins Innere angetreten. Munter scharrte Kulaš vor dem Eingange des Hôtels, stark
bewaffnet mit Revolver, Werndl-Gewehr und langem Messer lud ihm
Arso die Reisekörbe auf, und wohlgemuth verliessen wir Cetinje. Bis
Podgorica konnten wir die neue Fahrstrasse benutzen, und daher war
die Wanderung nicht zu anstrengend, obwohl sie, die Rast abgerechnet,
über elf Stunden beanspruchte.

Zunächst stiegen wir am Nordrande des Cetinjsko Polje bis zum
Belvedere an, der entzückender fast als der Golo Brdo die Fernsicht
auf den Scutari-See und seine Bergketten wiedergibt, und verloren
uns in dem wilden Karste, den die charakteristischen Gewächse des
steinigen Montenegro überwucherten. Da grünten die Eiche, Esche,
der Ahorn, Zwerghollunder oder Attich, verschiedene Buchenarten, der
Wachholder, der nimmer fehlende Zürgelbaum und von Kräutern
der wohlriechende Salbei in ungeheurer Menge. Je mehr sich der
Weg nach dem tief gelegenen Rijeka senkte, um so häufiger wurden
Sumach, Feige, Maulbeerbaum, Quitte, Granate, Olive und die anderen
Kinder des Südens. Nicht selten lag am Grunde der grösseren Einsturztrichter ein wohlummauertes Feld, in dem die Kartoffel eben erst ihre
jungen Triebe ansetzte. Wie wichtig ist diese Pflanze für viele montenegrinische Haushaltungen, und wie rasch hat sie sich über das ganze Land
verbreitet, nachdem sie erst am Ende des vorigen Jahrhunderts Fürst
Petar II. eingeführt hatte! Fleissige Landleute zogen mit Aufbietung
ihrer und ihrer Kühe Kraft den primitiven Pflug durch den dürftigen
Acker, und andere schafften auf ihren Saumthieren oder auf dem Rücken
der Frauen ihre Verkaufsgegenstände nach Cetinje.

Im Gegensatze zu den früheren und späteren Wegstrecken besitzt
der Abschnitt Cetinje—Rijeka verhältnissmässig viele Quellen und feine
Wasseradern, von denen im August allerdings ein guter Theil versiegt
war. Eine Reihe staffelförmig abfallender Mulden, die schon von Njeguš

an beginnen, aber erst von Cetinje an auffallend hervortreten, nehmen
das Wasser auf, dessen Abfluss durch das Einfallen der Schichten nach
diesen Becken hin noch begünstigt wird. In Folge dessen sind sie
gut bebaut und beherbergen die stattlichen Dörfer Dobrsko Selo, Stru-
gari und Ceklin.

Jetzt beschreibt die Strasse grosse Curven, denn der Höhenunterschied zwischen Cetinje und Rijeka (22 Meter) beträgt 650 Meter,
wovon auf den letzten Kilometer, etwa von dem Kirchlein Na Vrh
Košćele (268 Meter) an, 250 Meter kommen. Im Thale empfängt uns
eine andere Natur. Die Felsen verschwinden stellenweise unter einem
üppigen Mantel südlicher Baumgruppen, saftiger Wiesen oder biegsamer
Reben, und die silbernen Windungen eines Karstflusses erfreuen das
Auge. Der nahe Scutari-See mildert die Sommerhitze und die Winter-
kälte, und der kaum fusshohe Schnee hält sich nur kurze Zeit, während
er in Cetinje nicht selten die niedrigen Häuser überragt. Daher hat sich
der Fürst hier einen kleinen Palast bauen lassen, in dem er sammt
seiner Familie vor der grimmigen Kälte Schutz sucht.

Rijeka selbst, eine türkische Gründung, ist ein schmuckes Städtchen
von etwa hundert Gebäuden, die, eine breite Strasse mit einigen engen
Nebengässchen bildend, längs des gleichnamigen Flusses hinlaufen und
an den umgebenden Kalkwänden ein Stück hinanklimmen. Die ein-
oder zweistöckigen Häuser erinnern mit ihren grünen Läden, Erkern,
Galerien und vorspringenden Dächern an die italienisch-dalmatinische
Bauart; in den offenen Läden des Untergeschosses bieten arbeitsame
Albanesen ihre Waaren feil, und die alten Maulbeerbäume einer breiten
Promenade spenden eine wohlthätige Kühle.

Die Rijeka, noch eben ein schäumender Karstbach, der mit mächtiger Wassermasse aus einer weiten, dunklen Höhle hervorsprudelt und
die verborgenen Gewässer bis hinauf zum Lovćen in sich aufnimmt.
dieselbe Rijeka, die noch eben einige Sägemühlen getrieben und die
Maschinen der Pulverfabrik in Bewegung gesetzt hat, gleicht hier
bereits einem träge dahingleitenden, fast stillstehenden Strome. Denn
nunmehr ist sie nichts anderes als ein 10 Kilometer langer Arm des
Scutari-Sees, der genau den Eindruck eines überschwemmten Thales
macht. So dicht ist der Wasserspiegel mit Nymphäen, Wassernüssen
und anderen Sumpfpflanzen bedeckt, dass nur eine schmale Fahrbahn
offen bleibt. Das feuchte Element beherbergt zahllose Fische, und
Möven, Reiher, Wasserhühner und andere Wasservögel gehen schaaren-
weise ihrer Nahrung nach. Allerdings sucht die Rijeka in den heissen
Sommermonaten die Stadt und ihre Umgebung mit lästigen Fiebern

heim, aber dafür ist sie als einziger Strom Montenegros das ganze Jahr hindurch für kleine Dampfer zugänglich.

Kaum war ich den kleinen Ort eingebogen, als mich ein europäisch gekleideter Mann mit einem kräftigen »Guten Tag!« willkommen hiess. Es war ein Deutsch-Böhme, der seit vielen Jahren als Hof-Maschinist das Commando über den fürstlichen Dampfer führte. Beim dunkelrothen Crmnica-Wein verplauderten wir einige Stunden, und unter allgemeinem Zulauf der Crnogorcen machte ich eine photographische Aufnahme des belebten Bazars.

Um 1 Uhr mussten wir wieder an den Aufbruch denken, da uns noch ein weiter Weg bevorstand; die heisse Sonnengluth und der fühlbare Wassermangel gestalteten diesen Theil des Marsches nicht gerade zu einem angenehmen. Die schon von ferne als schmaler, heller Streifen kenntliche Strasse ist öfters tief in die Bergwand eingesprengt und hat die mit einer grau-schwarzen Verwitterungsrinde überzogenen, von Rissen und Spalten durchsetzten Gesteinsschichten gut aufgeschlossen. Bei den letzten Häusern von Rijeka bemerkt man eine wenig mächtige Kalkeinlagerung zwischen den dünnbankigen Kreidekalken; sie hat ein krystallinisches Aussehen und dürfte vielleicht ein tertiärer Süsswasserkalk sein. Die Vegetation ist im grossen Ganzen erträglich, und in den Dolinen sind stattliche Bäume versteckt, die sich bei Drušići und Parci sogar zu ausgedehnten Beständen anhäufen. Gleichwohl können sie den traurigen Karstcharakter nicht verwischen, und so eigenartig die Landschaft anfangs erscheint, so schnell ermüdet sie durch die geringe Abwechselung ihrer Formen. Sehr selten unterbricht ein anmuthiger Ausblick das unfreundliche Bild. Von Šindjon (118 Meter) aus sind der kahle Doppelkegel von Vranina und die Festung Žabljak sichtbar, und später grüssen die fernen Gebirge von Kuči und Albanien herüber.

So gelangen wir nach Ueberschreitung eines niederen Querriegels in die Lješanska Nahija, die dem Herzen Alt-Montenegros, der Katunska Nahija, an Wüstenhaftigkeit nichts nachgibt und aus einer Anzahl grosser Becken zusammengesetzt ist, in denen Tausende kleiner Trichter und Karrenfelder wirr durcheinander gewürfelt sind. Der blaugrüne, von einem dichten Pflanzenteppich umrahmte Dolinensee Gornje Blato und der Scutari-See bringen vorübergehend Leben in die starre Natur, und mit Freude begrüssen wir die auf steilem Hügel errichtete Kirche von Gornji Kokot (214 Meter), da sie das Ende der langweiligen Karstwanderung anzeigt.

Die erblassenden Strahlen der scheidenden Sonne beleuchteten eine weite, mit wogenden Mais- und Tabaksfeldern erfüllte und von

wasserreichen Flüssen zerschnittenc Ebene, die im äussersten Süden
der Scutari-See begrenzte und die auf den anderen Seiten von hohen
Bergen umschlossen ward. Aus den zerstreuten Dörfchen klang das
melodische Geläute der Abendglocken bis zu unserem erhabenen Standpunkte hinauf, und am Fusse eines langgestreckten Hügels ragten
aus dunklen Hainen schlanke Minarets und weissgetünchte Mauern
empor. Podgorica, die ausgedehnteste und volkreichste Stadt der Crnagora,
entrollte sich vor uns. Doch noch immer mussten wir mehrere Stunden

Rijeka, von der Brücke aus.

rüstig zuschreiten, bis die schier endlose Ebene durchmessen war und
unbestimmte Häuserumrisse die unmittelbare Nachbarschaft unseres Zieles
verriethen. Die Schatten der Nacht waren längst heraufgezogen, als wir
nach 9 Uhr Abends auf dem Marktplatze vor einem kleinen, ebenerdigen Gasthause hielten, dessen Wirth ein Deutsch-Böhme namens
Johann Kaiser war, nur dass er seinen guten deutschen Namen in den
entsprechenden serbischen Ivo Carević umgeändert hatte. Noch mehr
war ich überrascht, als mich ein Anderer im gemüthlichsten Tone
fragte: »Sie sind doch aus Sachsen?« Also auch in diesem abgelegenen
Erdenwinkel gab es noch Reichsdeutsche; denn ein thüringischer

Landsmann, seines Zeichens ein ehrsamer, wanderlustiger Uhrmacher, war es, der mich anredete und der an meiner Aussprache sofort erkannte, aus welchem Theile des grossen Vaterlandes ich stammte.

Die folgenden Tage waren der Besichtigung der Stadt und den letzten Vorbereitungen für die Reise ins Innere gewidmet, weil dieser lebhafte Handelsplatz selbst in Kleinigkeiten eine grosse Auswahl bietet. Zugleich versorgte ich mich mit einem genügenden Vorrathe an kleinem Gelde, da die Hirten im Gebirge nicht einmal einen Gulden mehr wechseln können.

Podgorica erfreut sich einer ausserordentlich günstigen Lage. Mehrere Flüsse — Zeta, Sitnica, Ribnica — münden in oder bei der Stadt in die Moraća, so dass an Wassermangel nie zu denken ist. Bequeme Strassen führen von dieser Eingangspforte ins Zeta-Thal, nach Cetinje, Albanien und an den Scutari-See, und ist erst die Eisenbahnlinie Nikšić —Podgorica—(Plavnica—)Andrijevica vollendet, so wird sie an Bedeutung noch mehr gewinnen. Welch' reges Leben herrscht schon jetzt! In einer luftigen Halle an der Ribnica haben die Fleischer ihre Stände aufgeschlagen, und vor der Stadt hämmern die fleissigen Schmiede, die in Montenegro eine etwas verachtete Stellung einnehmen, weil das Schmiedehandwerk die Hauptbeschäftigung der gering geschätzten Zigeuner ist. An der Brücke und auf dem grossen Platze zwischen der alten und neuen Stadt verkaufen Frauen Milch, Käse, Eier und je nach der Jahreszeit Feigen, Kirschen, Melonen oder Trauben zu erstaunlich billigen Preisen. In der Hauptstrasse endlich und am Markte haben die Kaufleute, Schuhmacher, Waffenschmiede, Klempner, Bäcker, Sattler u. s. w. ihre Läden und Werkstätten. Wegen der vielfachen engen Beziehungen zum Nachbarstaate gibt es in Podgorica ein türkisches Consulat, und auch sonst besteht der grösste Theil seiner Einwohner aus Türken und Albanesen, die Handel und Industrie völlig in ihrer Hand haben. Die Montenegriner dagegen konnten sich bisher nur wenig von ihren althergebrachten Beschäftigungen, Viehzucht und Ackerbau, trennen, wenngleich nicht zu leugnen ist, dass auch bei ihnen das Handwerk immer mehr in Ansehen kommt. So gab es einige tüchtige montenegrinische Schuhmacher, Packsattelverfertiger und Weber; und bei einem der letzteren arbeiteten ein paar albanesische Gehilfen, die vor dem Fanatismus ihrer muhamedanischen Stammesgenossen aus Gusinje geflohen waren. Leider war auch hier die Bettelei, die nach den Berichten vieler Schriftsteller in Montenegro unbekannt sein sollte, die mich aber schon auf der Strasse von Cattaro nach Cetinje überraschte, so unverschämt, dass die zudringlichen Individuen sich trotz aller Mittel kaum verscheuchen liessen.

Militärisch war Podgorica ein nicht minder wichtiger Stützpunkt, der durch Feldschanzen auf den benachbarten Hügeln Gorica (169 Meter) und Ljubović (131 Meter) geschützt wurde und noch immer von den türkischen Forts jenseits der Grenze beherrscht wird. Verfallene Blockhäuser bewachten die wichtige Brücke Vezirov Most, und ein jetzt völlig in Trümmern liegendes Castell beherbergte die starke türkische Besatzung. Eine ununterbrochene Festungskette bewerkstelligte die Verbindung mit Spuž, und von den Forts der umrandenden Kalkrücken konnte das Zeta-Thal und die ganze Morača-Ebene bestrichen werden.

Die Ereignisse von Podgorica gaben Montenegro einen erwünschten Anlass zum Kriege gegen die Türkei und zur offenen Unterstützung der aufständischen Hercegoviner. Im October 1874 erschoss ein türkischer Unterthan einen angesehenen Kaufmann, und gleich fiel der Pöbel über alle in der Stadt anwesenden Crnogorcen her, weil das Gerücht umlief. einer von ihnen sei der Mörder gewesen. Wohl ein Dutzend der Unglücklichen wurde aufs grausamste hingemordet, ohne dass die Garnison dem Blutvergiessen Einhalt gethan hätte; und ebenso trat Niemand dem zügellosen Volke entgegen, als es am nächsten Morgen in der Umgebung von Podgorica noch zwanzig Montenegriner niedermachte. Auf energisches Einschreiten der montenegrinischen Regierung wurden die Mörder zwar verhaftet und zum Tode verurtheilt; aber so ernst nahmen es die türkischen Behörden mit jenen Greueln, dass sie die Schuldigen entkommen liessen. — Der Ausgang des mit grausamer Erbitterung geführten Krieges ist bekannt. Montenegro erhielt im Berliner Congress die lange gewünschte Stadt sammt ihren fruchtbaren Niederungen und begann sofort die schweren Wunden, welche die jahrelangen Unruhen und Kämpfe geschlagen. nach Kräften zu heilen.

Im Laufe der Zeit ist ein ganz neues Viertel entstanden, das sich vortheilhaft von der alten Türkenstadt abhebt. Wohnliche Häuser sind im Untergeschosse von Läden oder Schänken eingenommen und schliessen sich zu breiten Strassen zusammen, die auf einem mit Bäumen bepflanzten Marktplatze zusammenlaufen und von blank geputzten Petroleumlaternen geziert sind. Wir gehen über einen zweiten Platz und über eine Steinbrücke, welche die schroffen Conglomeratwände der tief eingerissenen Ribnica überspannt, und alsbald stehen wir in einer traurigen Stätte des Verfalls, die nach der Auswanderung vieler Muhamedaner noch öder geworden ist. Krumme, winkelige Gassen kreuzen sich regellos, und hohe Mauern sperren die altersgrauen, zum Theil

eingestürzten Häuser ab, die mit ihren kleinen vergitterten Fenstern
wie Gefängnisse aussehen. Ein ehrwürdiger Uhrthurm, die Sahat Kula,
der nach türkischer Zeitrechnung die Zeit angibt, und die spitzen Minarets
von fünf Moscheen schauen auf das Chaos herab, in dessen Trümmern
Feigenbäume, Sträucher und Unkraut üppig gedeihen, zierliche Eidechsen
spielen oder träge Schildkröten schwerfällig dahinkriechen. Ein betrüben-
des Zeugniss des Verfalls legen auch die mauerlosen türkischen Friedhöfe ab, die sich beiderseits der Strasse nach Plavnica hinziehen und
stimmungsvoll zu der steinigen, baumarmen Umgebung passen. Aber
an der schäumenden Ribnica, unweit der spärlichen Reste der türkischen
Zwingburg, bildet ein stattliches viereckiges Gebäude in abendländischem
Stile eine wohlthuende Ausnahme. Es enthält Schule, Gericht, Post- und
Telegraphenamt, und jenseits der Morača grüsst das neu erbaute Lusthaus des Fürsten herüber.

Trotz aller Veränderungen hat die eigenartige Stadt ihr orientali-
sches Gepräge nicht verloren. Zwar will es einem sonderbar erscheinen, wenn der Muezzin seine klagende Stimme vom Kranze des Minarets
erschallen lässt und gleich darauf die Glocken der orthodoxen oder
katholischen Kirche zum Gebet rufen; jedoch der Mensch selbst erinnert
sofort wieder an das Morgenland, und der wöchentlich zweimal statt-
findende Bazar bietet die beste Gelegenheit, um die charakteristischen
Eigenthümlichkeiten der einzelnen Nationen kennen zu lernen. Neben
dem reich gekleideten albanesischen Kaufmanne steht der finster blickende
Gebirgs-Albanese in seiner eng anliegenden, aus grobem Stoff verfer-
tigten Tracht und dem schmutzigen, um Stirn und Fez geschlungenen
Shawl. An dem stolzen Montenegriner eilen geschäftige Türken in
weissen, wallenden Gewändern vorüber; ein weisser oder rother Fez
bedeckt das glatt rasirte Haupt, das nur am Hinterkopfe einen
struppigen, Haarbüschel trägt, und die Füsse stecken in schwarzen
oder safrangelben Schuhen. Nie sieht man die Gläubigen zusammen
mit ihren Frauen, die dicht verschleiert über die Strasse huschen und
sich bei der Annäherung eines Mannes fester in ihre hässliche Vermummung hüllen. Das hindert sie indessen nicht, sich verstohlen nach
diesem umzuschauen; und mitunter haben sie, vielleicht absichtlich oder
ohne es zu wollen, ihr Gesicht so nachlässig verhüllt, dass man die
schönen, regelmässigen Züge sehen kann. Die Unverheirateten sind
vom Schleiertragen noch befreit und zeichnen sich durch ihre prun-
kende Tracht, den reichen Schmuck und ihre ebenmässigen Körperformen vortheilhaft vor den untersetzten Montenegrinerinnen und den
nicht minder knochigen Albanesinnen aus.

Mit unserem Hoflieferanten Nicolò Gugga, einem aus Scutari gebürtigen Albanesen, schlossen wir bald gute Freundschaft. Er war ein sehr gewandter Mann, der albanesisch, serbisch und italienisch gleich fliessend sprach und wie alle seine Landsleute im Handeln und Feilschen eine beneidenswerthe Geschicklichkeit entfaltete. Nach orientalischem Brauche beehrte er mich mit schwarzem Kaffee und duftenden Cigarretten; und während er mich in seinem Magazin herumführte, wurde er nicht müde, mit beredter Zunge seine Waaren anzu-

Podgorica, vom Ljubović aus.

preisen, die unnöthigsten Dinge als unentbehrlich für uns anzurathen und mit herzgewinnendem Lächeln stets eine solche Summe zu verlangen, dass ohne erhebliche Verminderung derselben überhaupt kein Kauf zu Stande kam. Das Erste war die Ergänzung unseres Kochgeschirres durch blecherne Teller und Porzellantassen, die, wie die meisten derartigen Gegenstände, aus Wien und Paris eingeführt waren. Dann erhielt Kulaš einen neuen Packsattel, denn der, welchen wir aus Cetinje mitgenommen hatten, war von höchst fragwürdiger Beschaffenheit. Ferner verlangten die Hufe des graubraunen Rössleins dringend nach einem neuen Beschlage; und kaum hatte der gewandte albanesische

Schmied seine Arbeit vollendet, ais einer seiner dienstbaren Geister davon-
eilte, um gleich darauf mit kleinen Schälchen dampfenden Moccas zurückzukehren. Denn es ist im Morgenlande üblich, nach Abschluss eines
Geschäftes dem Käufer einen Kaffee anzubieten.

Wir besuchten auch eine Moschee, nachdem wir mehr der Form
halber einige weissbärtige Türken um Erlaubniss gebeten hatten, die
uns ohne Zögern gewährt wurde. Mit sichtlicher Befriedigung bemerkten
die frommen Moslims, wie wir unsere Fussbekleidung ablegten und
entblössten Hauptes den Betsaal betraten. Der niedere Raum, den in
Manneshöhe eine kleine Gallerie umgab, war sehr einfach und nüchtern
ausgestattet. Stühle und Bänke fehlten gänzlich; vielmehr bedeckte ein
grosser Teppich in der Farbe des Propheten den Boden, kleine, ebenfalls grüne Teppiche hingen von den Wänden herab, und schmale Fenster
dämpften das einfallende Licht. Stumm sassen die Andächtigen mit
gekreuzten Beinen da, nachdem sie ihre Schuhe auf die dazu bestimmten
Gestelle am Eingange gesetzt hatten; und Bildsäulen gleich lauschten
sie den eintönigen, schwermüthigen Weisen, die ein Knabe mit dünner,
näselnder Stimme aus dem Koran vortrug. Als der Hodža in himmel-
blauem Mantel und weissem Turban zum Altare schritt und, ohne seine
Stiefeln auszuziehen, den Gesang fortsetzte, verliess ich das Gotteshaus,
von dessen fremdem Cult ich nichts verstand.

Am nächsten Tage machte ich durch einen merkwürdigen Zufall
eine angenehme Bekanntschaft. Ich hatte mich an der malerischen
Ribnica-Schlucht ergangen, war in der Schule über die vortrefflichen
Wandkarten und Bildertafeln erstaunt, welche zur Belebung des geographischen und naturwissenschaftlichen Unterrichtes dienten, und wollte
eben auf den Ljubović gehen, als uns ein Montenegriner eilends nach-
lief und fragte, wer ich sei und was ich untersuchte. Mein misstrauischer
Diener schickte ihn mit einer ausweichenden Antwort wieder fort.
Wenige Minuten später kam uns ein Herr in abendländischer Tracht,
die montenegrinische Kapa auf dem Haupte, entgegen, und jetzt löste
sich das Räthsel. Auch er war ein Deutschböhme Namens Wimmer
und Leiter der fürstlichen Musikcapelle, und der vermeintliche Polizist
gehörte zu seinen Untergebenen. Er zeigte mir das Heim seiner Leute,
ein weitläufiges, türkisches Haus; und diese, lauter kräftige, jugendliche
Eingeborene, erklärten sich mit Freuden zu einer photographischen
Aufnahme bereit.

Mit Freund Gugga besuchte ich noch die Ruinen von Dioklea,
wo einst die Wiege des römischen Kaisers Diokletian stand und wo die

Ausgrabungen des Herrn Rovinski bereits eine erhebliche Anzahl alter Strassen, Plätze und Bauten blossgelegt haben. Doch nun waren die schönen Tage von Podgorica zu Ende, und am 1. Juni drang ich mit gespannten Erwartungen ins Herz Montenegros ein.

3. Capitel.

Durch das Zeta-Thal nach Danilovgrad und Kloster Ostrog.

Vom Scutari-See bis zum Gacko Polje verläuft eine deutlich ausgesprochene Einsenkung, die jetzt ganz zu Montenegro gehört und die beiden Hälften des Fürstenthums, die Crnagora und Brda, von einander scheidet. Commerciell wie militärisch ist sie als kürzeste Durchzugslinie von Albanien nach der Hercegovina hochwichtig; und von ihren drei Abschnitten, dem Zeta-Thale, dem Nikšičko Polje und den Duga-Pässen, war der erstere Jahrhunderte lang der Lebensnerv der armen, unfruchtbaren Crnagora, weil seine wohlbewässerte und bis zu 8 Kilometer breite Sohle einen ergiebigen Ackerbau gestattete. Aber zugleich galt er als die verwundbarste Stelle der sonst schwer zugänglichen Schwarzen Berge, und deshalb benutzten ihn die Türken mit Vorliebe als Operationsbasis. Von ihr aus unternahm 1714 Kjöprili Pascha seinen furchtbaren Rachezug, auf welchem auch die Landeshauptstadt zerstört wurde; die Pläne Omer Paschas waren 1862 ebenfalls von Erfolg begleitet, und er drang bis zum Belvedere bei Cetinje vor. Wäre § 5 des Vertrages von Scutari, der den Türken die Anlegung einer befestigten Heerstrasse von Spuž nach Nikšić zugestand, wirklich ausgeführt worden, so schien die Existenzmöglichkeit Montenegros ernstlich bedroht. Den berühmtesten Durchzug erzwang sich 1877 Suleiman Pascha. Nach harten Kämpfen gelang es ihm, seine Gegner aus ihren festen Stellungen in den Duga-Pässen zu vertreiben, worauf er ungehindert die dort errichteten Forts und Nikšić verproviantiren konnte. Nun begann für den ehrgeizigen General der schwerste Theil seiner Aufgabe, ins Zeta-Thal einzudringen, sich mit den Garnisonen von Spuž und Pod-

2*

gorica zu vereinigen und dann mit Uebermacht gegen Cetinje vorzu-
rücken. Das Fussvolk marschirte auf den linksseitigen Berghöhen, der
Train in der Ebene; die verzweifelt kämpfenden Eingeborenen leisteten
jedoch so mannhaften Widerstand, dass die Türken in acht Tagen
kaum 14 Kilometer zurücklegten und nicht auf Feindesland, wie Suleiman Pascha wollte, sondern auf albanesischem Boden bei Spuž ihre
Vereinigung mit den dortigen Grenzbesatzungen bewerkstelligten. Sie
hatten so schwere Verluste erlitten, dass von einem Vorstoss nach
Cetinje keine Rede mehr sein konnte; aber auch die montenegrinische
Kriegsmacht war bedeutend geschwächt, und man hatte sich in Cetinje
schon auf das Schlimmste vorbereitet. Fasst man die Ergebnisse dieser
vom 3. bis zum 24. Juni dauernden Kämpfe zusammen, so muss man
zugeben, dass sich Türken und Montenegriner mit gleicher Tapferkeit
geschlagen haben. Allerdings war der Hauptzweck Suleiman Pascha's
nicht erreicht; ebenso konnten jedoch die Crnogorcen die Verprovianti-
rung der Duga-Forts und von Nikšić nicht aufhalten. Nun hört man
vielfach, der pomphaft angekündigte Rachezug des türkischen Ge-
nerals wolle nicht viel bedeuten, weil die Entfernung zwischen Spuž und
Nikšić nur 32 Kilometer betrage und weil überdies den zusammen
40.000 Türken höchstens halb soviel Feinde gegenüberstanden. Indessen
ist nicht zu vergessen, dass Suleiman Pascha allein blos über 10.000
Mann gebot, dass er erst die 47 Kilometer langen Duga-Pässe erobern
musste und einen schwerfälligen Tross mit sich führte, während in den
heimatlichen Bergen die Montenegriner den Vortheil wesentlich auf
ihrer Seite hatten.

Die Niederung der Zeta-Morača erfreut sich einer bequemen Fahrstrasse, deren Bau in der Mitte der achtziger Jahre begonnen wurde
und jetzt bis Bogetić fortgeschritten ist. Von der alten türkischen Brücke
Vezirov Most (Vezir-Brücke) an bleibt sie beständig auf der rechten Thalseite und klimmt erst hinter Danilovgrad langsam am Gebirgsrande
empor. Bis Spuž hat sich der Fluss tief in die Conglomeratmassen und
Kalke seiner Umgebung eingewühlt, und die eben genannte Brücke
überspannt ihn mit einem mächtigen Bogen. Ein kleines Blockhaus
und andere zerfallene Festungsanlagen auf der Gorica beherrschten zur
Türkenzeit den Uebergang, der auch heute noch die einzige Verbindung
zwischen den beiden Hälften darstellt, in welche der steilwandige Strom
die weite Zenta-Ebene theilt. Bald hatten wir die Gorica hinter uns,
und die dünnbankigen Kalkzüge rückten näher zusammen. Ihren unteren Rand umsäumte in breiten Windungen die blaugrüne Morača und
vermischte kurz unterhalb einer zweiten Brücke ihr Wasser mit dem

der Zeta, worauf beide die ehrwürdigen Ruinen von Dioklea umschlossen. Wir betraten eine finstere Enge, welche die Zeta einst durchbrochen hat. Sie war so schmal, dass die Strasse in den Fels gesprengt werden musste und dass der Durchgang durch zahlreiche Forts auf dem Velje Brdo und der Trebješ, sowie durch vier Kulas in der Thalschlucht völlig gesperrt werden konnte. Manche ernste und heitere Erzählung hat sich bei den Eingeborenen über die erbitterten Grenzstreitigkeiten mit den Türken erhalten; denn vor 1877 war hier die politische Grenze ein blosser Begriff, und die wahre Grenze endete bald hier, bald dort, je nachdem die eine oder andere Partei stärker war. Um den ewigen Reibereien Einhalt zu thun und die zweifelhaften Besitzansprüche ein für alle Male zu regeln, verkaufte nach der Darstellung des Volkes ein montenegrinischer Minister den Velje Brdo an den Sultan. Die Crnogorcen trieben aber nichtsdestoweniger ihre Heerden auf den Berg und erklärten den Türken, die ihnen darüber Vorstellungen machten, sie hätten wohl den Berg, aber nicht das auf ihm wachsende Gras und Buschholz verkauft und könnten deshalb ihr Vieh ruhig auf die Weide treiben, die nach wie vor ihr Eigenthum sei. Die blutigen Scharmützel begannen von neuem und dauerten so lange fort, bis der Sultan den Velje Brdo zum zweiten Male kaufte und durch eine stattliche Reihe von Befestigungen sichern liess.

Im Allgemeinen haben die weissgrauen, mit niederem Wald bedeckten Kalkberge des Zeta-Thales ein unfreundliches Aussehen. Dagegen wechseln auf dem humusreichen Grunde üppige Kartoffel- und Getreidefelder mit saftigen Wiesen, Weingärten und hochstämmigem Laubwalde ab und bilden einen anmuthigen Gegensatz zu dem einförmigen Gebirge. Noch einmal tritt dieses beiderseits nahe an die Zeta heran und scheidet zwei grössere Ausweitungen, die Ebenen von Spuž-Danilovgrad und Kujava, von einander. Jedenfalls waren beide Becken vor Zeiten vollständig getrennt und von Seen erfüllt, bis das Wasser durch die vereinten Wirkungen der ober- und unterirdischen Erosion sich einen Ausweg erzwang und mit Zurücklassung seiner feinen Sinkstoffe abfloss. Die Zeta und ihre am Bergfuss sich hinziehenden Nebenflüsse sind wegen ihres unbestimmten mäandrischen Laufes die Reste jener alten Wasseransammlungen; und endlich theilten niedere Hügelketten, die sich in zahlreichen Ueberbleibseln, z. B. den Bergen von Spuž, erhalten haben, die grossen Polje in eine Menge kleiner Kessel.

Eben hatten wir die Enge von Dioklea passirt, als unser Pferd — es war ein heisser Tag, und lästige Fliegen setzten dem armen Thiere sehr zu — das Gepäck abwarf, sich auf dem Boden herumwälzte und uns durch das Wiederbelasten einen unliebsamen Aufenthalt verursachte. Mehrere Montenegriner gingen vorüber, ohne uns zu helfen; vielmehr bestürmten sie uns mit neugierigen Fragen, obwohl wir wenig Zeit und Lust zum Antworten hatten, und nur ein altes Mütterchen leistete uns getreulich Beistand.

Plötzlich entrollte sich eine ausgedehnte Niederung, die von der akazienumsäumten Strasse durchschnitten ward. Ein drohender Kegel ragte über die anheimelnden Fluren, und ein malerisches Kastell krönte seinen Scheitel: es war die verhasste Türkenfeste Spuž. Im letzten Kriege hatte sie den Crnogorcen Stand gehalten; aber der Berliner Congress sprach sie ihnen zu, und unter der neuen Herrschaft verwandelte sich das brach liegende, verwilderte Ackerland in einen blühenden Garten. Spuž ist ein erbärmlicher Ort, zu dem man über eine grosse Holzbrücke und durch ein Thor des halb eingestürzten Walles (50 Meter) gelangt. Zwischen dem Flusse und dem Felszacken gelegen, bietet er mit seinen zwei Moscheen, seinen zweihundert türkischen Häusern und seinen türkischen Friedhöfen nichts Bemerkenswerthes dar, man müsste denn die neue Gewehrrepariranstalt ausnehmen. In einem wenig einladenden Han kehrten wir ein; aber die Gastfreundschaft seines Eigenthümers ersetzte tausendfach das, was ihm an äusserem Schmuck abging. Kaum war unsere Ankunft bekannt geworden, als das Volk herbeieilte, um den Fremden wie ein wunderbares Geschöpf anzustaunen und erst verstohlen, dann immer offener meinen Diener über mich auszuhorchen. Bald begrüsste mich der Commandant, ein Artillerieofficier, und nach einem Trunke guten, schwarzen Kaffees stiegen wir zur Besichtigung der Festung den steilen Berghang hinan (195 Meter). Ein schnell heraufziehendes Gewitter mahnte uns zur Eile, und kaum hatte der Wächter das knarrende Thor geöffnet, als unter Blitz und Donner ein erquickender Platzregen niederrauschte.

Die sehr starken und noch gut erhaltenen Festungswerke beherrschen das ganze Zeta-Thal, werden ihrerseits aber von dem höheren Gebirgsrande beherrscht. Leider thun die Montenegriner sehr wenig, um sie vor dem Verfalle zu bewahren, da ihre Berge ihnen vollauf Schutz gewähren; bloss die Pulvermagazine werden durch Blitzableiter und gelegentliche Ausbesserungen vor der Zerstörung gesichert. Unsere Unterhaltung betraf — wie konnte das anders sein — in erster Linie die blutigen Türkenkriege und Suleiman Paschas kühnen Zug. Wie blitzten die Augen meiner Begleiter, als sie mir die Stelle wiesen, wo das erschöpfte und entsetzlich zugerichtete Heer des gefürchteten Feldherrn lagerte; und fast mechanisch fuhr die Hand nach dem Revolver oder dem Handžar, einem breiten, hirschfängerartigen Messer, als wir das Abschneiden der Köpfe berührten.

Unter solchen Gesprächen erreichten wir unser Quartier wieder, wo inzwischen ein kräftiges Essen nach montenegrinischer Art zubereitet war. Grosse Stücke goldgelben Maisbrotes, das eben erst gebacken war und noch dampfte, lagen auf einem Blechteller, in einer scharfen, kräftigen Brühe schwamm eine prächtige Zeta-Forelle, und grüner Salat, Eier, Käse und junge Zwiebeln (Luka) bildeten den Beschluss.

Doch nun drängte die Zeit, denn es war schon 6 Uhr Abends vorüber, und ich wollte noch bis Danilovgrad, obwohl die guten Leute mich dringend baten, heute bei ihnen zu bleiben. Unter warmem Händedruck trennten wir uns, und hurtig schritten wir auf der neuen Strasse aus. Da ich wegen der Eile und zunehmenden Dunkelheit wenig Gelegenheit zum Beobachten fand, so verkürzten wir uns die Stunden mit allerlei Erzählungen. Selbstverständlich drehten sie sich wesentlich um Krieg und Kopfabschneiden, und mein Diener redete sich so ins Feuer, dass er ausrief: »Eher verliere ich meinen Kopf als Du Deinen in Montenegro; wenn wir aber nach Albanien gehen, so werde erst ich und dann wirst Du den Kopf verlieren!« Uebrigens zeigte die Landschaft keine grosse Abwechslung. Untermischt mit Häusern und Baumgruppen, reihte sich Feld an Feld, Wiese an Wiese, und so verlor die Niederung trotz ihrer anmuthenden Fruchtbarkeit und ausgiebigen Bebauung an Interesse. Jenseits der Sušica-Brücke stellte sich ein ausgedehnter Eichenwald ein; und nachdem wir ihn durchwandert hatten, war Danilovgrad nicht mehr weit. Noch verbarg es ein vorgelagerter Hügelzug, und als wir gegen 9 Uhr bei völliger Finsterniss um ihn bogen, erhoben sich unmittelbar vor uns die hell erleuchteten Häuser. In der sauberen, bescheidenen Locanda gingen wir bald zur Ruhe, weil wir den nächsten Tag ohnehin hier verbringen wollten.

Danilovgrad (Danilos Stadt), wie es zu Ehren des Fürsten Danilo genannt wurde, ist ein noch jugendliches Städtchen von etwa sechshundert Einwohnern, dem man sofort die Neugründung anmerkt. Auf halbem Wege zwischen Podgorica und Nikšić gelegen, wurde es dort errichtet, wo ein Ausläufer des massigen Garač-Gebirges bis zum Flusse vordringt (55 Meter), und sollte ein Gegengewicht gegen die türkischen Festungen sein, die bis zum letzten Kriege den montenegrinischen Antheil der Zeta-Ebene bedrohten. Die regelmässig sich durchkreuzenden Strassen sind nach einem bestimmten Plane angelegt, und die nüchternen, schmucklosen Häuser gleichen am ehesten den Häusern unserer Dörfer und Landstädte. Danilovgrad besitzt ein Post- und Telegraphenamt, das mit der Schule in einem geräumigen, unfreundlichen Gebäude untergebracht ist. Ziemlich am Ende des Ortes steht die kleine Kirche, und in ihrer Nähe war ein Steinbruch aufgeschlossen, der das Material für die Steinbrücke lieferte, die an Stelle der baufälligen alten über die Zeta geschlagen wurde. Drei Kalköfen waren Tag und Nacht in Thätigkeit, und unter schmetternden Trompetensignalen lösten sich die Arbeiter ab. Die Kalke der Mauern und jene des Steinbruches wimmeln von Rudisten, so dass ihre Zugehörigkeit zur Kreide unzweifelhaft ist, und ebenso gibt es überall im Umkreise eine rostbraune Bildung, die an der Luft rasch erhärtet und theils als *Terra Rossa* (Rothe Erde) ein Verwitterungsrückstand des Kalkes, theils ein Raseneisenstein ist, der sich auf den feuchten Thalgrund, also das ehemalige Seebecken, beschränkt. Aehnliches wiederholte sich an der Trebješka Gora bei Nikšić, an deren Fusse dieselben Bildungen zum Vorschein kamen und durch einen Graben angeschnitten wurde, der schon bei 1 Meter Tiefe das Grundwasser berührte.

Den Nachmittag benutzte ich zu einer Besteigung des Taraš, der gegenüber Danilovgrad in nackten Wänden aufragt und ein wüstes Karrenfeld darstellt. Die drückende Hitze benahm uns indess bald die Lust zum Klettern, das einen unangenehmen Vorgeschmack für die Beschwerden der nächsten Tage gab: und da wir überdies den Pfad verfehlt hatten und auf den übermässig steilen Gehängen kaum vorwärts kamen, so machten wir etwa 50 Meter unter dem Gipfel Halt.

Gegen Abend besuchten uns die Honoratioren des Städtchens, wobei ich im Post- und Telegraphenvorstande einen trefflichen Eingeborenen kennen lernte; und unter fröhlicher Unterhaltung kam die Nacht heran.

Ich hatte mir vorgenommen, am nächsten Morgen den Garač zu besteigen, und der Sohn eines Untermajors bot sich uns als Führer an. Ein dichter Nebel jedoch, der den Vormittag über die Gipfel verhüllte, vereitelte meine Absichten, und so hielt ich es für das Beste, unverweilt nach Kloster Ostrog zu wandern. Der hohe Rang seines Vaters hinderte den Herrn Majorssohn nicht, meinem Diener beim Beladen des Pferdes zu helfen und dafür ein Trinkgeld in Empfang zu nehmen. In Montenegro herrschen eben andere militärische Anschauungen als bei uns, und das Verhältniss zwischen Vorgesetztem und Untergebenem weicht von unseren Einrichtungen gänzlich ab. Denn im Frieden liegt der gemeine Mann denselben Beschäftigungen ob wie der Officier und ist nicht selten wohlhabender als dieser. Jährlich werden einige Male die vom Staate gelieferten Gewehre — Hinterlader nach dem Werndl-,

Krnka- und Peabody-System — geprüft und Musterungen abgehalten: sonst giebt es kein stehendes Heer und keine regelmässigen Uebungen, und nur zu Kriegszeiten erfolgt ein allgemeines Aufgebot der waffenfähigen Mannschaft vom 16. bis zum 60. Jahre. Die einzigen Vertreter des stehenden Heeres sind die Perjaniken oder Federbuschträger, welche den Dienst der fürstlichen Leibwache versehen; und eine nicht zu grosse Anzahl von Gendarmen sorgt für die öffentliche Sicherheit.

Hinter Danilovgrad verschmälert sich die Niederung wieder, und der isolirte Rücken von Vrutak und Kujava, der einst mit den beiderseitigen Gebirgswänden zusammenhing, engt sie noch mehr ein. Vor Orjaluka wird ein neuer Nebenfluss der Zeta überbrückt, und bei der rudistenreichen Hügelkuppe des kleinen Ortes verlassen wir die Strasse, um das Thal zu durchqueren. Dichte Zäune aus Schlehen, Brombeer- und Himbeersträuchern, aus Heckenrosen, Weissdorn und wildem Wein grenzen die Aecker oder die blumendurchwirkten Matten ab, mannshohe Farnkräuter wuchern im Schatten silbergrauer Weiden oder vielästiger Feigenbäume, und umfangreiche Eichenhaine verwandeln die Gegend in eine heitere Parklandschaft. Bunte Schmetterlinge spielen in der klaren Luft, schillernde Eidechsen verschwinden blitzschnell im Grase, und schwerfällige, bis zu $\frac{1}{2}$ Meter lange Schildkröten kriechen über den sonnigen Boden. Sandsteine oder Sandsteinschiefer liegen längs des Bergfusses in grossen, dünnen Tafeln herum und sind nach Tietze wohl eine flyschartige Facies der Kreide, da sie durch ihre Höhenlage und ihr äusseres Aussehen von dem typischen Flysch an der Meeresküste gänzlich abweichen.

So kommen wir nach einer genussreichen Wanderung und immer begleitet von jenen merkwürdigen, leicht verwitterbaren Gebilden an die trägen Fluthen der Zeta, die sich mehrere Meter tief in das Schwemmland eingewühlt haben, ohne dass die unterlagernden Gesteinsschichten blossgelegt wären. Der Eichenwald verbarg unter seinem grünen Dache ein einsames Kirchlein, und gleich vielen seiner Landsleute versäumte Arso nicht, hier wie vor jedem Gotteshause Kreuze zu schlagen, Verbeugungen zu machen und ein kurzes Gebet zu murmeln: leider harmonirten jedoch seine anderen Eigenschaften nicht sonderlich mit seiner Frömmigkeit. An einer sanften Uferstelle winkte die Fähre (57 Meter): eine Schaar Türken belagerte sie mit ihren schwer bepackten Saumthieren, und Jeder wollte beim Uebersetzen der Erste sein. Das ging sehr langsam von statten, und meinem Diener riss bald die Geduld. »Platz gemacht, ihr Türken,« rief er, »dieser Herr ist ein Russe, und ich bin ein Crnogorce, und wir haben das Recht, eher an die

Reihe zu kommen als ihr!« Ein erbittertes Hin- und Herzanken folgte den nicht gerade freundlichen Worten; aber wir erreichten unseren Zweck und betraten um $^3/_{11}$ Uhr den steil zum linken Flussufer abfallenden Bergzug. Aus der nackten Wand sprudelte eine mächtige Quelle ($+14^0$ C.), die sofort eine Mühle trieb und ihrer Umgebung den Namen Dobro Polje (Gutes Feld) verlieh.

Während das malerische Felsenkloster Ober-Ostrog von der Ebene aus beständig sichtbar war, verschwand es beim Aufstiege hinter dem Walde. Zugleich ging der bequeme Steig in einen kümmerlichen Pfad über, und den Berghang zerfurchte ein endloses Karrenfeld. Die bekannte Karstvegetation verhüllte dürftig das Gestein, das wiederum Ueberfluss an Rudisten hatte und in seinen Klüften die charakteristische Terra Rossa barg. Am Bache Smokovac (Feigenbach) betrat ich den neuen Reitweg, den der Fürst vor einigen Jahren hat anlegen lassen und der bis über Dubrave fertig ist. Zwischen hochstämmigen Eichen, denen das ganze Gebiet seinen Namen Dubrave verdankt, führten uns die Zickzacke steil in die Höhe. Pflaumenbäume und Feigen, Felder und Weingärten, die sämmtlich Eigenthum des Klosters waren, lösten sich mit einander ab, und an den Lehnen traten viele Quellen aus, deren Wassertemperatur bei Dubrave $+19^0$ C., beim Kloster $+10^0$ C. betrug. Ein Bächlein, das uns getreulich begleitete, sprang unweit der Kirche (200 Meter) jenes Dorfes als starke Quelle aus dem Kalke und trieb ebenfalls gleich eine Mühle. Ferner fanden wir ein feinkörniges, oolithisches Kalkconglomerat, das unterhalb des Klosters noch mehrmals anstand.

Nun wurde der Weg ganz schlecht; erst vor Kurzem in Angriff genommen, war er mit scharfkantigen Steinen so überschüttet, dass man in dem trockenen Bette eines Wildbaches zu wandern meinte. Wie bedauerte ich den armen Kulaš, der keuchend seine Last schleppte; aber ich konnte ihm nicht helfen und konnte ihm nicht tröstend zu verstehen geben, dass er die nächsten Tage Ruhe haben würde. Endlich schlug die Erlösungsstunde. Das Eichendickicht lichtete sich, und wir standen unmittelbar vor dem stattlichen Kloster Unter-Ostrog (647 Meter). Von Suleiman Pascha zerstört, ist es schöner denn zuvor aus der Asche wieder erstanden; schmucke, zweistöckige Gebäude und eine grosse Kirche umschlossen einen breiten, gepflasterten Hof, und etwas abseits lag der einfache Han, ein langes, schmales Haus mit hölzerner Gallerie und vorspringendem Dach.

Nachdem wir $1^1/_2$ Stunden geruht und unseren Hunger gestillt hatten, brachen wir zu unserem eigentlichen Quartier, dem oberen

Monasterium, auf. Ein Eingeborener erklärte sich bereit, mit uns am anderen Tage den Ostrog-Gipfel zu besteigen, und nach Zurücklassung des Pferdes, Gepäckes und unseres Geldes klommen wir auf einem erträglichen Pfade zu dem berühmten Höhlenkloster hinan. Ein Gewölbe, welches die unermüdlichen Naturkräfte in die senkrechte Felsmauer gegraben hatten, beherbergte die niedrigen Gebäude, und von ihnen liefen etwa 50 Stufen auf eine schmale Terrasse herab. Am oberen Ende der sorgsam gearbeiteten Treppe sass ein ehrwürdiger alter Mann mit schneeweissem Bart und schneeweissem Haar: es war Vater Kristifor, der Priester des heiligen Basilius (Sveti Vasili). Er stammte, wenn ich recht berichtet bin, aus Mostar und betrieb dort das Fleischerhandwerk, bis ihn eine schwere Krankheit ergriff. Im Traume verkündete ihm eine Stimme, dass er genesen würde, wenn er dem Fleischgenusse für immer entsagte und sein Leben dem Heiligen von Ostrog weihe. Beides hat er treu gehalten und erfreut sich jetzt einer solchen Verehrung, dass er schon in den Geruch eines Heiligen gekommen ist. Mit bestrickender Herzlichkeit nahm er uns auf und führte uns zuerst in die enge Capelle, die auf zwei Seiten von dem überhängenden Fels eingenommen wurde und in einem reich verzierten Sarge den einbalsamirten Leichnam des Heiligen enthielt. Mein Diener wurde nicht mehr fertig, den Fussboden oder die Wandbilder zu küssen, Kreuze zu schlagen und Gebete herzusagen, und Vater Kristifor ruhte nicht eher, als bis auch ich die vertrocknete Hand seines Schutzpatrons mit meinen Lippen berührt hatte.

Nebenan war eine kleine Vertiefung, in der sich das Sickerwasser der Kalke zu einem nie versiegenden Brunnen sammelte. Dann kamen wir in ein dunkles, feuchtes Gewölbe, in welchem der Diener des alten Kaludjer (Mönch) hauste. Ich hätte nimmer geglaubt, dass dieser äusserlich so harmlose Mensch einen Kirchendiebstahl versuchen konnte, der ihm einige Wochen später den Verlust seiner Stellung und obendrein die schimpfliche Prügelstrafe einbrachte. Gingen wir eine hölzerne Stiege hinauf, so gelangten wir in das schlichte Zimmerchen des Priesters und in eine für Fremde eingerichtete Kammer, die ebenfalls in die Kalkwand eingelassen waren.

Von der luftigen Höhe entrollte sich ein grossartiger Blick auf das Zeta-Thal, so anheimelnd und lieblich, wie man ihn in der wilden Crnagora kaum erwartete. Lange betrachteten wir schweigend die herrliche Landschaft, die, von den Strahlen der untergehenden Sonne beleuchtet, sich in nebliger Ferne verlor. Das war so recht der Ort, der ein frommes Gemüth dem Himmel nähern konnte. Dort oben wollte

der Einsiedler sterben: und sein Grab, das er sich bereits errichtet
hatte, contrastirte seltsam mit dem Absteigehäuschen des Fürsten. Der
freundliche Mönch führte mich in den Klostergarten, den er noch mit
eigener Hand bebaute. Dort grünten verschiedene Arten von Gemüsepflanzen im Schatten kräftiger Feigen- und Maulbeerbäume, und edle
Weinreben rankten sich um die festen Stämme oder krochen schlangengleich am Boden hin.

Doch nun mussten wir uns erfrischen. Der dienstbare Geist brachte
eine Flasche Feigenbranntwein, und zu Ehren der Dreieinigkeit tranken
wir drei Schnäpse. Eine eigenartige Unterhaltung begann. Eisenbahn, Dampfschiff und Luftballon waren dem geistlichen Herrn unbe-
kannte Dinge, und voller Erstaunen bekreuzte er sich, als ich ihm von
diesen Errungenschaften der Civilisation erzählte und ihm die schnell-
schiessenden Magazingewehre erklärte; als er mich aber fragte, ob Gott
immer helfe und ob die Thiere Gott lobten, da war die Verlegenheit
auf meiner Seite. Plötzlich wurde unser Gespräch durch lautes Klopfen
und Rufen gestört, und Vater Kristifor sagte mit feinem Lächeln: »Es
ist ein Türke, den ein körperliches Leiden hierher getrieben hat und der
den Heiligen um Hilfe anfleht.« Einige Tage später kam ein anderer
Muselman an, der aus denselben Gründen den weiten Weg von Bitolia
(Macedonien) bis Ostrog nicht gescheut hatte. Eines solchen Rufes erfreute sich also Sveti Vasili; und wirklich traf ich bei unserem Marsche
nach Nikšić den ersten Türken munter und gesund wieder; der Heilige,
noch mehr jedoch der Arzt in Nikšić, hatte seine Wunderkraft aufs
glänzendste bewiesen.

Zu Pfingsten, am Festtage des heiligen Basilius, ist das Kloster
von Wallfahrern überfüllt, und der Alte erwähnte mit gewisser Genugthuung, dass sich unter ihnen viele Muhamedaner befänden. Denn so
oft die Türken das untere Kloster zerstört haben, so gelang es ihnen
bloss einmal, sich des oberen Klosters zu bemächtigen; und die rauchgeschwärzten Wände, die Schiessscharten in den Mauern und die Kugel-
spuren im Gestein zeigen deutlich, wie viele Kämpfe um jene fast
uneinnehmbare Festung geführt worden sind. 1853 hielten es 22 Montenegriner neun Tage lang mit Erfolg gegen 10.000 Feinde, 1877 liess
es Suleiman Pascha vom unteren Kloster aus vergebens mit Kanonen
beschiessen, und nur im Unglücksjahre 1862 wurde das Felsennest
vorübergehend von den Feinden besetzt.

4. Capitel.

Durch das Gebirgsgebiet des Ostrog und der Prekornica.

Das Gebirgsgebiet zwischen der Zeta, Morača und Gračanica stellt ein breites Hochplateau dar, dem beiderseits kleinere Kämme aufgesetzt sind, während die Prekornica-Kette die Mitte einnimmt. Die Gebirgszüge fallen schroff, ja senkrecht zu Thal, sind aber meist von terrassenartigen Absätzen unterbrochen, auf denen die Ortschaften liegen. Ausser diesen Hauptformen lassen sich bestimmte andere schwer unterscheiden; das Ganze ist vielmehr ein unentwirrbares Durcheinander von Dolinen und Karrenfeldern, welche jene Hochebene zu einer der entsetzlichst verkarsteten Gegenden Montenegros stempeln. Der Urwald des Inneren ist dünn und bloss zur Weidezeit bewohnt, und die dauernd besiedelten Dörfer nehmen ausnahmslos die äusseren Ränder ein. Die Wasserlosigkeit des Innern, die durch das Vorhandensein des Schnees kaum ausgeglichen wird, und der Quellenreichthum der Abhänge sind hierbei das ausschlaggebende Moment. —

Kurz nach 4 Uhr weckte mich der durchdringende Ton der Klosterglocken aus dem Schlummer, und rasch eilte ich aus der dumpfen Kammer in die Morgenkühle hinaus. Der alte Mönch hatte bereits sein Frühgebet verrichtet, und auch unser Führer aus dem Han liess nicht lange mehr auf sich warten. Vater Kristifor hielt uns indessen noch einige Stunden fest, und erst gegen 7 Uhr konnten wir an den Aufbruch denken. Gleich hinter dem Kloster war nur ein halsbrecherischer Steig vorhanden. Auf der einen Seite thürmte sich der schroffe Fels auf, und zur Linken gähnte ein tiefer Abgrund. Oft mussten wir uns mit Händen und Füssen auf dem glatten Gestein des abschüssigen, Pfades fortarbeiten, und die Anstrengungen wurden für mich um so grösser, als ich der montenegrinischen Wege noch ungewohnt war und zugleich mit Compass und Notizbuch eine topographische Aufnahme des wenig bekannten Gebietes versuchte, die mir den freien Gebrauch der Hände sehr einschränkte. Keuchend und nur schrittweise kam ich vorwärts; meine Begleiter dagegen eilten mit beneidenswerther Behendigkeit voraus und wurden nicht müde, in beredter Sprache von ihren Heldenthaten zu erzählen. Der überaus steile Anstieg beanspruchte unsere ganze Kraft, und ausserdem mussten wir ängstlich darauf bedacht sein, keinen Fehltritt zu thun, der uns rettungslos in eine grausige Tiefe geschleudert hätte. Hunderte von Türken ereilte hier im letzten Kriege ein schrecklicher Tod; und zahllose verrostete Patronen, untermischt mit gebleichten Gebeinen, sind die letzten stummen Zeugen des furchtbaren Entscheidungskampfes. Endlich hob sich das trigonometrische Signal der russischen Landesaufnahme scharf vom blauen Himmel ab; und nach zweistündigem, hartem Klettern war der den Hauptgipfel des Ostrog krönende Steinmann (1161 Meter) und mit ihm das Plateau erreicht.

Eine umfassende Rundschau eröffnete sich dem überraschten Auge. Während das Nikšičko Polje bloss theilweise sichtbar war, schweifte der Blick ungehindert über die anmuthige Zeta-Ebene, die erst der ferne Scutari-See begrenzte. Rings im Umkreise thürmten sich die abstossenden Kalkgebirge auf. Die charakteristischen Formen des Garač, Pusti Lisac, Vojnik, Lovćen, Žurim und der Rumija waren unverkennbar, im dunstigen Hintergrunde verschwanden die zersägten Kämme des Durmitor und Orjen, und das Plateau selbst durchquerte die einsame Prekornica-Mauer. Zahllose Schneeflecken bedeckten die höheren Gipfel, und kaum verbarg niederes Eichen- oder Buchengestrüpp das eintönige Grau des Gesteins; in geschützten Mulden standen kräftige, alte Bäume, aber auch sie vermochten nicht, den trostlosen Eindruck jener verlorenen Landstriche zu verwischen, deren zerrissene Oberfläche einem im wüthendsten Sturme erstarrten Meere glich.

Da vom Ostrog kein Weg nach der Gračanica führte, so begann für uns beide — unseren Führer hatten wir bereits entlassen — eine mühselige Wanderung über das wild verkarstete Plateau. Dolinenauf ging es und dolinenab, bald über schmale Grate, bald zwischen kantig ausgearbeiteten Rinnen, und der unaufhörliche Wechsel zwischen Kamm und blindem Thal erschwerte die Orientirung ungemein. Zunächst stiegen wir in einen tiefen, schroffen Kessel hinab (1037 Meter), der etwas dürftiges Ackerland und einige Kolibas (Sennhütten) enthielt. Ein brennender Durst quälte uns, und wir hofften, dort unten Wasser zu finden. Allein es war kein Tröpfchen zu entdecken, und mit trockenem Gaumen mussten wir die aufreibende Kletterei wieder aufnehmen. Das Buschholz gewährte vor den sengenden Sonnenstrahlen wenig Schutz, und Tausende dickblätteriger Zwiebelgewächse, gelber Himmelschlüssel und anderer Blumen verbreiteten einen starken, würzigen Duft. Wilde Bienen umschwärmten die Blüthen, goldgrüne Käfer krochen im Grase, und zierliche Eidechsen schlüpften in ein sicheres Versteck; sonst störte kein Ton die Einsamkeit, und nur einmal flog ein erschrecktes Rebhuhn in die Höhe. Unabsehbar war in den dünnbankigen, wenig geneigten Kalken des Gewirr der Karsttrichter, die theils durch chemische Auslaugung, theils durch mechanischen Einsturz oder durch die vereinte Wirkung beider Kräfte entstanden waren. Mit peinlichster Sorgfalt spähten wir nach kleinen Spalten im Gestein, ob sie vielleicht natürliche Wasserbehälter, sogenannte Kamenice, seien; aber immer blieb unsere Mühe unbelohnt, und wer beschreibt daher unsere Freude, als wir ³/₄2 Uhr abermals auf einige Hütten stiessen (1059 Meter). Zwei Hunde, die wie alle einheimischen Hunde sehr bösartige Thiere waren und sich von ihren Stammesverwandten, den Wölfen, nicht allzusehr unterschieden, schlugen wüthend an; - Menschen waren also in der Nähe. Erwartungsvoll krochen wir in den elenden Bretterbau, und wirklich, in einer Ecke stand ein Trog voll Schnee. Ohne uns um die lärmenden Hunde zu bekümmern, tranken wir gierig das kalte, schmutzige Schmelzwasser, fachten das glimmende Feuer an und bereiteten uns eine wohlschmeckende Erbssuppe. Wir sassen noch beim Essen, als der Eigenthümer der Hütte athemlos herbeieilte und uns mit harten Worten anfuhr. Er glaubte, dass wir uns an seinen Milch- und Käsevorräthen gütlich thun wollten und liess sich schwer überzeugen, dass wir nichts weiter als etwas Wasser genommen hatten. Um ihn ganz zu besänftigen, bot ich ihm eine Tasse Cacao an. und nun war Petko — so hiess der Hirt — wie umgewandelt. Er forderte uns auf, die Nacht bei ihm zu bleiben; doch mussten wir ihm seinen Wunsch abschlagen, und so begleitete er uns ein gutes Stück, bis wir auf einen schmalen Pfad stiessen.

Der Karst blieb gleich wild. In geschützten Dolinen lagerten noch die letzten Reste des Winterschnees, und die Bäume schlossen sich zu einem schattigen Dache zusammen; ihre abgefallenen Blätter verhüllten den rauhen Boden, ohne jedoch die Spuren der starken Verkarstung irgendwie aufzuheben. Nach 1½ Stunden entdeckten wir eine kleine Quelle (1056 Meter), die erste und einzige während unserer dreitägigen Wanderung auf der Höhe. Zugleich entrollte sich vor uns, eine freundliche Oase in der Steinwüste, die ausgedehnte Mulde Buhavica. Buchengruppen, unter die sich später Birken mischten, waren auf dem grünen Grasteppich zerstreut, und die Beine gingen auf dem weichen Grunde von selbst. Leider verschwand mit dem Aufstieg am jenseitigen

Hange der erträgliche Pfad wieder; der zerrissene Kalk verlangte unsere
ungetheilte Aufmerksamkeit, und wir konnten nur einen flüchtigen Blick auf
den finsteren Ostrog und die Ebene von Nikšić mit ihren im Abend-
sonnenschein leuchtenden Flüssen und Karstseen werfen. Wir gelangten
auf einen zweiten Wiesenplan mit schmalen, sumpfigen Wasseräderchen
und einer Viehtränke (1141 Meter). Ihm gegenüber winkten die Anhöhen
und Umfassungsmauern des rechten Gračanica-Ufers, und schon wollten
wir erleichtert aufathmen, als wir plötzlich erschrocken zurückprallten.
Jählings stürzte das Gebirge zu dem 350 Meter tieferen Thale ab, ein
noch nicht fussbreiter Steig lief auf dem lockeren Gestein in den fast
Schwindel erregenden Abgrund, und erschöpft, wie wir waren, mussten
wir zu guterletzt noch dieses Hinderniss bezwingen. Die Nacht zog
herauf, und schliesslich tasteten wir uns in völliger Finsterniss vorwärts,
bald über vorstossende Steine oder zahllose Kalktrümmer stolpernd, bald
auf dem schlüpfrigen, von Quellen aufgeweichten Erdreich ausrutschend.
Was sollte ich sagen, wenn sogar mein Führer betheuerte, diesen Weg
in seinem Leben nie wieder zu gehen? Endlich blitzten Feuer auf und
leiteten uns querfeldein zu einem Dorfe. Die guten Leute brachten
saure Milch und gaben uns einen Knaben als Führer zu dem noch
$^1/_2$ Stunde entfernten Kloster des heiligen Lucas (Sveti Luka) mit. Um
9 Uhr standen wir vor seinem Thore. Der Iguman (Abt) Teofan Djoković,
der sich bereits niedergelegt hatte, warf sich sogleich in seine Kleider
und liess ein stärkendes Mahl auftragen. Dann aber übermannte mich
die Müdigkeit, und ich fiel auf dem bequemen Bett in einen festen Schlaf.

Die Gračanica durchschneidet in einem schmalen Thale das Plateau-
massiv Mittel-Montenegros, um in der Ebene von Nikšić senkrechten
Laufes der Zeta zuzueilen. Als echtes Karstgewässer entspringt sie
aus zahlreichen Quellen, die in der sumpfigen Mulde Ponikvice zu-
sammensickern und sich in verborgenen Canälen zur Gračanica vereinigen. Schon im Spätfrühling verschwindet ihr klares Wasser zwischen
den hoch aufgehäuften Geröllen, unter denen die flyschartigen Sandsteinschiefer von Kujava und Bruchstücke eines irgendwo im Thalhintergrunde aufgeschlossenen Diabases nicht selten sind. Im Unterlaufe hält es sich einige Wochen länger, und auch dort war es versiegt,
als ich Anfang Juli das Nikšićko Polje zum zweiten Male besuchte.
Zwar gedeiht in diesem Bezirke, der Župa Nikšićka, die Feige nicht
mehr; aber Aepfel-, Birnen-, Kirschen- und Pflaumenbäume geben gute
Erträge, grüne Matten zieren die unteren Berghänge, und der Grund
wird von ergiebigen Getreidefeldern eingenommen. Stellenweise hat man
sogar den metertief eingerissenen Ufern ein Stück Land abgerungen

und es für den Ackerbau nutzbar gemacht. Das Kloster (780 Meter) liegt am Ende der fruchtbaren Niederung und wird von mehreren Dörfern umgeben; es ist erst vor wenigen Jahren erbaut und besteht aus einer kleinen Kirche, einer Schule und der Wohnung des Igumans.

Um 10 Uhr sagten wir unserem gastlichen Wirthe Lebewohl und wanderten flussaufwärts zum Orte Staro Selo (altes Dorf), der eine feste Steinbrücke (800 Meter) über die Gračanica und ein altes, geräumiges Blockhaus, ein Werk der Montenegriner, besitzt. Mühelos wurde die linke Thalseite erklommen, die auf eine gut bebaute Terrasse führte (943 Meter). Um uns nach dem Wege zu erkundigen, traten wir in eine der Sennhütten; hurtig sprangen die Insassinnen, lauter junge Mädchen, auf und wollten uns die Hand küssen. Wir verzichteten jedoch auf diese Ehre und setzten uns unter die fröhliche Schaar, die beim Abschied unseren Feldkessel noch mit Milch füllte.

Nach wenigen Minuten befanden wir uns wieder im trostlosesten Karste, und nur ein schmaler, brauner Streifen deutete auf dem von Karren und Dolinen durchsetzten Gestein den Weg an. Mehr springend als gehend und beständig die überhängenden Zweige des Buschholzes auseinanderbiegend, gönnten wir uns nicht eher Ruhe, als bis wir in eine flache Grasmulde gelangten. Noch eine ganze Reihe dieser buchenbestandenen Kessel, die auch einige Kolibas enthielten, hatten wir zu durchwandern, und in einem derselben entdeckten wir eine ansehnliche Ablagerung typischen Bohnerzes. Ueberall trat das rostbraune, mit erbsartigen Kügelchen besetzte Gestein zu Tage und verlor sich erst an einer steilwandigen Doline, die in einen kurzen, trockenen Wasserriss überging. Ob sich der Abbau lohnt, wage ich nicht zu entscheiden; jedenfalls möchte er in diesen schwer zugänglichen Gegenden mit grossen Schwierigkeiten verbunden sein.

Nun stieg der Hang rascher an, und der landschaftliche Charakter wurde ein anderer. Die Buchen gewannen an Höhe und Dicke, und schlanke Fichten gesellten sich zu ihnen. Ein grossartiger Urwald, dessen feierliche Stille zuweilen der Ruf des Kuckucks störte, nahm uns auf, aber trotzdem hatte er die Verkarstung nicht im mindesten beeinflusst; im Gegentheil, allerorts schaute der wild zerrissene Kalk aus der weichen Blätter- und Nadelhülle hervor, und nirgends war das Rauschen einer Quelle vernehmbar. Ja diese beispiellos traurigen Einöden würden ganz verlassen sein, wenn sich in schattigen Trichtern der Schnee nicht den Sommer über hielte! Unmittelbar vor uns thürmte sich die zackige Prekornica auf; langgestreckte Firnbänder erfüllten ihre Klüfte, und ihre nackten Wände strebten drohend gen Himmel.

Fünf Uhr war vorüber, als wir in einer roh ausgearbeiten Scharte den Prekornica-Kamm überschritten. Die Buchen begannen wieder vorzuherrschen, und abgestorbene Stämme von 1 bis 2 Meter Durchmesser verfaulten unbenutzt am Boden. Auf die Nachbarschaft von bewohnten Kolibas war kaum zu rechnen, und zwei Eingeborene bestätigten unsere Annahme. Sie gaben uns wenigstens die Gewissheit, dass die leeren Hütten von Stitavica nahe seien, und so beschlossen wir, dort unser Nachtquartier aufzuschlagen. Die dünnbankigen Kalke glichen durch die Art ihrer Verwitterung unvollkommenen Treppenstufen, die zu einer ziemlich ebenen Fläche hinaufführten. Was war das für eine Wüste! In mächtige Kalkplatten hatte der Verkarrungsprocess als erste Spuren seiner Wirkung tiefe, rechtwinklig sich kreuzende Furchen gegraben. Kaum ein Erdenstäubchen oder ein Grashälmchen barg sich in den Ritzen, und meterhohe Schneemassen waren in die Dolinen eingebettet. Den Hintergrund bildete wieder die Prekornica mit ihren Firnstreifen und düsteren Fichten; und an ihrem Fusse waren die niedrigen, mit Balken gedeckten Hütten der Sennerei Stitavica (1384 Meter) errichtet. Hölzerne Tröge, die um das Dach liefen, dienten zum Auffangen des Regenwassers, und die Innenseite der roh aus Steinen aufgeführten Wände nahmen einfache Gestelle ein, auf denen die Milchkübel und Käsevorräthe Platz finden sollten. Im festgetretenen Boden war eine Vertiefung für das Feuer, und der Rauch zog durch die schmale Thüröffnung oder durch die Fugen zwischen den Mauern ab, da es Fenster oder Luken nicht gab. Die Hirten hatten die abgelegenen Kolibas noch nicht aufgesucht, aber zahlreiche Spuren deuteten darauf hin, dass sie kürzlich dagewesen waren, um Alles für eine baldige Besiedelung vorzubereiten. Unter diesen Umständen waren uns die Conserven zum zweiten Male hochwillkommen. Die trockenen Aeste wurden gesammelt, und bald hing der Feldkessel über dem lodernden Herdfeuer. Nochmals lasen wir beim Mondenschein, der die abstossende Landschaft geisterhaft erhellte, neue Holzvorräthe zusammen; denn kaum war die Sonne untergegangen, als die Kühle empfindlich fühlbar ward. Aus dürrem Fichtenreisig wurde ein Lager aufgeschichtet, der Lodenmantel diente als Unterlage, die Reisedecke als Oberbett und der Rucksack als Kopfkissen. Aber noch lange waren wir wach und lauschten dem unheimlichen Rufe des Uhu, dem hellen Tone des Waldhuhns, dem fernen Brummen des Bären und dem Heulen der Wölfe. Mehrmals am Tage hatten wir die Spuren der letzteren bemerkt, und am anderen Morgen erzählten uns die Senner von Topolovo mit betrübten Mienen, dass in der Nacht ein Rudel der gefrässigen Raubthiere in ihre Heerden eingefallen sei und mehrere Schafe zerrissen habe.

Wohlgemuth kehrten wir dem wenig einladenden Orte den Rücken und wanderten im schweigenden Urwalde fort, unter den sich zuweilen dichte Birkenbestände mischten. Oefters war der braune Streifen, der den knappen Steig darstellte, so verblasst oder unter dem welken Laube verborgen, dass wir ihn verfehlten. Zwei Montenegrinerinnen, die singend und emsig den Spinnrocken führend vorübereilten, konnten wir nicht mehr um Auskunft fragen; aber ihre Anwesenheit war ein neuer Beweis für die Sicherheit, die gegen Jedermann und besonders gegen die Frauen in der Crnagora herrscht. Nach einem mehrstündigen Marsche, der an tiefen Schneelöchern und zwei Hütten vorbeiführte, senkte sich die Höhe. Der Prekornica-Kamm war überstiegen, und schon zeigten sich die rechtsseitigen Plateaus des Zeta-Thales, während unmittelbar unter uns der Kessel Topolovo lag. Seine Wiesen, seine kleinen Kartoffelfelder und ein Katun (Sennereidorf) grüssten einladend herauf, so dass wir es uns nicht versagen konnten, bis zum Mittage dort zu rasten.

Topolovo (987 Meter) gehört zu einer Schnur grösserer wasserloser Becken. Stark verkarstete, siebartig durchlöcherte Rücken trennen die einzelnen Mulden; und es kann den ermüdeten Wanderer zur Verzweiflung bringen, wenn er, das erlösende Ziel vor Augen, ein schier endloses Gewirr von Trichtern und Graten auf den denkbar schlechtesten Wegen überwinden muss und dabei kaum vom Fleck zu kommen scheint. Nach und nach wurde der Wald dünner, und balsamisch duftendes Nadelholz gewann stellenweise die Oberhand. Die Zahl der Kolibas nahm zu, die der Schneetrichter ab, und immer freier entrollte sich das Zeta-Thal bis zum blauen Scutari-See. Ein erbärmlicher Pfad rieb meine Kraft vollends auf, und ganz erschöpft warf ich mich um 4 Uhr an der Quelle Stubica (486 Meter) nieder, deren klares Wasser (+ 12° C.) aus einer breiten Felswand hervorschoss. Nun war, gottlob, das Dorf Jovanovići nicht mehr weit, und im Popenhause wartete unserer der beste Empfang. Ehrfurchtsvoll küssten die Frauen uns und einem zufällig eintretenden halbwüchsigen Jungen die Hand; ein Ceremoniell, das uns noch öfters begegnete und die unterthänige Stellung des weiblichen Geschlechtes erkennen lässt.

Wenn auch die starke oder sehr starke Verkarstung den Weg noch anstrengend genug machte, so stand er doch in keinem Verhältniss zu dem der verflossenen Tage. Quellen belebten den waldigen Hang. überall grünten kleine Felder, und mehrere Dörfer waren auf einer Terrasse hoch über der Zeta vertheilt. Am 7. Juni wurde ohne sonderliche Eile der vierte Tagemarsch angetreten. In Šobajići (441 Meter) kehrten wir beim Popen ein, und der würdige Geistliche war sehr erstaunt, dass

ich aus Deutschland sei. Er wollte wissen, wo dieses ihm völlig un-
bekannte Kaiserreich läge, wie gross es sei und ob es auch Berge
besässe wie seine Heimat. Er begleitete uns noch ein Stück, und einige
Frauen schlossen sich uns an. Sie trugen eine schwere Last, die sie
auf dem Bazar zu Nikšić verkaufen wollten; und wenn man bedenkt,
dass sie dafür günstigenfalls zwei Gulden herausschlagen konnten und
dabei einen Hin- und Rückweg von 40 Kilometern zurückzulegen hatten,
so muss uns die Montenegrinerin doppeltes Mitleid, zugleich aber auch
doppelte Achtung einflössen. Am gefassten Brunnen von Kupinovo
(542 Meter) wollten wir uns erfrischen. Im Nu drängten sich über
20 Männer und Weiber mit den üblichen Fragen: »Okle ste vi? Što
radite? (Wo seid Ihr her? Was arbeitet Ihr?)« um uns herum, und ich
hatte Mühe, die grossen Kinder zu befriedigen. Nachmittags 1/2 4 Uhr
waren wir in Unter-Ostrog angelangt, besuchten nochmals Vater Kristifor
in seiner Klause, und den Abend verplauderte ich mit dem gebildeten
Iguman, einem Zöglinge der Belgrader Hochschule.

5. Capitel.

Nach Nikšić und durch die Duga-Pässe nach Gacko.

Noch beschäftigte mich am anderen Morgen das Packen der Reisekörbe, als auf der Treppe Stimmen laut wurden. Zwei Fremde, der
russische Consul Herr von Bakunin aus Sarajevo und ein Petersburger
Professor, kamen herauf, und wir hatten bald gute Freundschaft geschlossen. Leider reisten beide in entgegengesetzter Richtung weiter,
aber Herrn von Bakunin traf ich vier Tage später in Nikšić wieder und
verlebte mit ihm noch einige angenehme Stunden.
    Der Weg, den wir einschlugen, setzte den gestrigen fort; doch
strengte er viel weniger an, da schon hinter dem Weiler Povija leicht
verwitterbare mergelige Schiefer anstanden, die nicht mehr mit scharfen
Zacken den Fuss verwundeten. Sehr oft wurden sie von Kalktrümmern
überlagert, die von dem senkrecht aufsteigenden Ostrog herabgerollt
und zu einem festen Conglomerat verkittet waren. Ueberall traten

Quellen und kleine Bäche aus, und statt der schroffen Mauern und
Schluchten herrschten abgerundete Hügel und sanft abgeböschte
Rinnen vor.

Die Thalwände rückten näher zusammen, und als sie sich die
Hand reichten, liefen die Telegraphenstangen der nach Nikšić führenden
Leitung zu uns herauf. Der Planinica-Rücken trennt die Zeta-Ebene
vom Nikšičko Polje und verbaut dem Flusse seinen Weg, so dass er
am jenseitigen Hange grollend in einem Schlunde, einem Ponor, verschwindet und diesseits als neugeborener Strom wieder ans Tageslicht
tritt. Zwischen kleinen Feldern gelangen wir auf die kahle Höhe
(831 Meter), und alsbald fesselt ein neues Bild unsere Aufmerksamkeit.
Hinter uns liegt die Zeta-Niederung und vor uns der grüne Plan von
Nikšić, der mit 48 Quadratkilometern Fläche das grösste Kesselthal Montenegros darstellt. Zum Ostrog gesellen sich die finstere Prekornica und
der dreigipfelige Vojnik, und im Westen wird das äusserste Stück des
glockenförmigen Pusti Lisac sichtbar. Wiesen und Aecker nehmen das
Polje ein, Wasserläufe oder trockene Geröllbetten umkreisen die Kalkhügel, und vorspringende Plateau-Ausläufer sondern die Ebene in mehrere
Hauptabschnitte. Einst war sie von einem See erfüllt, der sich noch in
dürftigen Resten erhalten hat. Am östlichen Rande sind nämlich zwei
kleine Seen, der Slano- und Krupac - Jezero, eingebettet, die nur vom
Herbst bis zum Frühling eine zusammenhängende Wasserfläche besitzen,
sonst aber zu einem ungesunden Sumpflande zusammenschrumpfen.
Ein letzter Rest ist ferner das wirr verzweigte Flussnetz, das im Sommer
meist versiegt und zur Regenzeit die Ebene überschwemmt. Steigen
wir auf steilen Zickzacken zu ihr hinab, so werden die merkwürdigen
hydrographischen Verhältnisse noch klarer. Die Flüsse und Bäche, die
eben ein Mühlenrad in Bewegung setzten, verlieren sich plötzlich im
Boden, tauchen zwischen Geröllen wieder hervor und vereinigen sich
zur Zeta, die abermals im Erdboden verschwindet. Leider habe ich ihre
Ponors, die B. Schwarz als ein grossartiges Naturwunder beschreibt,
nicht in der Nähe gesehen.

Noch andere Merkmale sprechen für eine ehemalige Wasser-
bedeckung. Unter einer spärlichen Humusschicht oder einem feinen,
staubartigen Sande lagern meist unverbundene Rollsteine, und man
braucht kaum einen Meter zu graben, um auf Grundwasser zu stossen.
Gleich vielen Karstseen entstand der Nikšičko Jezero, indem die
Herbst- und Frühlingsregen die Abzugslöcher verstopften und sich zu
einem jährlich wachsenden Binnensee aufstauten. Slano- und Krupac-
Sumpf zeigen diese Erscheinung noch immer, denn sonst könnten sie

die trockenen Monate nicht überdauern. Ihre Regulirung würde nicht bloss die Luft von schädlichen Dünsten reinigen, sondern auch eine umfangreiche Fläche für den Ackerbau geeignet machen. Zu irgend einer Zeit zerstörte die Erosionskraft des Wassers die leicht angreifbaren Kreidekalke, und es blieben nur die isolirten Hügel übrig, die als Festungsberg von Nikšić, als Trebješka Gora u. s. w. im Kessel zerstreut sind und in ihren Wäldern noch vereinzelte Wölfe beherbergen. Schliesslich reinigten die Fluthen die bereits vorhandenen Abzugscanäle oder erzwangen sich neue und verschwanden ebenso geheimnissvoll wie sie gekommen.

Die Ebene ist nicht allzu sehr bebaut; zur Hälfte dient sie noch als Weideland, und kaum verbirgt das kurze Gras die abgerundeten Kalktrümmer. Der Grund liegt in erster Linie an der Unfruchtbarkeit der mageren Erdkrume, der ausserordentlichen Durchlässigkeit des lockeren Untergrundes und der grossen Sommerdürre; schon im Spätfrühling sind die meisten Flüsse zu unbedeutenden Tümpeln eingetrocknet. und der wirthschaftliche Werth der Niederung würde sehr in Frage kommen, wenn nicht das Grundwasser einen Ersatz darböte. Daher gedeihen auf den Wiesen vor Allem Gewächse, die den trockenen Boden lieben, z. B. das blaue Eryngium amethystinum, das weisse Teucrium polium, die nimmer fehlende Salvia officinalis, der genügsame Plantago maritima, der üppig wuchernde Strauch Ostrya carpinifolia und viele andere.

Nach dreistündiger Wanderung, die sich Kulaš wieder einmal durch das Abwerfen seiner Last zu erleichtern sucht, haben wir Nikšić erreicht und kehren in der Locanda des Goldschmiedes Vaso ein.

Nikšić (670 Meter), mit etwa 2000 Einwohnern der drittgrösste Ort des Fürstenthums, war bis zum Kriege 1877/78 ein stark befestigter Stützpunkt der Türken, da es im Verein mit Spuž die Crnagora einschnürte und durch die wichtige Zugangslinie der Duga-Pässe gedeckt wurde. Als daher die Montenegriner angriffsweise vorgingen, sammelten sie hier ihre Hauptmacht, erstürmten die dominirende Trebješka Gora und eröffneten ein verheerendes Feuer auf Festung und Stadt. Dem war der tapfere Commandant Iskender Bey auf die Dauer nicht gewachsen, und die Garnison ergab sich nach zehnwöchentlicher Belagerung bedingungslos dem Feinde, der ihr freien Abzug gestattete. Die Einwohner bestanden der Mehrzahl nach aus Türken oder vielmehr aus Serben, die nach der unglücklichen Schlacht auf dem Amselfelde den muhamedanischen Glauben annahmen und wie alle Renegaten fanatischer waren als die anderen Bekenner des Islam. Sie sind zum grössten Theile

ausgewandert, so dass Nikšić gegenüber den wesentlich muhamedanischen Städten Podgorica, Antivari und Dulcigno die grösste monte-
negrische Stadt ist.

Wie in Podgorica, so blühte auch in Nikšić ein europäisch ange-
legter Stadttheil auf. Von einem breiten Marktplatze zweigen sich
regelmässige Strassen ab, die mit ihren Petroleumlaternen und Baum-
anpflanzungen einen gefälligen Eindruck machen. Das alte Militär-
Lazareth hat verschiedentliche Verbesserungen erfahren, ein Schul- und
Gerichtsgebäude ist in seiner Nachbarschaft errichtet worden, und demnächst sollen die zerschossenen oder verfallenen Türkenhäuser gänzlich
beseitigt werden. Das Sonderbarste sind jedenfalls die tragbaren Häuser,
die aus biegsamen Aesten geflochtenen Körben gleichen und auf hölzernen
Balken ruhen. Sie können von einem Orte zum andern gebracht werden
und dienen meist als Werkstätten für die Schmiede. Vor der Stadt
liegt der Kuhstall der fürstlichen Sennerei, neben ihr am Fusse eines
mit Anlagen gezierten Hügels die bescheidene Villencolonie des Landes-
herrn, und an sie schliesst sich ein grosses, im Bau begriffenes Kloster
an, zu dessen Herstellungskosten Russland einen erheblichen Theil bei-
getragen hat. Der Aufseher der fürstlichen Villa, ein biederer Officier
namens Nikola Kruška, war unser Führer; er hatte an der Belagerung
von Nikšić theilgenommen und konnte uns in seiner schlichten, fesseln-
den Weise nicht genug von jener grossen Zeit erzählen.

Mit frischen Kräften nahmen wir am 12. Juni unsern Marsch wieder
auf und kamen rasch ins Gornje Polje (Oberes Feld), das mit der Ebene
von Nikšić in einem engen ursächlichen Zusammenhange steht. Eine
feste Steinbrücke (655 Meter) führt über die Zeta, und an ihr endet die
Fahrstrasse, um sich als bequemer Saumweg fortzusetzen. Den feinen
Sand, den mageren Boden und die hydrographischen Eigenthümlichkeiten des Nikšićer Feldes vermissen wir hier ebenfalls nicht, und sie
sprechen mit grosser Wahrscheinlichkeit dafür, dass auch das Gornje
Polje ein ausgetrocknetes Seebecken ist. Noch waren die Flüsse ziemlich
wasserreich, und zweimal musste mich Arso durch ihr Bett tragen; im
übrigen hatte die Gegend ein freundliches Aussehen. Nach 1 Uhr hatten
wir das Obere Feld durchmessen, und vor uns spannte sich die Brücke
von Vir über die Zeta (689 Meter). Eine Kula schützte die hochwichtige
Position, die den Schlüssel zu den Duga-Pässen bildete; die Brücke
aber war so morsch, dass sie der Fussgänger nur mit Vorsicht betreten
durfte, während die Pferde auf einer Furt das seichte Gewässer durchwaten mussten.

Die berüchtigten, viel umstrittenen Duga-Pässe öffneten sich vor uns. Sie sind als eine sanft ansteigende und in der Hälfte ihrer Erstreckung, hinter Nozdre, langsam wieder abfallende Einsattelung im Kalkgebirge aufzufassen und haben zwei Vortheile. Ihr Untergrund besteht aus leicht verwitterbaren Schiefern, die einen erträglichen Saumpfad darbieten und eine Anzahl Quellen austreten lassen. Gleich beim Blockhause Vir sprudelte eine solche in mächtiger Breite aus dem zerklüfteten Gestein, um als kurzer, blaugrüner Bach in die Zeta einzumünden. Dunkelbraune, blätterige Oolithe, die bei der Verwitterung eine helle Oberflächenfarbe annahmen, gingen bald wieder in gewöhnliche Kreidekalke über. Üppiges Buchen- und Eichengestrüpp, Haselnussbüsche, Schlehen, Farnkraut und Dornensträucher umgaben den Weg mit einem lebenden Zaun, und lichter Wald bedeckte die Randberge bis zum Scheitel. Je mehr wir in der roh ausgearbeiteten Mulde emporklommen, um so wahrscheinlicher wurde es, dass ihre Richtung und Anordnung einem unterirdischen Flusslaufe entsprach, dessen oberirdische Fortsetzung der bei Kula Vir austretende Bach war. So erreichen wir das zweite Bollwerk der Duga-Pässe, das Blockhaus Sijenokosi, und auf einmal wird die Fallrichtung der Kalke eine vollkommen horizontale. Doch was ist das? Sind wir in die Zeiten des Ritterthums zurückversetzt oder ist es Wirklichkeit? Auf steilem Berggipfel thront eine stolze Burg; kleine Fenster und schmale Schiessscharten sind in die runde Mauer und ihre vorspringenden Thürme eingeschnitten: das ist Presjeka, das dritte Glied der Festungskette, welche in dem unsicheren Passe die Heer- und Handelsstrasse zu überwachen hatte.

Während die Rudisten führenden Kalke die oberen Hänge behaupteten, gewannen die hell- bis dunkelbraunen Kreideschiefer im Thale die Oberhand und entsandten aus einem klaffenden Spalt eine ergiebige Quelle (872 Meter). Menschliche Ansiedelungen gruppirten sich um sie und um die malerische Festungskuppe, und in dem elenden Hause des Kula-Wächters (901 Meter) — nach unseren Begriffen würde es ein Stall sein — fanden wir eine gute Aufnahme. Die Luftwärme, die am Mittag + 23° C. betrug, war am Spätnachmittage bereits auf + 11° C. gesunken; das hinderte aber kleine, kaum des Laufens kundige Kinder nicht, bloss mit einem dünnen Hemdchen bekleidet, im Freien zu spielen. Wahrlich, in vielen Beziehungen gleichen die Crnogorcen den alten Spartanern! Von Jugend auf haben sie mit Entbehrungen zu kämpfen, die Kranke und Schwache einem frühen Tode überliefern und nur ein kraftvolles Geschlecht heranwachsen lassen. Gegen Abend kam eine verwandte Familie an, und ein minutenlanges Küssen und Händedrücken begleitete die Begrüssungsfragen. Endlich war das kärgliche Abendessen fertig. wir nahmen rings um das Feuer Platz und langten tüchtig zu. Dann wurde für mich auf einem bettartigen Gestell ein Arm voll Schilf ausgebreitet, meine Decken mussten das Bettzeug ergänzen. und erst der durchs Dach fallende Regen weckte mich gegen Morgen aus meinem festen Schlafe.

Ein mühevoller Tag begann für mich. Der Druck des Bergschuhes hatte mir am rechten Fusse eine Entzündung verursacht, so dass ich

Kula Presjeka (Duga-Pässe).

keinen Stiefel mehr anziehen konnte und in Strümpfen gehen musste: Aussichten, die bei den zweifelhaften Wegverhältnissen nicht gerade ermuthigten. Allerdings hatte der kurze Tagemarsch meine Sohlen für die Opanken gut vorbereitet; dafür konnte ich aber in Folge der ungewohnten Anstrengung nach der Ankunft in unserem Quartiere kaum noch stehen.

Der erste Besuch galt der imposanten Kula, zu der uns der Sohn des Aufsehers durch lichtes Buschholz hinaufführte: den Hochwald hatten die Türken niedergelegt, um jeder feindlichen Annäherung vorzubeugen. Vom Fort nahmen sich die Pässe wie ein breites Hochthal aus, und der Blick schweifte bis zu den Kulas Hodžina Poljana und Smederevo, die eine Verbindung mit Zlostup und durch dieses mit dem Krstac herstellten. Leider geht Presjeka (966 Meter) mit Riesenschritten dem Verfalle entgegen. Schon weist das Dach bedenkliche Löcher auf, die Sparren und Dielen sind verfault, der Brunnen des inneren Hofes ist verschüttet oder mit Unkraut erfüllt, und von der im Schussbereich liegenden Cisterne gilt das Gleiche. Möchte doch Prinz Arnulf von Bayern, dem der Fürst die wunderbare Veste geschenkt hat, für ihre Erhaltung eintreten!

So schnell als es mir möglich war, wanderte ich über die feinblätterigen Schiefer, die Dank ihrer Verwitterung den Fuss nicht vorzeitig ermüdeten und bis Nozdre anhielten. Obwohl also der Weg einen wohlthuenden Gegensatz zu den Pfaden im spitzen, harten Kalke bildete, zog mich die schmerzhafte Empfindung sehr von der Naturumgebung ab. Allerdings war dieselbe etwas einförmig, da sie, wie alle Karstgebiete, keine neuen Formen enthüllte; und so stiegen wir zwischen Hütten und Baumgruppen an, bis hinter dem Kessel Hodžina Poljana (1135 Meter) das Thal weniger steil wurde. Um 11 Uhr hielten wir in einer tief eingesenkten Mulde an einer Quelle (1167 Meter). Ihr gegenüber erhoben sich die Ruinen der völlig zerstörten Burg Nozdre, die vordem eine wirkliche Thalsperre war, während auf der Höhe das Fort Smederevo die weitere Umgebung sicherte und zugleich Zlostup schützte.

Die Pässe senkten sich langsam, der Schiefer unterteufte die rudistenreichen Kalke, und wir beobachteten öfter schroffwandige Naturschächte, die Jamas. In einer ärmlichen Koliba ruhte ich eine Stunde und bewunderte das Trümmerwerk von Nozdre, das an Romantik der berühmten Rudelsburg in Thüringen kaum nachsteht. Hier herrschte einst ein reges Leben, als Läden, Kaffeehäuser und fliegende Ansiedelungen die Festung umgaben, die wie jede der anderen ein kriegsstarkes Bataillon aufnehmen konnte. Nachdem sich aber die Forts den Montenegrinern ergeben hatten, verschwanden die Handelsleute, und die Stille der Einsamkeit waltet jetzt über den traurigen Stätten der Verwüstung.

Der Weg führte durch einen weichen Wiesengrund, der von Querriegeln unterbrochen ward und in eine schmale Schlucht einmündete, deren linke Höhe die malerischen Mauerreste der Zwingburg Zlostup einnahmen. Auch hier haben die Gehänge ihren Wald hergeben müssen, und die Stämme liegen überall herum. Die Schlucht öffnet sich zu dem weiten Becken von Golija (998 Meter), das so wasserarm ist, dass ihre Bewohner den Schnee vom Gebirge holen müssen. Jedenfalls deutet die ganze Thalanlage wiederum einen verborgenen Fluss an, und die schroffen Umfassungswände gleichen aufs Haar den Steilufern eines solchen.

Ein Saumweg, wie ihn nur die Kalke der Dinarischen Alpen besitzen, spielte meinem Fusse hart mit, und ich war noch sehr zurück, als mein Diener vor einem Hause am waldigen Zlostup-Rücken hielt. Aeusserlich stellte es sich als ein wohnliches Gebäude dar, die innere Einrichtung war jedoch sehr bescheiden, und eine Steinbank musste mir als Lager genügen. Der tagsüber wehende Nordsturm hatte die Luftwärme so erniedrigt, dass sich die Pässe während der Nacht mit einer dünnen Schneedecke überzogen und dass wir am andern Morgen ¹₂7 Uhr bei nur +7° C. weitermarschirten.

Der erbärmliche Weg wand sich durch die dolinenbesäete, dicht bewachsene Mulde, und erst am Krstac stellte sich wieder Schiefer ein. Hurtig eilte ich den Berg hinauf, und wenige Minuten später standen wir in dem kleinen Weiler gleichen Namens, den jener Rücken (1137 Meter) bisher verborgen hatte. Ein neues Thal setzt ein; vielfach ähnelt es der Strecke Nozdre—Zlostup, unterscheidet sich aber von ihr durch die Anwesenheit von Dörfern und Quellen. Die letzteren vereinigen sich zu dürftigen Wasserläufen, welche die Raseneisensteinbildungen des aufgeweichten, sumpfigen Untergrundes durchschneiden und zum Gacko Polje eilen. Im Hintergrunde endlich erhebt sich ein Kegel, der ein Fort trägt, es ist der Gat, einer der Grenzberge der österreichischen Hercegovina.

Jetzt war aller Unmuth vorüber. Im Han (1087 Meter) kaufte ich mir ein Paar Opanken und fand sie so bequem und praktisch, dass ich fortan stets in ihnen ging und die schweren benagelten Schuhe nur gelegentlich benutzte. Nach einer guten Stunde überschritten wir die Grenze (940 Meter) und stiegen zum Wachthause Kazanci hinauf (1077 Meter), das die in ihrer grössten Ausdehnung erst hier endenden Duga-Pässe bis zur Kirche von Krstac beherrscht. Jeder Reisende hat beim Betreten und Verlassen der Grenze dort oben seinen Pass vorzuweisen, und der commandirende Oberlieutenant, Herr Bratanić, lud mich aufs liebenswürdigste zu einem Glase Wein ein. Gleich seinen Kameraden musste er Monate lang auf dem einsamen Posten ausharren und war sehr froh, wieder einen Fremden zu sehen, wie auch mir die Unterhaltung mit ihm einen hohen Genuss bereitete.

Selten kann es wohl eine traurigere Karstlandschaft geben als die Ebene, welche wir jetzt durchmassen. Zwar entbehren ihre Randgebirge der wilden Formen, und auch die höchsten Gipfel, z. B.

die breitrückige Dobrelica, der zackige Troglav und die massige Baba
sind nicht gar zu abstossend; aber das Polje als solches ist von einer
unerwarteten Öde und Trostlosigkeit. Kaum ziert ein Strauch die fahlen,
vertrockneten Grasmatten, und unter dem spärlichen Humus wird der
graue Kalk sichtbar; niedere Kalkrücken und flache Dolinen, die vom
Gat aus gesehen einem versteinerten Meere gleichen, werfen die Oberfläche in unregelmässige Wellen, und eine tiefe Stille lagert über dem

Gacko, Altstadt.

weiten Reiche des Todes. Eine einzige Quelle erquickt uns auf unserem
Marsche, und selten schaut das Auge in dieser Wüste ein armseliges
Dörfchen oder ein einsames Kirchlein. Dafür erblickt es drohende
Blockhäuser auf den Höhen, vor uns erhebt sich die umfangreiche
festungsartige Kaserne von Avtovac, und links von ihr glänzen im Abend-
sonnenschein die Dächer von Gacko.

Trotz ihrer Quellenarmuth ist die Niederung reich an Flüssen, die
auf verborgenen Wegen kommen und gehen und im Verein mit tertiären
Süsswasserbildungen eine ehemalige Seebedeckung unzweifelhaft machen.

Jedes Frühjahr überschwemmen sie das umliegende Land, weil dann die Abzugscanäle die Wassermassen nicht mehr bewältigen können. Deshalb hat Oesterreich geeignete Regulirungsarbeiten in Angriff genommen, um durch Entwässerungsanlagen die Aecker vor übergrosser Feuchtigkeit zu bewahren.

Mein Diener Arso Popović und mein Tragpferd Kulaš.

Mit Einbruch der Dunkelheit passirten wir die Mušica-Brücke und zogen in Avtovac ein. Mein Diener blieb mit dem ermüdeten Pferde in einem elenden Han des elenden Dorfes zurück, und ich eilte auf der vortrefflichen Kunststrasse noch nach Gacko (960 Meter), wo ich um 8 Uhr Abends eintraf. Wie mundete im Hôtel der edle Gerstensaft, den ich seit Cetinje nicht mehr getrunken, wie die Butter, die ich seit meiner

Abreise von Wien vermisst hatte! Mit offenen Armen empfingen mich
die österreichischen Verwaltungsbeamten, im frohen Chor erklangen
deutsche Weisen, und eher wähnte ich mich in der Heimat als in
einem wilden Lande der Balkan-Halbinsel.

Gacko, auch Metokia oder Metohija genannt, zerfällt in die alte
und neue Stadt, die sich von einander unterscheiden wie Tag und Nacht.
Vor der Occupation war es ein unansehnlicher Ort, der auch heute
seinen nüchternen Anstrich nicht verloren hat. Ueber den alten, gefängnissartigen Türkenhäusern thront eine Kaserne, die früher einer Abtheilung
des gefürchteten Streifkorps zum Aufenthalt diente und zur Zeit von
einer Compagnie Infanterie besetzt ist. Einen viel freundlicheren Eindruck machen die europäischen Häuser, das Hôtel, die Schule, das
Bezirksamt, die landwirthschaftliche Versuchsanstalt u. s. w. Sie zeigen
so recht den Fortschritt der abendländischen Cultur, während das Türkenviertel den starren Stillstand und den unaufhaltsamen Rückschritt des
Islam widerspiegelt.

Um einen Hauptmann zu besuchen, den ich auf dem Schiffe kennen
gelernt, unternahm ich einen Ausflug nach dem Grenzposten Čemerno.
Auf gut erhaltenem Reitwege ging es stundenlang durch unfruchtbares, lang-
weiliges Karstland, das nur zweimal längs der Strasse eine Quelle entsandte.
Gewaltige Schneemassen verhüllen zur Winterszeit die schutzlose Hochebene und verbergen unter ihrem Mantel nicht selten die Steinpyramiden,
die in gewissen Abständen am vielgewundenen Wege aufgeschichtet
sind und ihn markiren sollen. Endlich bemerken wir die malerische
Festung, und mit einem Schlage verändert sich die Landschaft. Am
grasigen Čemerno-Sattel (1373 Meter), der einen wichtigen Passübergang
nach Foča und zugleich eine Wasserscheide zwischen dem Stromgebiet
der Adria und des Schwarzen Meeres bildet, stellen sich Buchenhaine,
Wiesen und Bäche ein. die von einem überwältigenden Hochgebirge
begrenzt werden. Im Nordosten versperrt der riesige Volujak die Aussicht, und ernster Nadelwald bekleidet die untere Hälfte seiner schauerlichen
Felsen, die vollkommen senkrecht zur finsteren Sučeska-Klamm ab-
stürzen. Die kühnen Formen der Vlasulja verbinden sich mit dem langgestreckten Leberšnik, dessen zerrissene, schneeerfüllte Mauern in einem
breiten, mit Matten und Sennhütten bedeckten Plateau endigen. Fürwahr, ein Naturschauspiel, wie es diese wilde Alpenwelt gewährt, wäre
ein lohnendes Ziel für den Touristen!

Mit dem Hauptmann und dem Regimentsarzte besuchte ich am
Nachmittag die Dramešina-Höhle. Unser Weg lief an der Südwand des
Leberšnik hin, der von dieser Seite aus leicht erstiegen werden kann, und

nach zwei Stunden standen wir vor der langen, schmalen Spalte, in der Schaaren wilder Tauben nisteten. Nicht ohne Mühe kletterten wir zum Grunde hinab, wo aus einem finsteren Canal ein grünes, klares Gewässer in ein kleines Felsbecken schoss, um dann lustig weiter zu hüpfen. Am nächsten Tage bewunderte ich die wildromantische Sučeska-Enge und kehrte am Abend nach Gacko zurück. Doch davon ein ander Mal!

Leider verfloss die Zeit der Ruhe und Erholung gar zu schnell, und am 19. Juni, fünf Tage nach unserer Ankunft, musste ich mich zur Rückkehr nach Montenegro entschliessen. Schon gestern war ein heftiges Gewitter niedergegangen, und heute regnete es so oft, dass wir froh waren, als wir das gastliche Kazanci erreichten. Hier gerieth ich mit meinem Diener in ernstliche Zerwürfnisse. In Podgorica, Danilovgrad, Ostrog, Nikšić, Gacko und Čemerno war er an jedem Tage unseres Aufenthaltes mehr oder minder betrunken gewesen, in Nikšić vergeudete er an einem Tage zehn Gulden für Schnaps, und auf Čemerno hatten ihn Wein und Branntwein so berauscht, dass er auf dem völlig durchnässten Grase zusammengesunken war. Natürlich zog ich das Geld, welches er auf diese nichtswürdige Weise verschwendete, von dem ausbedungenen Lohne ab, und nun antwortete mir der unverschämte Mensch, sein Trinken ginge mich gar nichts an, da er ja Alles bezahlen müsse. Uebrigens hätte er geschlafen und gegessen wie ein Hund und würde mir bei unserer Ankunft in Nikšić sofort kündigen. Ich kehrte dem getreuen Knechte den Rücken und suchte das Stübchen des Oberlieutenants auf. Dort traf ich auch den Befehlshaber des Blockhauses auf dem benachbarten Berge Stepen, Herrn Oberlieutenant Bednař, der mich alsbald zu einem Besuche seines Postens einlud. Als ich die peinliche Scene erzählte, wollten mir Beide sofort einen neuen Diener besorgen und meinen Montenegriner über die Grenze bringen lassen. Ueber unserer Unterhaltung ging Mitternacht vorüber, und erst beim Morgengrauen machten wir uns in Begleitung eines Gendarmerie-Postenführers zum Stepen Vrh auf. Am Nachmittag wanderte ich hinüber zur Festung Gat, und der andere Morgen sah mich zum zweiten Male auf dem Stepen. Ich war kaum angelangt, als — mein Diener Arso erschien, ihm auf den Fersen zwei Gendarmen, die ihn über die Grenze schaffen sollten. Demüthig küsste er mir Hand und Fuss und bat mich kniefällig um Verzeihung für seine Vermessenheit. Ich solle ihn um Gotteswillen behalten, denn wenn er ohne seinen Herrn nach Cetinje käme, bliebe ihm nichts übrig, als sich zu erschiessen. Ich würdigte ihn anfangs keines Blickes, liess mich aber durch sein flehentliches Bitten schliesslich

doch bewegen, ihn wieder in Gnaden anzunehmen. Der Oberlieutenant
widerrieth mir diesen Schritt dringend, und er hatte nur zu recht, denn
wenn auch Arso Popović für die nächste Zeit einige Besserung zeigte,
so musste ich ihn schon vier Wochen später mit Schimpf und Schande
fortjagen.

6. Capitel.

Die Banjani.

Wie die Erinnerung an das Schöne bleibt und die trüben Stunden
in den Hintergrund drängt, so hatte auch ich die Aergernisse der letzten
Tage vergessen, als ich am 22. Juni das gastliche Kazanci verliess und
auf bekannten Wegen zum Krstac zurückkehrte. Der kleine Han bot
uns eine bescheidene Unterkunft, und am nächsten Morgen lenkten wir
unsere Schritte zu einem der ödesten Theile Montenegros, den Banjani. Sie
stellen ein flachwelliges Hügel- und Dolinenplateau mit aufgesetzten Ketten-
gebirgen dar. Unter letzteren ist der langgestreckte Rücken der Somina-,
Uteš- und Njegoš-Planina am bemerkenswerthesten, der ewigen Schnee
in seinen Klüften birgt, nach den Duga-Pässen steil, nach den Banjani
langsamer abfällt und im Südwesten durch die vorgelagerte Koplje verdeckt wird. Sonst sind scharf ausgearbeitete Bergformen nicht allzu
häufig; nur die ausdrucksvollen Formen des Planik und der Stražište
sind jederzeit in dem unbestimmten Chaos erkennbar. Unvermittelt
stürzt das Plateau 300 Meter tief zur Trebinjčica-Schlucht ab, und am rechten
Ufer steigt der waldige Plateaurand eben so steil an, wodurch zwischen
hüben und drüben eine natürliche Grenze gebildet wird.

Die Pfade sind schlecht, ohne jedoch dem an montenegrinische
Wegverhältnisse gewöhnten Wanderer erhebliche Schwierigkeiten zu bereiten. Die Gebirge überragen nämlich ihren Sockel nicht sehr bedeutend, und im Gegensatze zu den schroffwandigen Trichtern der Prekornica stellen die Dolinen der Banjani meist sanft geneigte Mulden dar.
Dort beherbergten sie einen dichten Wald, hier sind sie viel häufiger
mit kurzem Grase überzogen oder mit Buschholz bedeckt, so dass land-
schaftlich und floristisch ein grosser Unterschied in der Physiognomie
der Dolinen zu machen ist. Die Verkarstung hält sich mit Ausnahme
der stark verkarsteten Gebirge und gewisser Gegenden der Hochebene

in mässigen Grenzen. Trotzdem hat das ganze Gebiet ein wüstenhaftes Aussehen, das selbst da nicht verwischt wird, wo sich alte kräftige Bäume zu Gruppen oder Wäldern zusammenschliessen. So selten ist eine Quelle, dass sie meist vom Schimmer der Sage umwoben wird und in der früheren gesetzlosen Zeit der Schauplatz blutiger Kämpfe war. Von Goslići bis Kosijerevo fand ich nur eine kleine Quelle, während an den unteren Gehängen des Trebinjčica-Thales das kostbare Nass in zahlreichen silberhellen Fäden austrat. Der Schnee, der im Winter bis zum Dache der niedrigen Häuser reicht und den Sommer über im Gebirge ausdauert, muss auch hier den Bedarf liefern, und wo er frühzeitig verschwindet, sind Cisternen angelegt, um den Regen aufzufangen. Ihr trübes, zweifelhaftes Wasser wird von Sumpfpflanzen überwuchert und bietet den Fröschen einen beliebten Tummelplatz dar; in regenarmen Sommern kann es gänzlich austrocknen, und dann hat man stundenweit nach ihm zu gehen. Unter solchen Umständen ist es leicht erklärlich, dass die Eingeborenen einem Fremden ungern Wasser geben; müssen doch — um ein Beispiel anzuführen — die Bewohner von Velimje das seltene Gut mitunter aus der 11 Kilometer entfernten Trebinjčica heraufschaffen. Wenn es daher sonderbar klingen sollte, dass wir im Verlaufe unserer Darstellung so oft die Brunnen und Cisternen erwähnen, so ist zu berücksichtigen, dass sie in einem wasserarmen Lande, wie in Montenegro, für die wirthschaftlichen und Siedelungsverhältnisse doppelt wichtig sind. Von ihnen hängt die Existenzmöglichkeit des Menschen ab, und aus diesem Grunde rechtfertigt sich die Aufzählung der Brunnen, Viehtränken, Quellen u. s. w. von selbst.

Wir zogen an der rechten Seite der Mulde Golija hin und betraten nach $1\frac{1}{2}$ Stunden einen von hohen Rücken umgebenen Kessel, in dem Wiesen, Felder und die wenigen Häuser des kleinen Dorfes Goslići (883 Meter) zerstreut waren. Nachdem uns der Kapetan (Ortsvorstand) mit einem schwarzen Kaffe bewirthet hatte, stiegen wir zwischen schütterem Walde zu einer Stufe an, die wie die Abhänge mit Dolinen gespickt war und auf eine zweite Terrasse führte. Zur Rechten lief ein tief eingerissenes Dolinenthal zum klüftigen Uteš, und auf der anderen Seite des Weges waren in einer Grasmulde einige Hütten verborgen, die letzten, denen wir bis zu den Banjani begegneten. Die Aussicht war nach allen Seiten beschränkt und bot nichts Neues; darum nahmen wir ohne Zögern den letzten und beschwerlichsten Theil des steilen Aufstieges in Angriff, der uns über eine weiche Graslehne zwischen hochstämmigen Eichen, Birken, Buchen, Ahorn- und Kirschbäumen auf den schmalen Kamm des schroffen Njegoš (1269 Meter) brachte.

Waren die Kalke bisher ziemlich stark aufgerichtet, so wurde ihr Ein-
fallswinkel von jetzt an geringer. Noch versperrten zwei Kuppen beiderseits der Passeinsattelung den Ausblick; aber auf einmal entrollte sich
ein Bild, wie es abschreckender kaum gedacht werden konnte. Nichts
anderes entdeckte das Auge als nackte Kalkwellen; und wenn ihnen
auch scharfe Zacken oder jähe Abgründe fehlten, so thaten sie es nur,
um Karrenfeldern und Dolinen Platz zu machen. Verschwunden war
der dichte Wald, und lichtes Buschholz, kurze Grashälmchen oder kümmerliches Erdreich verhüllten kaum das verwitterte Gestein, dessen helle
Farbe im auffallenden Sonnenlichte noch greller ward. In vielen Curven
lief der erbärmliche Pfad die steilen Hänge hinab und durchschnitt in
Schlangenwindungen die trostlose Ebene, in der uns bis Grahovo fünf
langweilige Tagemärsche bevorstanden. Das war der frostige Willkommengruss, mit dem uns die Banjani empfingen!

Wir rasteten in einer Koliba (1183 Meter), in der zwei hässliche, alte Frauen zurückgeblieben waren, während die Männer
auf dem Gebirge das Vieh weideten. Sie labten uns mit Schneewasser
und saurer Milch und sträubten sich mit aller Entschiedenheit, ein
kleines Geldgeschenk anzunehmen. Ohne einem Menschen zu begegnen
— denn die drei Hütten, an denen wir vorbeikamen, waren leer —
wanderten wir in der Einöde fort, die durch niedere Hügelreihen zur
Rechten und durch die Koplje-Kette zur Linken einige Abwechslung erhielt. Endlich öffnete sich eine flache Mulde, die bereits zum Bezirke
des häuser- und cisternenreichen Crnikuk gehörte. Auf einer niedrigen
Bodenschwelle war eine Anzahl schmuckloser Gräber errichtet; Montenegriner, die in der ruhmreichen Schlacht gegen Mukthar Pascha 1876
bei Vuči Do gefallen waren, hatten dort ihre letzte Ruhe gefunden. Am
unteren Rande war ein Wasserbehälter in den dünnblätterigen, schiefer-
artigen Kalk eingemauert; doch hatte sein dürftiger Inhalt ein zweifelhaftes Aussehen. Die nächste Umgebung erfreut sich noch mehrerer
Cisternen und Viehtränken und spielt deshalb im wirthschaftlichen Leben
der Eingeborenen eine hochwichtige Rolle.

Hinter dem Kessel Milagora verloren sich die Trichter in
einem sorgsam bebauten Dolinenthale, das rasch in die einer Oase
vergleichbare Mulde Dubočki Do überging. Zwischen kleinen Hainen
tauchten Häuschen auf; Wiesen und Kartoffelland, Getreide- und
Tabakfelder bedeckten die weiche Humusschicht, und $^{1}/_{2}7$ Uhr
hielten wir vor zwei steinernen Gebäuden (1093 Meter), um bei ihren
Besitzern, die gerade mit ihren Bienenstöcken beschäftigt waren und
bei unserer Ankunft neugierig herbei eilten, ein Nachtquartier zu

suchen. Als sie aber unseren Wunsch hörten, machten sie allerlei
Ausflüchte: sie wollten kein kleines Geld haben, um mir beim Bezahlen
zu wechseln, für das Pferd sollte kein Futter vorhanden sein u. s. w.
Zufällig hörte ich, dass sie Verwandte des Hospitalarztes in Cetinje,
Dr. Miljanić, seien, den ich später kennen lernte, und auf dessen Namen
ich mich berief. Das wirkte. Sofort waren die Crnogorcen wie umgewandelt, und ich konnte sie nur schwer davon abbringen, einen Hammel
zu schlachten. Obwohl sie nach montenegrinischen Begriffen zur wohl-

Die Koplje (Banjani).

habenden Classe gehörten, war ihre Häuslichkeit sehr einfach ausgestattet, und mein hartes Lager bestand aus einer Schütte Stroh, die
auf den Steinfliessen neben dem Feuer ausgebreitet wurde.

Die vielgerühmte montenegrinische Gastfreundschaft ist in Wirklichkeit doch etwas anders als in den einschlägigen Büchern zu lesen
steht. Man kann es ja Niemandem verdenken, wenn er bei seinen
eigenen beschränkten Verhältnissen einen fremden Reisenden nicht gleich
aufnimmt, weil er meint, dass dieser Bequemlichkeiten beansprucht, die
er ihm nicht bieten kann. Zwar erhält man in den meisten Fällen
keine ablehnende Antwort, aber der Wirt rechnet bestimmt auf ein

Geldgeschenk und das um so mehr, als der grösste Theil der Montenegriner sehr arm ist. Andererseits kann ich nicht verschweigen, dass ich
bei den Kapetanen, bei den Geistlichen und in den Klöstern das herzlichste und uneigennützigste Entgegenkommen gefunden habe, und dankbar gedenke ich jener Männer, die mit hingebender Freundschaft für
den Wanderer sorgten, den sie vielleicht nie wiedersehen werden.

Auf unserem Wege bis Milagora zurückgehend, gelangten wir
in die grüne Flur von Zanuglina. Stattliche Gruppen von Ahorn,
Weissbuchen und Eschen verwandeln sie in eine anmuthige Parklandschaft, und unter den schattenspendenden Bäumen sind die der ärmlichen Wohnstätten zerstreut. Im Popenhause (1157 Meter) wurden
wir aufs beste empfangen, und ungern trennte ich mich von den
guten Leuten, die keinen Kreuzer Bezahlung annahmen. Als wir die
Höhe oberhalb des Dorfes erreichten, standen wir wieder im traurigen
Karste. Kräftige, aber gleichwohl verkümmerte Laubbäume breiteten
ihre kurzen Zweige über Gräser und Zwiebelgewächse, die zwischen den
karrenartig zugeschärften Kalkrippen wucherten. Die Bergzüge schlossen
eine sehr sanft geneigte Thalmulde ein, die, allmählich wilder und un-
deutlicher werdend, bis Crkvice lief. Wir durchquerten sie bis zum
Weiler Somina (1163 Meter) und blieben am rechten Hange, bis wir
plötzlich merkten, dass wir vom richtigen Wege abgewichen waren und
auf einem kümmerlichen Pfade in der Senke fortgingen. Der Wald
wurde stärker, das Unterholz dichter, und durch eine ununterbrochene
Flucht steilwandiger Dolinen kamen wir, vorüber an den zerstreuten An-
siedlungen des Travni Do, zu der grossen Petrova Dolina, die einige
Hütten und eine ergiebige Cisterne (1110 Meter) enthielt. Ein halb-
wüchsiger Bursche tränkte dort seine Heerden, aber er wusste in der
Umgebung keinen Bescheid, und so hatten wir uns bald vollständig verirrt. Nach erfolglosen Kreuz- und Querzügen entdeckten wir einen er-
müdenden Steig, den das Pferd nicht ohne Mühe passieren konnte. Gegen
5 Uhr eilte er rasch abwärts, der Wald wurde lichter, und die formlose,
in der Höhe dünn mit Bäumen bestandene Kapavica trat in den Vordergrund. Bald blickten wir in ein aussichtsloses Hochthal, und von
grünem Plane hob sich — ein liebliches Idyll — das weisse Kirchlein
von Crkvice (1078 Meter) ab. Neben ihm stand ein einstöckiges Haus, und
auf der kleinen Matte waren noch einige andere Hütten vertheilt. Kulaš
wurde von seiner Last befreit und mochte sich sein Futter suchen, wo er
wollte, während wir uns ein wenig ausruhten und dann das versteckte
Polje musterten.

Die Kirche, welche der Gegend ihren Namen gegeben hat, gleicht genau den anderen Gotteshäusern Montenegros. Einen Thurm besitzt sie nicht, sondern die Glocken hängen in einem steinernen Oberbau über dem Eingang: nicht selten sind sie auch in einem besonderen Gestell neben der Kirche untergebracht. Eine durchbrochene Holzwand, die Heiligenbilder und Leuchter zieren, trennt das Heilige vom Aufenthaltsraume der Menge. Stühle oder Bänke gibt es eben so wenig wie eine Orgel; überhaupt ist die ganze Einrichtung sehr einfach. Unsere

Montenegriner aus Zanuglina (Banjani).

Kirche verdankt ihre Gründung der Frömmigkeit eines begüterten Mannes oder vielmehr eines Sonderlings, der fern vom Getriebe der Welt in einer Höhle auf der Kapavica seine Zeit mit Beten und Fasten hinbringt und bloss von Wasser, Brot und Oel leben soll. Auf seine Kosten entstand auch das Haus, das im Untergeschoss einen Laden und einen Schuppen, im Oberstock zwei Zimmer enthält. So viel versprechend es aber äusserlich aussieht, so viel lässt es im Innern zu wünschen übrig. Denn Fensterscheiben fehlen, die kahlen Wände entbehren jedes Schmuckes, Bänke, Schemel und ein wackeliger Tisch bilden nebst

einem Bettgestell das einzige Meublement, und den Ofen vertritt eine in
den Boden eingelassene Feuerstelle.

Immerhin sind diese Häuser verhältnissmässig selten; zum grössten
Theile bestehen sie aus elenden Hütten, die kaum den Namen Haus
verdienen. Durch eine niedere Thür gelangt man in einen engen, halb-
dunklen Raum, der durch lukenartige Fensteröffnungen und ein flackerndes
Feuer nothdürftig erhellt wird. An den Seiten des festgetretenen oder
mit Steinen ausgelegten Bodens verlaufen breite Fliesen, ein primitives
Gestell beherbergt das wenige Hausgeräth, und über dem Herd hängt
ein berusster Kessel. Steinblöcke, Holzklötze oder kleine Schemel vertreten die Stühle, Platten mit kurzen Füssen den Tisch, und die rauchgeschwärzten Wände zieren Waffen, Heiligenbilder und das nie fehlende
Portrait des Landesfürsten Nikolaus. Betten giebt es nur in den wenigsten
Fällen; man legt sich einfach auf den Fussboden oder auf ein Bund
Stroh, und doch schläft sichs nach anstrengendem Tagewerke auf
diesem harten Lager besser als im weichen Bett, vorausgesetzt, dass die
sechsfüssigen Hausinsassen sich nicht gar zu sehr fühlbar machen.

Inzwischen hatte unser Wirth einen fetten Hammel herbeigeholt
und mit einem Schnitte den Hals des zuckenden Thieres durchschnitten.
Mit erstaunlicher Geschwindigkeit ging das Abhäuten vor sich, und nach
zwei Stunden sassen wir bei einem schmackhaften Mahle. Dann wurde
Stroh und Schilf auf ein Bettgestell gebreitet, aber das Ungeziefer, mit
welchem ich hier zum ersten Male unliebsame Bekanntschaft machte,
liess mich erst spät einschlafen.

Die langweilige Gegend veränderte sich nicht allzusehr, als wir
von Crkvice aufbrachen. Der zweifelhafte Weg führte uns bis Mrkovići
durch eine zusammenhängende Reihe von sieben gut ausgearbeiteten
Kesseln, eine Erscheinung, die im Karste nicht überrascht. Das erste
dieser Becken war mässig verkarstet und besass in der Nähe
einiger Hütten eine wasserreiche Cisterne (1056 Meter), die dem
ganzen Bezirke den Namen Ubli gegeben hat. Von neuem nahm
uns ein Gebiet wildester Verkarstung auf, doch es würde zu sehr
ermüden, wollte ich immer und immer wieder eine solche Landschaft
schildern. Einmal, am Bratagos, durchwanderten wir einen hochstämmigen Buchenwald, und da wir eine Quelle vergebens suchten, so begrüssten wir mit Freude das Dörfchen Zljeme (1163 Meter). Allein unser
Verlangen nach einem Trunke lehnten die Einwohner anfänglich ab,
und selbst als wir ihnen Bezahlung anboten, verstanden sie sich nur
zögernd dazu, uns von ihren geringen Wasservorräthen etwas abzulassen.
Nun erhielt die Thalfurche, die zuweilen an gut auskrystallisirten

Kalkspathen Ueberfluss hatte, bestimmtere Gestalten und ein freund-
licheres Aussehen. Wald und Wiesen, Ackerland und Hütten wurden
häufiger, die Wege besser, und als wir uns der Kirche von Mrković
(1051 Meter) näherten, waren die öden Banjani gar nicht mehr wieder
zu erkennen. Ungehindert schweifte der Blick zum Njegoš und bis zu
den Gebirgsmauern längs der Adria, bis wir in die dünn bebaute, einförmige Mulde von Velimje hinabstiegen, die ausser einigen Kirchen
und Brunnen nichts Bemerkenswerthes besass. Um ³/₄6 Uhr hatten wir

Crkvice (Banjani).

den gleichnamigen Ort (856 Meter) erreicht. Er liegt weithin sichtbar
auf einem kahlen Plateau, das die ganze Niederung beherrscht und
deshalb zur Türkenzeit eine Festung trug. Etwa zehn saubere Häuser,
darunter die Schule und eine recht wohnliche Locanda, in der man
sogar ein kleines Zimmerchen erhält, setzen das Dorf zusammen, das
als Kreuzungspunkt der Verkehrsstrassen Bilek-Nikšić und Risano-Gra-
hovo-Bilek nicht unwichtig ist. Zufällig war der Bezirks-Kapetan, Ćetko
Pejović, anwesend, um einen Gerichtstag abzuhalten, der bei dem ausgeprägten Rednertalent des Crnogorcen nicht ohne viel Lärmen und
Zanken verlief und sich noch bis zum nächsten Mittag fortsetzte.

Montenegro zerfiel vor dem Kriege in acht Nahijen (Kreise, Pro-
vinzen), diese in Plemena (Stämme oder Zusammenhäufungen von Familien
gleichen Ursprungs), diese in Bratstva (Brüderschaften, Familien, Gemeinden), so dass die Familie die Grundlage der staatlichen Organisation
bildete und der Fürst zum Staate als zu einer einzigen grossen Familie
in einem patriarchalischen Verhältnisse stand. Die einzelnen Kreise besassen eine gewisse Selbstständigkeit, und diese Regierungsform sagte
den an Freiheit und Unabhängigkeit gewöhnten Crnogorcen am meisten
zu. Jetzt hat diese Eintheilung nur mehr eine historische Bedeutung,
indem die einzelnen Nahijen in 83 Bezirke (Kapetanien) getheilt worden
sind. Mit der Oberleitung eines jeden dieser Bezirke ist der Kapetan
betraut, der die Civil- und Militärbehörde darstellt und unmittelbar der
Regierung und den Ministerien untersteht.

Der Kapetan von Velimje, ein Montenegriner von altem Schrot
und Korn, hatte sich schon unter Fürst Danilo gegen die Türken rühm-
lichst ausgezeichnet, und seine zahlreichen Narben bewiesen mehr als
die mit Orden über und über geschmückte Brust, wie viele blutige
Kämpfe er bestanden. Unter seinem Gefolge waren zwei alte Haudegen, die sich nicht minder hervorgethan hatten als ihr Gebieter,
und von allen Seiten wurde den um ihr Vaterland so verdienten Männern
die grösste Hochachtung entgegengebracht. Ich konnte mich nicht entschliessen, schon am folgenden Tage weiterzuziehen, und meine Absicht er-
regte lebhaften Beifall, da die Neugierigen längst meinen photographischen Apparat bemerkt hatten und, eitel wie sie waren, photographirt
sein wollten. Geschäftig ordnete der Lehrer, zu dessen kriegerischer
Tracht die Brille gar nicht recht passen wollte, die Gruppe, aber es
verging eine gute Zeit, bis ich die Aufnahme machen konnte. Dieser
musste erst seinen Revolver, der andere seinen Säbel holen, und ein
alter, weissbärtiger Held, der keine Waffen bei sich hatte, wusste sich
nicht anders zu hefen, als dass er seine schwieligen Hände über die Stelle
des Gürtels legte, wo sonst der schussbereite Revolver zu stecken pflegte.
Doch auch der Erzieher der Jugend wollte mit seiner Schule Ehre ein-
legen, und ich musste ihn mit seinen hoffnungsvollen Sprösslingen
ebenfalls abconterfeien. Da war die Brille verschwunden, und während
die eine Hand den Revolver umspannte, hielt die andere ein dickleibiges
Buch. Bei diesem wichtigen Geschäfte benahmen sich die biederen
Eingeborenen wie Kinder; sie konnten das Bild nicht genug anstaunen,
welches die matte Glasscheibe der Kamera zeigte, und waren schliesslich
etwas betrübt, dass sie ihre Photographie nicht gleich erhielten.

Nun luden sie mich zu einem Trunke ein. Dunkelrother Dalmatiner-
wein, Kaffee, Slivovic und goldgelber Meth, wie ich ihn in gleicher Güte
nie wieder gefunden habe, wechselten sich unaufhörlich ab, so dass ich froh
war, als mich der Lehrer in die Schule führte. Stracks erhoben sich die
Schüler, als ich in die Classe trat, und abermals standen sie auf, als
ich dieselbe wieder verliess. Dann musste ich dem trefflichen Kapetan
Gesellschaft leisten; er wollte vielerlei von mir wissen, und ich hatte
Mühe, ihn zufriedenzustellen. Er erkundigte sich nach Deutschland,

Montenegriner aus Velimje (Banjani).

Russland und — eine Frage, die sehr oft an mich gerichtet wurde —
nach unserem grossen Altreichskanzler Fürst Bismarck. Er fragte auch,
wie wir über sein Vaterland dächten; und als ich ihm die falschen
Vorurtheile über den Charakter der Crnogorcen und über die vermeintliche Unsicherheit in ihren Bergen darlegte, da rief er in gerechter
Entrüstung: »Wahrlich, ich will meinen Kopf verlieren, wenn bei uns
Jemand einem Fremden ein Haar krümmt!«

Am 27. Juni setzten wir unsere nicht gerade beschwerliche, aber
um so langweiligere Wanderung fort. Wir verloren uns in den Dolinen-
reihen des sanft gewellten Plateaus und eilten schnell an dem Kirchlein

von Tupanje (805 Meter) vorüber, um uns die fröhliche Stimmung nicht
zu verderben. Auf dem kleinen Friedhofe wurde nämlich ein Mädchen
begraben, das vor einem Tage in der Viehtränke Vrbica ertrunken war,
und nach landesüblichem Brauche begleitete eine Schaar von Frauen
den traurigen Act mit übermässig lautem Wehklagen und verzweifeltem
Händeringen.

Wir kamen an die eben genannte Viehtränke (910 Meter) und in das
zerstreute Dorf Drpe (825 Meter). In der Ferne erhoben sich die Berge von
Trebinje und Bilek; und wenn wir nicht wussten, dass dort die Grenze
zu suchen sei, so sagten es die Forts, die von den dominirenden Spitzen
herablugten. Vor ihnen stieg der charakteristische Kegelstutz des Planik
auf, den statt der finsteren Burgen eine friedliche Kirche krönte. Ihn
verdeckten theilweise die rundlichen Gipfel des Vjeternik, und das ausdrucksvolle Massiv der Stražište vervollständigte das starre Bild. Die
ausserordentlich dünnbankigen Kalke, die vielleicht den Plattenkalken
der oberen Kreide entsprechen, lagen in flachgewellten, wenig gestörten
Schichten übereinander, und mageres Gras verhüllte kaum die wild verkarsteten, stark verwitterten Gehänge. Zwischen Stražište und Vjeternik
verlief ein Karstthal, wie ich es trostloser selten wieder gesehen habe.
Nur hier und dort winkten, von schützenden Mauern umgeben, kleine
Kartoffelfelder, und die Hitze der letzten Wochen hatte den steinigen
Boden so ausgetrocknet, dass die Leute aus den benachbarten Ortschaften
Wasser herbeischaffen mussten, um die verschmachtenden Pflanzen zu be-
giessen. Wer in den Montenegrinern nichts anderes als Hammeldiebe und
Faullenzer sieht, der möge die Steinwüsten der Banjani besuchen oder schon
die sorgsam gepflegten Felder an der Strasse von Njeguš nach Cetinje be-
achten. Da wird er bemerken, wie die fleissigen Leute jedes verfügbare
Fleckchen Erde ausnutzen, er wird nicht begreifen können, warum die
Türken Tausende von Menschen opferten, um ein so armes Volk unter
ihr Joch zu zwingen, und zugleich muss er zugeben, dass Montenegro
im Verhältniss zu seiner Culturfläche eines der bestbebauten Länder
Europas ist.

Hinter dem ausgedehnten Kirchdorfe Usputnica-Petrovići verliert
die Gegend ihre Wildheit, und der Weg senkt sich zwischen lichten
Eichen- und Buchengruppen. Noch sind die langgestreckte Stražište und
der vulcanähnliche Planik nicht verschwunden, da fällt das Karstthal,
dessen Anlage ebenfalls auf einen unterirdischen Fluss hinweist, steil
ab, wir biegen in die schroffwandige Schlucht eines trockenen Baches
ein, und aus jäher Tiefe grüsst die silberne Trebinjčica herauf. Grüne
Wiesen und üppige Buchenhaine umgeben einige Häuser und eine Kirche,

deren Mauern die Verwüstungen des letzten Krieges noch deutlich erkennen lassen. Das ist unser Quartier, das alte Kloster Kosijerevo, und in einer halben Stunde sind wir auf vielgewundenem Pfade vor seinem Thore (344 Meter) angelangt. Der Iguman Gerasion Vujović und sein getreuer Mönch Josef Lekić heissen uns herzlich willkommen, und bald macht der nie fehlende Pflaumenschnaps die Runde. Die geistlichen Herren nöthigten mich so zum Trinken, dass ich für die Festigkeit meiner Füsse ernsthaft zu fürchten begann und erleichtert aufathmete,

Die Stražište (Banjani).

als sie mich zu einer Besichtigung ihres Monasteriums aufforderten. Zuerst gingen wir in die Kirche, dann in die Schule, und mit Stolz zeigte mir Freund Lekić eine Karte von Europa, die einer seiner Schüler gezeichnet hatte. Lange erfreuten wir uns an dem lustigen Spiele der Trebinjčica und an den murmelnden Quellen, die an dem waldigen Abhange austreten und in dem an Raseneisenstein reichen Thalgrunde weiter rinnen. Hier konnte ich wieder einmal die Geschicklichkeit der Montenegriner bewundern. Der Diener des Klosters stellte sich auf einen Stein im Flusse und durchbohrte mit sicherem Kugelschuss eine muntere Forelle. Uebrigens ist diese Art des Fanges sehr gewöhnlich, und der

Crnogorce ist ein so geübter Schütze, dass er selten sein Ziel verfehlt. Ein reichliches Mahl, bei dem unsere Wirthe gleich ihren Landsleuten Finger und Zähne besser als Messer und Gabel zu benutzen verstanden. beschloss den Abend; und am folgenden Tage verliessen wir die Banjani, um in das nicht minder öde Gebiet von Grahovo einzudringen.

7. Capitel.

Nach Grahovo, durch die Krivošije und zurück nach Nikšić.

Heiss schien die Sonne vom wolkenlosen Himmel herab, als wir um 11 Uhr den saueren Aufstieg begannen und bis Petrovići denselben Weg wie gestern einschlugen. Schon nach wenigen Minuten waren wir in Schweiss gebadet, aromatische Pflanzen betäubten durch ihren Duft fast die Nerven, und eine unerträgliche Schwüle machte den ohnehin unangenehmen Pfad zu einem wahren Höllenpfade. Eine knappe Stunde dauerte es, bis wir das Plateau erklommen hatten. Einige Männer, die mit uns gegangen waren, hiessen ihre Frauen Wasser aus den benachbarten Hütten herbeibringen, und in vollen Zügen stürzten wir den erfrischenden Trank hinunter, der uns trotz seiner zweifelhaften Güte vortrefflich mundete. Doch bald mussten wir uns vom weichen Grase erheben, in dem wir uns behaglich ausgestreckt hatten, denn dunkles Gewölk ballte sich über der Stražište zusammen, und der Donner hallte grollend in ihren Klüften wider. Unaufhörlich folgten sich Blitz und Donnerschlag. aber nur ein paar Tröpflein des ersehnten Regens fielen auf den ausgedörrten Boden nieder. Wohl hatten schon in den letzten Tagen schwere Gewitter das Firmament umzogen, doch stets zertheilten sie sich wieder, und die drückende Schwüle steigerte die Hitze dermassen, dass das Thermometer im Schatten stundenlang $+30^\circ$ C. und in der Sonne $+60^\circ$ C. zeigte. Dazu kam die intensive Wärmeausstrahlung des nackten Kalkes, so dass man glauben konnte, in einem Backofen zu wandeln; und zu den Beschwerden der erbärmlichen Wege gesellten sich Tausende lästiger Fliegen, die Menschen und Thiere fortwährend mit ihrem Gesumme verfolgten.

Gleichgiltig gegen die Umgebung durchwanderten wir die wild verkarsteten Fluren von Broćanac (824 Meter). Kaum beachtete ich die niederen Eichengebüsche, welche das Gestein zu verhüllen strebten, und kaum würdigte ich die kümmerlichen Aecker eines Blickes. Endlich hat die Sonne ihren höchsten Stand überschritten. Zugleich treten erst schüchtern, dann immer zahlreicher blumige Wiesen auf, der Baumwuchs wird kräftiger, und Häuser beleben den grünen Plan. Das stattliche Dorf Vilusi (926 Meter), das schon die ersten Anfänge einer kleinen Stadt zeigt, ist erreicht. An der Strasse von Nikšić nach Trebinje gelegen, weist es Kaufläden und sogar einstöckige Häuser auf, die sich wenigstens einmal zu einer Strasse aneinanderreihen. Auch ein Kaffeehaus fehlt nicht, wenn man den ungemüthlichen, schuppenartigen Raum, der die stolze Ueberschrift Kafana trägt, so nennen darf, und eilends treten wir an den Schanktisch, um uns an einem Schälchen Mocca zu erquicken. Es war Sonntag, daher ruhten alle Geschäfte, und die Männer standen plaudernd herum oder huldigten dem beliebten Nationalspiele Kamenje ramenje (Steinwurf). Als sie uns aber bemerkt hatten, drängte sich Alt und Jung in das enge Zimmer, zudringlich den Fremden musternd und die landläufigen Fragen nach Wer, Woher, Wohin? u. s. w. stellend. Da hielten wir es allerdings nicht lange aus und nahmen unsere Wanderung wieder auf. Die schlechteste Strecke lag hinter uns, denn der Kalk, der bisher hart und krystallinisch gewesen war und mit deshalb zu zackigen Formen verwitterte, ward dünnplattig und fühlte sich zuckerkörnig an. Zahllose Risse und Spältchen durchsetzten seine flachgewellten Schichten, die den erodirenden Kräften weniger Widerstand leisteten, und bequeme, fast parkartige Pfade, unabsehbarer Laubwald und üppige Felder bezeichneten äusserlich diese Veränderung. Um den unverkennbaren Gegensatz voll zu machen, entsandte der thonreiche Kalk auch Quellen, deren ergiebigste die Quelle Osječenica (1025 Meter) war. In armdicken Strahlen sprang ihr Wasser aus dem Gestein, um sofort zu einer nimmer versiegenden Cisterne und Viehtränke aufgestaut zu werden. Wie leicht ging sichs jetzt, wo die Sonne schon nahe am Horizonte stand, wo wir in eine Natur gelangt waren, die man bei Anlegung eines bescheidenen Massstabes als schön bezeichnen durfte, und wo eine Schar Eingeborner uns die Zeit verkürzte! Bereits legten sich die Schatten der Dämmerung auf die westlichen Grenzberge, als wir an der kleinen Ebene Grahovac vorüberzogen.

Hinter Za Kurjaj (870 Meter) fällt das bewaldete Gelände allmählich ab, und der wilde Lisac von Grahovo kommt näher. Plötzlich endet der Plateau-Rand in der tief eingerissenen Klamm eines trockenen

Karstbaches, und am Fusse seiner schmalen Oeffnung erstreckt sich eine
rings geschlossene Ebene. »Grahovo!« riefen unsere Begleiter, und längst
hatte mich die Karte belehrt, dass es Grahovo war, das vielumkämpfte.
Entsetzlich kahl und zerklüftet waren die umgebenden Gebirge, deren
eines seinen Namen Bijela Gora (Weisses Gebirge) in jeder Beziehung
rechtfertigte. Aber wie ein grüner Edelstein auf hellem Grunde hob sich
von diesem Chaos die Beckensohle ab, die in ihrer Mitte und an ihren
Rändern schmucke Dörfer besass. Niedere Kalkhügel, die einst Inseln
waren, als noch ein Karstsee den Grund bedeckte, störten die vollkommene
Horizontalität, und durch die Niederung schlängelte sich der helle Streifen
eines wasserlosen Flusses, der unvermittelt erscheint und ebenso plötzlich
wieder verschwindet. In der stark verkarsteten Schlucht, die sich als
trockenes Rinnsal mit jenem Flusse vereint, arbeiteten wir uns auf
einem aller Beschreibung spottenden Pfade über vorspringende Gesteine
und lockere Gerölle, durch Brombeergesträuch und widerspenstiges
Buschholz abwärts, und auf ebenem Boden weitergehend, betraten wir
um 7 Uhr Umac (712 Meter), die grösste Ansiedlung des Kesselthales.
Gefolgt wie immer von einer Menge Unberufener statteten mir die
Honoratioren sofort ihren Besuch ab, und nach dem Abendessen suchte
ich in dem bescheiden Kämmerlein das Bett auf.

Hat man eins der montenegrinischen Polje durchstreift, so kann
man sich auch die Beschaffenheit der andern leicht vorstellen. Daher
bot das Becken von Grahovo nichts Neues, man müsste denn die zerstörte Türkenschanze erwähnen, die den Kalkhügel von Umac krönt.
Auch hier sind unter der dünnen Humusschicht Massen von Rollsteinen
verborgen, die den spärlich fallenden Regen rasch aufsaugen und dem
Grundwasser zuführen, Cisternen, die bis auf den Spiegel desselben eingelassen sind, liefern allerdings genug Trinkwasser; aber für die Aecker
und für das Vieh bleibt der Mangel immerhin bestehen, sodass mich
die Leute mehrfach um Abhilfe angingen.

Eine der öfters hervorgehobenen Eigenthümlichkeiten des Karstes,
die perlenschnurartige Aneinanderreihung grösserer und kleinerer Dolinen
mit staffelförmiger Unterlagerung, ist in dem zuletzt durchwanderten
Gebiete deutlich ausgesprochen, und unser Polje gehört zu einer solchen
Kette, die von Crkvice bis zur Adria abfällt. Allerdings muss hervorgehoben werden, dass die zahllosen Karsttrichter sich auch zu andern
Reihen zusammenlegen lassen, weshalb man eben so gut eine Linie
Grahovo-Nikšić, Nikšić-Bilek, Crnikuk-Grahovo-Risano u. s. w. heraus-
finden kann.

Da ich einige Briefe zu besorgen hatte und Grahovo bloss ein Telegraphenamt besass, so erkundigte ich mich, ob in dem benachbarten Dragalj ein Gasthof und eine österreichische Poststation sei. Ich erhielt eine bejahende Antwort und machte mich am nächsten Morgen auf, um jenseits der Grenze meine Geschäfte zu erledigen.

Wieder war es ein heisser Tag, und der abstossend nackte Kalkwall, der die Ebenen von Grahovo und Dragalj trennte, strahlte eine drückende Wärme aus. Doch bedeutete er für uns kein grosses Hinderniss, und in den leichten Opanken, die man kaum an den Füssen merkte, sprangen wir behend über das Gestein. Wie seinerzeit auf dem Krstac, so musste mein Diener hier in einem Han Revolver, Dolch uud Gewehr zurücklassen, da im österreichischen Machtbereich das Waffentragen verboten ist. Bald markirten einige Pyramiden die Grenze zwischen Montenegro und der Krivošije, wir sahen das Heer der Festungen, die auf jedem geeigneten Berge errichtet waren, und schauten nach kurzer Zeit in das Kesselthal von Dragalj herab. Aber wie hatte ich mich in meinen Erwartungen getäuscht! Ich glaubte, ein blühendes Stück Culturland, neue Häuser oder gar ein kleines Städtchen anzutreffen; und was musste ich erblicken? Weissschimmernde Steinfelder und verdorrte Grasflächen nahmen eine Niederung ein, die nur im Süden ein lichter Eichwald zierte. Kaum ein Acker hob sich von der mageren Steppe ab, und ärmliche Hütten waren um den Thalrand gruppirt. Viele von ihnen lagen in Trümmern, und die rauchgeschwärzten Wände einer Kaserne vervollständigten die traurigen Spuren der Verwüstung, welche der letzte Aufstand der Krivošijaner im Jahre 1882 zurückgelassen hatte. Erst nach Aufbietung dreier Armeecorps gelang es Oesterreich, der kaum 1200 Seelen zählenden Insurgenten Herr zu werden, die in ihren pfadlosen Bergen eine natürliche Festung hatten, aus dem Hinterhalte die überraschten Feinde überfielen und sogar so kühn waren, dass sie die eben genannte Kaserne in die Luft sprengten. Jetzt herrscht vollkommene Ruhe und Sicherheit; die überall errichteten Forts können das Land leicht überwachen, und ein Bataillon genügt zur Niederhaltung der noch sehr uncultivirten Krivošijaner.

Ein zeitweilig Wasser enthaltender Schlundfluss, der jedenfalls den Fluss von Grahovo fortsetzt, durchschneidet das Dragalj Polje, das wie alle hochgelegenen Karstthäler unter einem übermässig rauhen Winter und einem glühenden Sommer zu leiden hat. An ein Gasthaus oder ein Postamt war in dieser verlorenen Oede nicht zu denken, die ausser einer kleinen Kirche (618 Meter) und einer Gendarmerie-Kaserne kein nennenswerthes Gebäude aufwies. Die Leute gaben uns wenigstens

die tröstliche Versicherung, dass wir in Grkovac das Gewünschte finden
würden, und unter diesen Voraussetzungen entschloss ich mich, unseren
Marsch zu verlängern.

Als wir auf unangenehmen Geröllmassen den letzten Theil der un-
wirtlichen Ebene durchmessen hatten, begrüsste ich mit Freuden
einen neuen Vorboten der Civilisation. Ein breiter, gut erhaltener
Reitweg lief langsam an der Bergwand hinan, und man muss
dem österreichischen Kaiserstaate zu Dank verpflichtet sein, dass
er diese wilden Gegenden durch derartige Kunststrassen — denn die
Strassen von Risano über Grkovac oder Crkvice nach Dragalj und noch
mehr die Strasse auf den Veli Vrh verdienen in der That eine solche
Bezeichnung im wahrsten Sinne des Wortes — leichter zugänglich gemacht hat. Dolinen und Dolinenthäler, wie ich sie schauriger und tiefer
nur bei Sanct Kanzian-Matavun im österreichischen Karste gesehen,
zogen sich zu unserer Linken hin; und selten bargen sie auf ihrem
nackten Grunde vereinzelte Wohnstätten der abgehärteten, bedürfnis-
losen Eingeborenen, die in ihrem Lebensunterhalte ganz von der Viehzucht abhängen. Wir erklommen mühelos die Höhe, und als wir um
eine Felszunge bogen, die eine malerische Festung beherrschte, lag
Grkovac vor uns. Eine neue Enttäuschung! Vergeblich suchte ich das
kleine, nach italienischer Art gebaute Städtchen, das meine kühne Phan-
tasie hierhergezaubert hatte. Da gab es bloss ein kleines Dorf, das
durch die österreichischen Kasernements einen gewissen städtischen Anstrich erhielt. Das Hôtel ersetzte eine Militär-Cantine, und die typische
Gestalt des österreichischen Finanzwächters mit der unvermeidlichen
Frage: »Nichts Verzollbares?« rief mich vollends in die Wirklichkeit zurück. War ich einmal in Grkovac, so konnte ich die zwei oder
drei Stunden noch zugeben und bis Risano gehen. Das trostlose Doli-
nenfeld von Ledenice (610 Meter), bekannt unter dem bezeichnenden
Namen des Steinernen Meeres, wurde passirt, und ein dunkelblauer
Streifen blitzte am Fusse der kahlen Berge auf, neues Leben und neue
Hoffnungen in die abstossende Oede bringend. Es ist das Meer, das
allgewaltige, und schnell entrollt es sich in seiner Pracht, bis der
Steilrand des Hochplateaus 600 Meter tief zu den romantischen Bocche
abstürzt. Nunmehr hatten wir Wasser, das wir so lange vermissten,
im Ueberfluss. Ueberall sprudelten aus den Gehängen ergiebige Quellen,
und später machte sich beim Baden das kalte, unterirdisch abfliessende
Wasser in den warmen Bocche unangenehm fühlbar. Aus einem lachen-
den Garten südlicher Gewächse grüsste Risano herauf, in zahllosen Serpentinen führte der Weg zu seinen Häusern, und am Spätnachmittage

waren wir dort angelangt. Risano ist eben so gebaut wie Cattaro, nur dass es glücklicherweise der beengenden Festungsmauern entbehrt. Auch hier herrscht die serbische Sprache vor, und man liest ebenfalls mehr Aufschriften in slavischen als in lateinischen und deutschen Buchstaben. Wie in Gacko, so wurde ich von den Officieren aufs zuvorkommendste aufgenommen, und ungern schied ich nach dreitägigem Aufenthalte von ihnen, um über die Festung Crkvice in die Schwarzen Berge zurückzukehren.

Die Landschaft blieb gleich abschreckend, und die schier unerträgliche Hitze, die auch heute in der Sonne über $+$ 50 ° C. stieg, drohte mehrmals unsere Kraft zu erschöpfen, da wir im glühendsten Sonnenschein beständig bergauf zu wandern hatten. Hinter dem armseligen Weiler Knezlac (619 Meter), in dem 1862 durch gegenseitiges Uebereinkommen der erste Aufstand der unbotmässigen Krivošijaner beigelegt wurde, durchzogen wir einen lichten Wald. Dann mussten wir gänzlich ungeschützt bis Crkvice (984 Meter) emporklettern, ehe sich der trotz seiner Güte mühsame Weg senkte und bis Dragalj im schattenspendenden Laubwalde hinlief. Ein redegewandter Albanese aus Scutari hatte in Crkvice unter dem hochklingenden Namen »Hôtel Krivošije« eine Cantine errichtet, und wie Freund Gugga in Podgorica wurde er nicht müde, die Vorräthe seines Warenmagazins nach allen Regeln der Kunst anzupreisen.

Abermals musste ich für einige Wochen der europäischen Bequemlichkeit entsagen und war doch froh, als ich beim Glanze der Abendsonne das bescheidene Umac und die mir trotz aller Entbehrungen lieb gewordene Crnagora wieder betrat. Kulaš, der so lange der Ruhe gepflegt, konnte auch den nächsten Tag noch rasten, da er eine schwere Last zu tragen hatte und eine Erholung wohl verdiente. Ich war noch nicht lange im Han abgestiegen, als das Volk eilends zusammenlief. Zwei allen Montenegrinern bekannte Personen, Seine Excellenz der russische Minister-Resident Herr Argiropulos und Herr Rovinski, kamen an und nahmen in einem Nachbarhause Quartier. Sie hatten eine mehrwöchentliche Reise durch Montenegro unternommen und wollten am anderen Tage nach Cetinje zurückkehren. Ich stattete beiden Herren meinen Besuch ab, und unsere in französischer Sprache geführte Unterhaltung betraf wesentlich unsere Erlebnisse. Am 4. Juli schied auch ich von dem gastlichen Orte, um auf einem 14-stündigen Marsche nach Nikšić zurückzuwandern. Früh um 5 Uhr waren wir reisefertig und stiegen einige Minuten später an den steilen Umfassungsbergen der Ebene empor. Die Höhe des Plateaus, in welches

Grahovo und Nikšičko Polje eingesenkt sind, erreicht etwa 1100 Meter und gibt an Trostlosigkeit den Banjani nichts nach. Nur einmal erfreute uns eine Quelle, nur einmal — in der Oase Živa — ein weicher Wiesengrund, dann kam eine Cisterne (1087 Meter) und das Dörfchen Jabuka (1006 Meter). Erstere liegt am Hange, letzteres an der Sohle des unvollkommen als Kettengebirge ausgebildeten Razmuće und weist mit seinem Namen auf die Anwesenheit des Apfelbaumes hin. Um 10 Uhr hielten wir vor einigen Steinhütten (930 Meter); vor ihnen öffnete sich die gut bewaldete, dolinenerfüllte Mulde Lješevice (790 Meter), die der scheinbar nahe Kirchberg von Rudine abschloss. Nun wurde der ohnehin schlechte Weg geradezu erbärmlich, so dass selbst mein Diener sich die Bemerkung nicht versagen konnte, es wäre das Werk von zwei Tagen, wenn ein Bataillon Soldaten die grössten Steine und Zacken zerschlüge und so den Pfad wenigstens etwas verbesserte. In einem solchen Zustande befindet sich also die vielbegangene Handelsstrasse von Risano über Grahovo nach Nikšić! Auf sehr steiler Lehne, die von Schluchten zerrissen und mit Kalktrümmern übersäet war, stiegen wir nicht ohne Beschwerden in jenes Thal hinab und kamen in zwei Stunden nach Rudine. Die drückende Hitze, $+ 28^0$ C. im Schatten, hielt noch immer an, und finstere Wolken lösten sich auf, ohne das ersehnte Nass auszuschütten. Endlich — wir waren kaum in den engen, verräucherten Han getreten (891 Meter) — rauschte ein kräftiger Gewitterregen nieder, der die verschmachtende Natur wohlthätig erfrischte. Im Dorfe wurde gerade Musterung abgehalten, und von allen Seiten strömten die Männer herbei. Voran trug der Barjaktar das weiss-rothe Banner, und an der Seite des ungeordneten Haufens marschirten die Trompeter und Anführer. Von einer einheitlichen Uniformirung war keine Rede, doch gab die Nationaltracht den Leuten etwas Gleichartiges. Eben hatten sie sich in Reih und Glied aufgestellt, als die Wassermassen des Himmels sie jählings auseinandertrieben. Wir liessen uns etwas zu essen geben; und nicht genug, dass uns der Wirt dafür einen unverhältnismässig hohen Preis abverlangte, wir mussten sogar — charakteristisch für jene Gegenden — das Wasser bezahlen.

Die Sonne strahlte in neuem Glanze, auf den Blättern perlten die Tropfen in den Farben des Regenbogens, und der Pfad wurde erträglicher. Die militärische Uebung und unser Marsch nahmen ihren Fortgang, und binnen kurzem standen wir an den Trümmern der türkischen Kula Trubjela (908 Meter), die vor 1877 die Grenze bewachte und zugleich ins Becken von Nikšić hinabblickte. Eine tief eingerissene Rinne, die in Uebereinstimmung mit früher erwähnten Beispielen die verborgenen Wasser des Karstthales Lješevice in den Slano Jezero leitete, lief zur Ebene hinab, und unser Weg folgte ihr. Am wildverkarsteten Bergrande, in dessen Spalten die reichlichen Niederschläge des Mittags längst versickert waren, zog sich der vielgewundene Steig abwärts. Ein breiter Saum weissen Sandes umgab die schmalen, blauschwarzen Wasseradern des Slano-Sumpfes (660 Meter), die in mäandrischen Krümmungen den schlammigen Boden durchschnitten und theilweise von einer trügerischen Pflanzendecke verhüllt waren. Mit verdoppelter

Der Slano Jezero (Nikšičko Polje).

Schnelligkeit durchschritten wir den unfruchtbaren, feinkörnigen Sand, der das anstehende Gestein des Untergrundes verbarg. Unmassen verfaulender Stoffe verbreiteten einen üblen Geruch, und nur wenige Dörfchen lagen in der Umgebung dieses Fieberherdes. Nach einer Stunde war dieser traurigste Theil des Nikšičko Polje passirt, den ein Bergausläufer mit der alten Veste Klačina einigermassen von den anbaufähigen Fluren abschnürte. Der warme Regen hatte Tausende winziger Frösche hervorgelockt, und gar manches der kleinen Geschöpfe musste sein Leben lassen, da wir ihnen trotz aller Vorsicht nicht immer

auszuweichen vermochten. Auf zwei noch aus der Türkenzeit stammen-
den Steinbrücken wurden die unansehnlichen Karstflüsse Moštanica
(652 Meter) und Zeta (661 Meter) überschritten, dann umgingen wir
den langgestreckten Festungsrücken und kamen um 8 Uhr Abends ziemlich ermüdet vor der Locanda des Vaso Zlatar an.

Nicht allein an der übergrossen Hitze, die während der nächsten
Tage anhielt, merkte man, dass der Sommer seine Macht entfaltet hatte.
Das breite Schneeband, welches bei meinem ersten Aufenthalte den
Vojnik zierte, war bis auf spärliche Reste verschwunden, und das Ge-
treide, das auf den Plateaus noch grün aussah, färbte sich hier bereits
gelb. Auch die Feigen waren reif geworden, und Arso überraschte
mich eines Morgens mit einem Teller voll dieser köstlichen Früchte,
die Eingeborene aus den gesegneten Gefilden von Bjelopavlić zum
Wochenmarkte nach Nikšić gebracht hatten. Da wogte ein buntes
Treiben im Städtchen, denn in Montenegro hat jeder Bazar den
Charakter eines Jahrmarktes, und aus entfernten Orten strömen die
Leute herbei, um Einkäufe zu machen, Geschäfte zu besorgen und
die Annehmlichkeiten des Stadtlebens zu geniessen. Ein alter Vojvoda,
Peko Pavlović, der viele Kämpfe durchgefochten und gar manchen
Türken ins Jenseits befördert hatte, kam mit gemessenem Gruss in
mein Zimmer, setzte sich ohne weiteres aufs Bett und war bald fest eingeschlafen. Ich gönnte dem weissbärtigen Haudegen die Ruhe und
betrachtete lange seine ehernen Züge. Ueberhaupt bietet ein
solcher Bazar die beste Gelegenheit zum Studium der Volkssitte und
des Volkscharakters. Gute Bekannte, die sich lange nicht gesehen, begrüssen sich mit einem herzhaften Kuss und erneuern ihre Freundschaft durch gegenseitiges Bewirthen. Aber obwohl Wein und Schnaps
reichlich fliessen, so begegnet man selten einem Betrunkenen; denn
Trunkenheit gilt als eine Schande, und deshalb war mein Diener in Cetinje nicht sonderlich geachtet.

Bei meinem diesmaligen dreitägigen Aufenthalte lernte ich den
Hospitalarzt Dr. Kustudija, einen feingebildeten Crnogorcen, kennen,
der das Gymnasium zu Zara absolvirt, in Graz und Wien studirt hatte
und Italienisch wie Deutsch gleich vorzüglich sprach. Ich verdankte
ihm eine Fülle von Belehrung und verbrachte in seiner Gesellschaft
manche angenehme Stunde. Er zeigte mir die Festung und das Hospital, und als wir dabei die Volksdichte in seinem Vaterlande erörterten,
theilte er die Ansicht von Schwarz nicht. dass Montenegro bloss 160.000
Einwohner habe. Mag er mit seiner Annahme von 300.000 Seelen vielleicht etwas zu hoch geschätzt haben, so glaube ich doch, die

Gesammtbevölkerung auf 200.000 bis 250.000 veranschlagen zu dürfen. Bei der unstäten Lebensweise der Eingeborenen und bei den grossen Entfernungen zwischen den einzelnen Ortschaften ist es sehr schwer, eine genaue Zahl festzustellen; immerhin vermuthe ich, dass zur Berechnung der Steuererträge Volkszählungen abgehalten wurden, und dass die Regierung hinreichend genaue Angaben besitzt. Ueber die waffenfähige Mannschaft, 45.000 Mann, werden Listen geführt. Ebenso widersprach Dr. Kustudija der in älteren Werken verbreiteten Ansicht, dass die montenegrinischen Frauen nicht fruchtbar seien, und nach dem Kindersegen zu urtheilen, den ich überal fand, kann ich ihm nur beistimmen.

8. Capitel.

Ueber die Lukavica ins obere Morača-Thal.

Orographisch zerfällt Montenegro in zwei ganz verschiedene Theile, in die eigentliche Crnagora (Schwarze Berge) und in die Brda (Berge). Jene war eine verkarstete Hochebene mit regellos angeordneten Oberflächenformen, diese ist, entsprechend den veränderten Naturbedingungen, ein scharf markirtes Plateauland mit anderem Vegetations- und Landschaftscharakter. Zwar trägt es in unvermeidlicher Einförmigkeit wiederum kleinere Plateaus, die sogenannten Planinas, aber auch ausdrucksvolle Kettengebirge sind ihm aufgesetzt. Wohl nimmt der Karstkalk, der den Westen vollkommen beherrscht, ebenfalls weite Flächen des Ostens ein, doch treten in der südlichen Hälfte paläozoische und Werfener Schiefer auf, und diese undurchlässigen Gesteinsschichten schaffen die Grundlage zu einer reichlichen und gleichmässigen Bewässerung. Ein Blick auf die Karte zeigt, wie sich die Leben spendenden Wasseradern und immerhin gut entwickelten Flusssysteme auf die Brda beschränken, so dass Lim, Tara, Piva und Morača im westlichen Landestheile nur an der Rijeka und Crmnica ein würdiges Gegenstück finden. Dort sind die Wasserscheiden deutlich ausgesprochen, hier fehlen sie wegen der Beschaffenheit des Kalkes gänzlich oder sind sehr verwischt; kurz, wie

die Einsattelung von Podgorica durch die Duga-Pässe nach Gacko eine
auffallende orographische Trennungslinie darstellt, so deuten die Flüsse
Morača und Piva eine ebenso merkwürdige hydrographische Grenze an.

Der Morgen des 8. Juli sah uns in der Ebene von Nikšić. An
der langgestreckten Trebješka Gora und dem Ozrinići-Berge dahinwan-
dernd, kamen wir zur trockenen Gračanica, die den Nordfuss des letzt-
genannten Rückens getreulich begleitet und in schmalem Thale aus
dem Chaos der stark verkarsteten Kalkberge hervorbricht. Noch liess
sich die traurige Gegend nicht darnach an, als ob sie in kurzem besser
werden würde; im Gegentheil, je mehr wir in den quellenlosen Karst
eindrangen, um so abstossender wurde sie. Das mit Sand und Geröllen
angefüllte Flussbett wurde einige Male durchquert; denn der Weg lief
stellenweise in ihm und wurde durch die Fussspuren vieler Menschen
und zahlreiche Hufabdrücke von Ochsen oder Pferden bezeichnet. Die
armen Thiere mussten — ein sehr urwüchsiges Verfahren — mit Aufbietung aller Kräfte Bauholz aus den Bergen herabziehen. Nun stiegen
wir zwischen lichtem Niederwalde langsam an und befanden uns bald
in ziemlicher Höhe über der Gračanica, die langsam nach rechts umbog
und unserem Blicke entschwand. Zur Regenzeit steht das Thal völlig
unter Wasser, und daher führt ein zweiter Saumpfad gleich am Beckenrande auf das Plateau.

Ein junger Montenegriner schloss sich uns bis Dragovoljići an,
und unsere durstigen Kehlen hatten den dunkelrothen Zeta-Wein unserer
bauchigen Feldflasche sehr rasch geleert, zumal die Luftwärme wieder
+ 24° C. betrug. Wir begrüssten das Dorfkirchlein (806 Meter) auf
einem niedrigen Kalkhügel mit Freude und wanderten rasch an den
zerstreuten Häusern vorüber. Noch betrachtete ich die gut bebaute
Mulde von Dragovoljići und die uns gegenüber aufgethürmte Prekornica-
Mauer, als unser Begleiter mit einem grossen Kübel Cisternenwasser
zurückkehrte. Nicht zufrieden mit einem solchen Beweise seiner Er-
kenntlichkeit, lud er uns auch in seine Hütte ein; aber ich konnte und
wollte ihm nicht willfahren, da ich baldmöglichst aus diesen Einöden
herauszukommen wünschte.

Die Hochebene, welche von der Župa und oberen Morača begrenzt
wird, steigt beiderseits in Terrassen an. Auf unserem Wege konnten
wir deren vier unterscheiden, und jedes Mal wurden sie durch mehr
oder minder deutliche Kesselthäler charakterisirt. Auf der ersten liegt
Dragovoljići, auf der zweiten das waldige Gornje Polje (950 Meter), die
dritte ist weniger scharf bestimmt, und auf der vierten sind die Kolibas
von Dresnica (1255 Meter) vertheilt. Den Scheitel bildet die ausge-

dehnte Konjsko Planina (1471 Meter), die eng mit der wasserreichen Lukavica zusammenhängt und steil zur Mrtvica abfällt. Wie im Prekornica-Gebiete und auf den Ebenen um den Durmitor, so ist auch hier bloss der Rand dauernd bewohnt, und die ausgedehnten Grasflächen des Innern, die im Sommer Tausenden von Hirten und Heerden zum Aufenthalte dienen, sind während des strengen Winters sämmtlich verlassen.

Oberhalb der Felder und Sennhütten des Gornje Polje verschwand der Baumwuchs fast spurlos, um sich bis zu unserem Nachtquartier nur noch einmal einzustellen. Der Kalk wurde schiefriger, und seine schroffen Zacken machten einer sanft gewellten Oberfläche Platz. Trotzdem war die Gegend sehr eintönig und entschädigte höchstens durch die umfassende Rundschau einigermassen. Vom grünen Plan hoben sich die Häuser von Nikšić ab, zur Linken leuchteten die Firnflecken der Prekornica, und hinter dem Pusti Lisac ragte der heilige Lovćen gen Himmel.

Ein trockener, jäh in einer Dolina endender Bachriss brachte uns zu einer Cisterne, und im Schatten einer uralten Buche rasteten wir ein halbes Stündchen, um unser kärgliches Mittagsmahl in Gestalt einiger Kolačen zu verzehren. Die Kolače (Kuchen) stammt aus Triest und ist in den südslavischen Landen ein beliebter Handelsgegenstand. Aus Mehl und Wasser ohne jede andere Zuthat gebacken, hält sie sich eine unbegrenzte Zeit und ist so hart, dass man sie vor dem Essen zerschlagen oder aufweichen muss. Man gewöhnt sich leicht an ihren Geschmack, der dem unserer altbackenen Semmeln gleicht, und ich habe stets einige dieser Hartbrote bei mir geführt. — Durch einen zweiten geröllreichen Wasserriss und längs einer tief ausgefurchten Rinne, die jedenfalls nach der Gračanica weist, gelangten wir zu einigen Sennhütten, deren Insassen auf der Weide waren. In der Nähe hatten die Eingeborenen einen Heuschober aufgeschichtet: als wir jedoch genauer hinsahen, bemerkten wir, dass diese schützende Hülle einen mächtigen Schneehaufen verbarg, der das fehlende Wasser ersetzen musste. Bis zur Cisterne des Katuns Dresnica ging es ziemlich eben fort, aber dann war ein entsetzlich verkarsteter Rücken zu überwinden, dessen nackte, horizontal gelagerte Kalke eine unerträgliche Hitze ausstrahlten. Zu den Qualen der Sonnengluth gesellten sich, wie immer, Myriaden summender Fliegen, die nicht allein dem armen Kulaš arg zusetzten, sondern uns ebenfalls in dichten Wolken umschwärmten und auf keine Weise zu verscheuchen waren.

Schon öfters hatte ich die Leute nach unserem Ziele, dem geheimnisvollen Kapetanovo-See, gefragt und darüber die abweichendsten Ant-

worten erhalten. In Nikšić kannte Niemand den kleinen Weiher, und
auf dem Plateau stiess ich auf eine solche Unwissenheit, dass mir nichts
übrig blieb, als aufs Gerathewohl fortzumarschiren.

Alles hat ein Ende, und so lag auch der abschreckende Kalkzug
glücklich hinter uns. Kräftige Buchen zierten die Hänge, und vor uns
entrollte sich — welch' überraschender Gegensatz zu den verbrannten
steppenhaften Flächen des Westens — eine unabsehbare grüne Wiese.
Bunte Blumen durchwirkten das hohe saftige Gras, und unser stets
hungeriges Pferd wollte gar nicht mehr von der Stelle, so gut schmeckten
ihm die zarten Halme. Die anheimelnde Matte erweiterte sich zu einem
welligen Plateau, und auf dem weichen, erdigen Grunde schritten
wir rüstig aus. Der Himmel hatte sich inzwischen umwölkt, und
um $\frac{1}{2}$3 Uhr entlud sich unter Blitz und Donner ein strömender Gewitterregen. In wenigen Minuten waren wir bis auf die Haut durchnässt und irrten rathlos umher, weil uns die Karte in dieser Gegend
vollständig im Stich liess. Endlich trafen wir einen Mann, aber der
Aermste war stumm, und wir verstanden sein Geberdenspiel nicht. Erst
ein anderer vermochte uns Auskunft zu geben und bedeutete uns, dass
der dunkle Gebirgswall vor uns der Borovnik und die lachende Gras-
fläche die Konjsko Planina sei. Nach einem angestrengten einstündigen
Marsche kamen einige Kolibas in Sicht, und in einer derselben schlugen
wir unser Lager auf. Schleunigst wurde das Gepäck geborgen, Kulaš
wälzte sich vergnüglich im Grase und hörte mit Fressen nimmer auf.
Wir zündeten ein grosses Feuer an, und Arso holte aus den benachbarten Hütten Milch und Schnee; denn noch ist die Flur wasserlos,
und die Senner sind auf die Schneemassen des Borovnik angewiesen.
Nachdem wir mit Erbssuppe und Cacao unseren Hunger gestillt, schauten
wir behaglich dem klatschenden Regen zu, der erst gegen 6 Uhr Abends
nachliess. Mit Einbruch der Dunkelheit wurden die blöckenden Heerden
in die Pferche getrieben, die Hütten füllten sich mit Menschen,
und wir erhielten Besuch. Ein alter Mann nahm sich unserer be-
besonders an. Er war erst am späten Abend aus der Župa heraufge-
kommen und liess seine Frau sofort Käse, Milch und Kiselo Mlijeko herbeiholen. Zum Schluss halfen uns unsere Gäste beim Zurechtmachen
der einfachen Schlafstätte und entfernten sich geräuschlos, als sie mich
einschlafen sahen. Uebrigens wird die Form der Kolibas von nun an
eine andere, indem statt der kastenartigen Steinhäuser zeltähnliche Holzhütten erbaut sind, deren fest zusammengefügte Stangen spitz zum Dache
laufen und mit einer dicken Laub- oder Moosschicht überkleidet sind.

Wegen der beträchtlichen Erhebung der Konjsko Planina über den Meeresspiegel ist die relative Höhe der aufgesetzten Gebirge nicht mehr bedeutend. Unser Standpunkt überragt sogar den Pusti Lisac, dessen Kuppe gerade noch mit ihrer äussersten Wölbung hinter den vorgelagerten Ketten hervorlugt. Auch einzelne Abschnitte des Küstengebirges sind wahrnehmbar, sonst ist indessen der Blick beschränkt, weil die Umfassungsrücken der Hochebene die Aussicht versperren.

Als wir unseren nächsten Tagemarsch begannen, wurde die Gegend zusehends freundlicher. Selten kam unter dem Humus der zuckerkörnige Kalk zum Vorschein, und zahllose Katuns waren im Umkreise zerstreut. Die Bergreihen rückten zu einer Thalenge zusammen, und ein Urwald kräftiger Buchen zierte den Grund und die Lehnen. Lustige Vögel zwitscherten in den Zweigen, der Kuckuk, so recht ein Bewohner Montenegros, liess seinen Ruf erschallen, und mit dem dumpfen Tone der Axt vermischte sich das melodische Glockengeläute der Heerden. Man glaubte nicht mehr, in der abstossenden Crnagora zu sein, sondern fühlte sich eher in unsere mittel-europäischen Länder versetzt. Noch mehr, am Thaleingange war eine schmale Rinne ins Gestein gerissen, die wir vorher nicht bemerkt hatten. Sie war trocken und mit Geröllen besäet; je weiter wir indess vordrangen, um so schneller veränderte sich ihr Aussehen. Erst sammelte sich ein wenig, dann immer mehr Wasser an, bis wir an einem schäumenden Bache aufwärts wanderten. Fanden wir das lange vermisste Wasser, so konnten auch die langgesuchten Schiefer nicht mehr fern sein. Die schroffwandige Erosionsschlucht leitete uns zu einer baumlosen Grasmulde namens Bare (1548 Meter), deren schmale Wasseradern sich im versumpften Erdboden verloren oder zu dem eben passirten Hauptbache vereinigten. Der Borovnik bog nach Norden um und begrenzte eine lange grasige Ebene; das war die Lukavica, die im Haushalte und in der Viehwirthschaft der Eingeborenen eine segensreiche Rolle spielt und eine Wasserscheide zwischen Piva und Zeta, also zwischen Schwarzem und Adriatischem Meere darstellt. Vor uns aber thürmte sich ein grossartiger Kalkzahn auf. Seine dünnbankigen Schichten waren zu scharfen Zacken zersägt, und Schutthalden verhüllten die untere Hälfte seiner Gehänge. Bereits vom Ostrog aus hatte ich diesen phantastisch ausgearbeiteten Berg, den Žurim, gesehen, in dessen Klüfte grauweisse Schneeflecken eingebettet waren. Hier murmelnde Bächlein, dort starrer Firn, hier saftige Fluren, dort todtes Gestein, unten muntere Heerden, oben einsame Hütten: diese Gegensätze waren das einzig Fesselnde in der öden Landschaft.

Wir klommen am jenseitigen Rande der Mulde empor, um die Kolibas auf einem terrassenartigen Vorsprunge des Žurim (1698) aufzusuchen. Ueberall standen die silbergrauen oder hellbraunen Werfener Schiefer an, so dass wir mit Sicherheit im Bereiche der Triasformation waren. Des Holzmangels wegen waren die Sennhütten roh aus Steinen errichtet. Die Aussicht, die sie uns darboten, ergänzte das Panorama von der Konjsko Planina wesentlich und schloss ein weites Stück der Lukavica ein. Unsere Fragen betrafen zuerst den Kapetanovo Jezero, und da fand ich bei den allein anwesenden Frauen eine unglaubliche Unwissenheit. Nicht einmal die nächste Umgebung kannten sie, so dass der See nach den Angaben der einen gleich hinter dem Žurim liegen sollte, eine andere wies auf die entgegengesetzte Richtung, diese versicherte uns, das kleine Meerauge sei ganz nahe, jene bestritt dieses mit aller Entschiedenheit, so dass wir unverrichteter Dinge abziehen mussten. Das Räthsel des Kapetanovo-Sees ist noch nicht gelöst, denn Rovinski, Baumann und Wünsch, die dieses Gebiet ebenfalls durchforscht haben, geben zwei Seen, aber mit verschiedenen Namen — Kapetanovo, Crno, Rovačko, Brničko und Manito Jezero — an.

Umschwirrt von abscheulichen Fliegenschwärmen durchstreiften wir abermals die Mulde in der Richtung nach einem tiefen Thalriss, der von völlig kahlen Bergen auf 150 Fuss Breite eingeengt und von einem Bache durchschnitten wurde. Die Randgebirge gingen in steil abstürzende Plateaus über, deren Scheitel von unregelmässig angeordneten Erhebungen und Vertiefungen unterbrochen ward. Die Sohle bestand aus feiner Erde, die ein Verwitterungsproduct des unterlagernden Schiefers war, dabei aber auch die Rückstände des aufgelösten Kalkes in sich aufgenommen hatte. Beiderseits mündeten unbedeutende Rinnsale in den kleinen Bach ein, und nachdem wir seinen von wilden Trümmermassen fast verschütteten Ausgang nicht ohne Mühe überwunden hatten, eilten wir in dem trostlosen Hochthale weiter, bis es an einem flachen, schmalen Sattel, einer Wasserscheide, endete. Die einzige Abwechselung gewährten die Schneestreifen, die an geschützten Stellen bis auf unseren Weg hinabreichten; erst auf dem Sattel stellten sich wieder grüne Wiesen und hochstämmige Buchen ein. Zur Linken lief eine grasige Matte langsam zum finsteren Berghintergrund und, wie ich leider zu spät erfuhr, zum Kapetanovo-See hinauf. Eine neue Schlucht nahm ihren Anfang; gar angenehm marschirte sichs an ihren plätschernden Wassern, auf dem schwellenden Pflanzenteppich, unter dem Schatten der stattlichen Bäume, und schon nach einer halben Stunde betraten wir das versteckte Dörfchen Milin Do (1537 Meter). Seine Holzhäuser, etwa

zwanzig an der Zahl, waren in einem Kessel zerstreut, dessen niedriger
Umfassungsgrat das Thal zu einer Mulde abschloss. Kaum hatten wir uns
niedergesetzt, so strömte das Volk zusammen, und im Nu drängten sich
mindestens fünfzig Männer und Weiber um uns herum, die mich mit
offenen Augen anglotzten, als ob sie noch nie einen Fremden gesehen
hätten. Alles wurde betastet, nach Allem gefragt: Barometer, Thermometer und noch mehr der Feldstecher, mit dem ich die gewaltige Fels-
pyramide des schneebedeckten Maganik betrachtete, erregten ihr höchstes
Erstaunen, und als ich ihnen die Nadel des Compasses zeigte, die sie
trotz alles Schüttelns und Drehens nicht aus ihrer Richtung bringen
konnten, während ich sie mit dem Taschenmesser flugs im Kreise
herumdrehte, waren sie geradezu sprachlos. Endlich raffte sich eine
Frau auf, mir eine Schale saurer Milch zu bringen, und dann sagten
wir den kindlich-aufdringlichen Leuten Lebewohl, um in steil geböschter
Bachschlucht 600 Meter tief zur Mrtvica hinabzuklettern.

Die Schiefer gewannen beim Abstieg die Oberhand. Auf beschwerlichen Zickzackpfaden durchmassen wir eine Zone, in der sich beide
Gesteinsarten innig miteinander vermengten, bis der Schiefer vorherrschte.
Am linken Hange gingen seine dünnblätterigen Schichten viel weiter
in die Höhe als am rechten und entsandten zahllose Rinnsale;
an der anderen Seite dagegen trat nicht ein einziges Aederchen
aus. Endlich waren wir in eine neue Welt gelangt. Ein hochstämmiger
Wald stieg von den Gipfeln herab ins Thal, wo Bach an Bach dahin-
rauschte, zahllose Quellen murmelten, und wo das dichte Grün des
Laubdaches die Hitze milderte. Bald hier, bald dort tauchte aus einer
Lichtung ein Häuschen auf, und der Weg, der mit den erbärmlichen
Pfaden des Karstes nicht mehr verglichen werden konnte, brachte uns
nach 3 Uhr in das weit zerstreute Dorf Velje Duboko (933 Meter). Es
war wie ausgestorben, da sich seine Bewohner fast sämmtlich auf der
Alm befanden. Ein Eingeborener liess sich erst nach eindringlichem
Zureden herbei, uns in sein Haus aufzunehmen. Immer rief er aus, er
sei ein armer Mann und könne einem Fremden nichts bieten. Wir
betonten, dass wir mit Wenigem gern vorlieb nehmen wollten und dass
wir vor Allem ein Unterkommen wünschten. Endlich erklärte er sich
bereit, uns zu beherbergen und erfüllte seine Obliegenheiten als Wirth
aufs beste. Er brachte Honig, Milch und wilde Kirschen, Abends gab
es sogar Fleisch, das allerdings einen bedenklichen Geruch und Geschmack hatte, und aus Stroh und Reisig wurde ein bequemes Lager
für mich bereitet, während die anderen sich auf den blossen Dielen
niederlegten. Ich merkte schon am Tage, dass es Ungeziefer gab; doch

als ich schlafen wollte und das Dunkel der Nacht den stillen Raum
einhüllte, da wurde es überall lebendig. Aus dem Stalle unterhalb der
sogenannten Stube kamen die widerwärtigen Insecten herauf, von der
Decke fielen sie herab, von den Seiten krochen sie heran. Ueberall
machten sie sich fühlbar und peinigten mich derartig, dass ich keine
Secunde Ruhe hatte. Bleiern verflossen die Stunden dieser verwünschten
Nacht, und schon beim schwachen Morgengrauen entfloh ich aus dem
schrecklichen Gefängnisse, um im klaren Flusse den zerstochenen
Körper abzukühlen, der so viele rothe Punkte aufwies, als ob er von
der Masernkrankheit ergriffen wäre.

Velje Duboko liegt in dem tief eingerissenen Thale der Mrtvica
oder, wie sie im Oberlaufe heisst, der Velje Rijeka. So schmal ist der
Grund, dass er nur dem mit lockeren oder verbackenen Geröllen erfüllten Flusse Platz gewährt, weshalb sich die Hütten ängstlich an die
Abhänge schmiegen. Der Ort verdient seinen Namen »Grosse Tiefe«
mit Recht, denn beiderseits ragen die schroffen Bergzüge des Maganik,
Brnik und der Siljevica zu beträchtlicher Höhe empor, um als majestätische Ketten steil zur Morača abzustürzen. Gleich unterhalb der
letzten Häuser verengen sich die senkrechten Wände zu einem un-
passirbaren Cañon; daher klimmt der Saumpfad bis Liješnje rasch an
der Berglehne hinan, und dieser steile Aufstieg, der stellenweise einen
rothbraunen Schiefer aufschloss, war das einzig Anstrengende auf unserem
heutigen Tagemarsche.

Hinter Liješnje (1163 Meter) wandten wir uns vom Mrtvica-Schlunde
ab und gingen am Hange des Lukanječelo langsam abwärts. Leider
forderte die schlaflose Nacht ihr Recht, so dass ich nur mit getheilter
Aufmerksamkeit in der idyllischen Gegend Rundschau hielt und die reizvollen Ausblicke auf das Morača-Thal kaum beachtete. Bald ruhte ich unter
schattigen Baumkronen, bald im weichen Farnkraut, am rauschenden Quell
oder an silberhellen Bächen, und längere Zeit rasteten wir im Weiler Jase-
novo (856 Meter). Die Leute hatten bloss Skorup (eine Art dicker, süsser
Milch) zu essen, an dessen Geschmack ich mich nie gewöhnen konnte,
und so musste ich müde und hungrig wieder aufbrechen. Mit zuneh-
mendem Abstiege mischten sich Eichen unter die Buchen, und aller-
wärts verkündeten Kartoffel- oder Getreidefelder die Anwesenheit fleissiger
Menschen. Giessbäche zerfurchten das wenig widerstandsfähige Gestein,
der Kettencharakter der Morača-Gebirge wurde immer ausgesprochener,
und plötzlich entrollte sich in der Ferne die stolze Mauer des Kom.
Zum ersten Male sah ich Montenegros zweithöchsten Berg, und dun-
stiges Gewölk umwallte wie ein feiner Schleier die Zinnen des altehr-

würdigen Grenzpfeilers. Endlich standen wir an der Morača, die eine viel schärfere Rinne als die Duga-Pässe darstellt, weil ihre absolute Höhe bei Kloster Morača erst 280 Meter und die relative Höhe ihrer Umgebung 900 Meter und mehr beträgt. Die Duga-Pässe dagegen erreichen rasch 1400 Meter und sind viel weniger tief in die benachbarten Plateaus eingesenkt. Noch verbargen die waldigen Ausläufer das ersehnte Monasterium: aber nach kurzer Thalwanderung leuchteten uns seine Gebäude aus nächster Nähe entgegen, und ³/₄ 2 Uhr hielten wir vor seinem Thore (314 Meter).

Kaum hat die schäumende Morača ihr Ursprungsgebirge, die Javorje Planina, verlassen und ist mit sanfterem Gefälle in die Ebene des Morački Monastir eingetreten, so vertauscht sie die enge Thalrinne ihres Oberlaufes mit einem schauerlichen Cañon, den sie bis zur Ebene von Podgorica beibehält. Einige Male treten die umgebenden Bergketten und Plateaus auseinander, und die so entstandenen Becken, zu denen das eben erwähnte gehört, waren von Seen eingenommen, die der reissende Gebirgsstrom nach und nach anschnitt und entleerte. Steigen wir zu seinen schäumenden Fluthen hinab, die beim Kloster eine feste Steinbrücke überspannt, so finden wir unter seinen colossalen Geröllmassen Kalke aller Farben und Grössen, dunkelgrüne Diabase, paläozoische und Werfener Schiefer, und mächtige Blöcke haben sich von den schroffen, höhlenreichen Wänden abgelöst, deren mittelgrosse Conglomerate durch ein ockeriges Cement nicht allzu fest verkittet sind. Kleine Wasserfälle, welche die einschneidende Wirkung des Wassers gut zum Ausdruck bringen, hüpfen in lustigen Sprüngen zur blaugrünen Morača hinab, und auf der etwa 50 Meter hohen Flussterrasse ist das Kloster errichtet, welches die Gebeine des heiligen Stephan birgt. Es ist das grösste seiner Art in Montenegro und streitet sich mit Piva um den Ruhm, das älteste zu sein, denn ein unscheinbares Häuschen mit Malereien religiösen Inhaltes soll noch aus den Zeiten der Nemanja (13. Jahrhundert) stammen. Das Innere der Kirche ist ebenfalls mit zahlreichen Wandmalereien geziert, unter denen neben einem eigenartig ausgeführten Teufelssturz die langen Gestalten der Heiligen auffallen, deren Füsse im Verhältniss zur Körperlänge viel zu kurz gerathen sind. Neben der Kirche steht die Schule, ihr gegenüber ein grosses Gebäude, in welchem die Wohnung des Igumans, die Fremdenzimmer und ein von zwei Glocken eingenommener Altan untergebracht sind, und um den gepflasterten Hof läuft eine mit Schiessscharten versehene Mauer.

Im gesammten Fürstenthume gibt es dreizehn Klöster, nämlich: Ostrog, Cetinje, Morački Monastir, Pivski Monastir, Ždrebanik, Ćelija Piperska,

Duga, Kosijerevo, Bijela, Brćele, Podmalinsko oder Šuma, endlich die neu
erbauten Klöster Sveti Luka und Vranina. Jedes derselben steht unter
einem Iguman (Abt) oder Kaludjer (Mönch), nur in Kosijerevo und im
Doppelkloster Ostrog sind deren zwei, und Vranina und Brćele werden
vorläufig von einem zeitweilig anwesenden Popen verwaltet.

Die höhere oder Kloster-Geistlichkeit darf nicht heiraten und erhält ein gewisses Jahresgehalt. Die niederen Geistlichen oder Popen
unterscheiden sich äusserlich bloss dadurch von dem gewöhnlichen
Volke, dass sie einen Backenbart tragen; bei heiligen Handlungen legen
sie die Waffen ab und ziehen das Ornat über ihre Kleider. Die niederen
Geistlichen dürfen heiraten, aber nur einmal, und jeder Montenegriner,
den das geistliche Oberhaupt, der Erzbischof in Cetinje, weiht, kann
Pope werden, zumal mit dieser Würde kein Anspruch auf Gehalt verbunden ist.

Der würdige Abt, Michail Dosić, ein sehr sympathischer Mann in
den besten Jahren, nahm mich mit derselben Freundlichkeit auf wie
meine Vorgänger Schwarz, Tietze, Baumann und Wünsch. Er hatte in
Belgrad studirt, und sein ganzes Wesen zeugte von einer umfassenden
Bildung; aber nicht allein seinen Beruf verstand unser Wirth vortrefflich,
er hatte sich auch im Kriege als vorsichtigen Commandanten und tapferen
Krieger bewährt, als Mehemed Ali Pascha von Kolašin aus verwüstend
ins obere Morača-Gebiet einfiel. Am anderen Morgen wurde das Fest
des heiligen Stephan abgehalten, und zur Unterstützung des Igumans
war Michail Radović, der Pope der Parochie Gornje Morača (Obere
Morača) aus dem Kirchdorfe Polje herübergekommen. In ihm lernte ich
einen nicht minder gebildeten Montenegriner kennen, der in Wien und
Petersburg gewesen war und in allen Fächern des Wissenswerthen
guten Bescheid wusste. Zu ihnen gesellte sich ein Baumeister aus Bijelopolje (Sandšak Novibazar), der geschäftlich hier zu thun hatte, und
lebhaft plauderten wir im Zimmer des Igumans oder lustwandelten unter
den Pflaumen- und Apfelbäumen des Klostergartens, bis mich schliesslich
die Müdigkeit übermannte. Ich erwachte erst, als ein heftiger Gewitterregen an die Fensterläden schlug und den heissen Tag wohlthuend
abkühlte.

Am 11. Juni weckte mich schon früh das feierliche Glockengeläute,
und unverweilt eilte ich auf den Hof, auf dem es bereits von Crnogorcen wimmelte. Um 9 Uhr sollte der Gottesdienst beginnen, und um
die viel beschäftigten Geistlichen nicht abzuhalten, erging ich mich am
Flusse, bis mich der helle Glockenklang wieder hinüberrief. Ehrerbietig
räumte mir die andächtige Menge den vordersten Platz ein, und die

heilige Handlung nahm ihren Anfang. Sie beschränkte sich auf das
Vorlesen einzelner Bibelstellen und auf das Absingen einer monotonen
Liturgie, die der Abt allein oder abwechselnd mit einem gewöhnlichen
Manne vortrug. Das Volk begleitete die Ceremonien mit Kreuzeschlagen,
Verbeugungen, Küssen des Fussbodens und der Heiligenbilder, ja einige
Frauen krochen unter die Decke des hölzernen Altars und warteten
in dieser gebückten Stellung das Ende des etwa halbstündigen Gottes-
dienstes ab. Zuletzt erhielt Jeder der Anwesenden das Abendmahl in
Gestalt eines Stückchens Brot, und dann verlief sich die Menge, um im
Klosterhofe zu plaudern oder sich im Han zu erfrischen.

Die Niederschläge des gestrigen Abends hatten die gehoffte Abkühlung nicht gebracht, und wir sassen noch beim Frühmahl, als sich
der Himmel von Neuem umdüsterte. Doch wir mussten aufbrechen, da
Polje, unser heutiges Ziel, sechs gute Stunden entfernt war und da der
liebenswürdige Pope durch seinen Diener unsere Ankunft bereits an-
gemeldet hatte. Mit herzlichem Gruss und Handschlag schieden wir von
unserem Iguman, aber schon nach kurzer Zeit rauschte ein wolken-
bruchartiger Gewitterregen nieder, der uns in wenigen Minuten durchnässte, den Weg in einen schlüpfrigen Morast verwandelte und mit
geringen Unterbrechungen von $^1/_2 2$ bis 4 Uhr anhielt. Umkehren
wollten und konnten wir nicht mehr, darum vorwärts, es sei dem, wie
es wolle! Wie mir der verständige Pope später mittheilte, kam dieser
Regen vom Meere, weil er nach Westen, also nach dem Meere zu an
Stärke gewann und weil er in Cetinje ebenfalls aufgetreten war. Sonst
haben die östlichen Landestheile vorzugsweise Nord- oder Nordostregen,
die aus Bosnien oder Serbien herüberkommen und über die Osthälfte
Montenegros nicht weit hinausgehen.

Kaum hatte das Gewitter etwas nachgelassen, als wir schleunigst
den jäh gestörten Marsch fortsetzten und uns zuerst im Thale hielten.
Wir zogen längs der munteren Morača hin; aber schnell drängten sich
ihre steilen Uferwände zusammen, und es wurde uns klar, dass wir
falsch gegangen waren. Aufs Gerathewohl schlugen wir uns in die Büsche
und bemerkten bald ein Bauernhaus, dessen Bewohner uns die Richtung
angaben, in welcher wir auf den rechten Weg stossen würden. Ueber
100 Meter mussten wir auf dem aufgeweichten Boden steil emporklettern,
bis wir den bequemen Pfad erreichten, der nunmehr viel langsamer
aufstieg und sich schliesslich ebenso langsam zum Flusse senkte. Noch
manchmal überraschten uns kurze, heftige Schauer, und der Abend
näherte sich mit starken Schritten, als wir, in Jablan (680 Meter) ein-
treffend, Zweidrittel der gesammten Wegstrecke zwischen dem Kloster

und Polje zurückgelegt hatten. Die Brücke, die oberhalb Jablan sein
sollte, war bei der ungenauen Darstellung und dem kleinen Massstabe
der Karte nicht zu finden, und überdies wussten die allein anwesenden
Frauen nichts von einer solchen. So mussten wir in einem grossen
Bogen den Unterlauf des tief eingerissenen Wildbaches Požnja umgehen,
der wie viele seinesgleichen in den wenig bekannten Schluchten des
Tali und der Kapa Moračka entspringt. Der wolkenverhangene Himmel
begünstigte die wachsende Dunkelheit, und um ¹/₂ 8 Uhr standen wir
rathlos an der brausenden Morača (516 Meter), in der wir weder eine
Furt, noch am anderen Hange einen Pfad erblickten. Glücklicherweise
watete als hochwillkommener Deus ex machina ein junger Bursche durch
den knietiefen Fluss; er führte das Pferd hinüber, nahm mich auf seinen
Rücken und liess sich durch ein kleines Geldgeschenk bewegen, uns
nach dem eine halbe Stunde entfernten Polje zu geleiten. Bei völliger
Finsterniss· betraten wir die Schule (669 Meter), in der unser Wirth
wohnte. Wir waren keine unbekannten Gäste mehr, denn der Diener
des Popen hatte Alles pünktlich ausgerichtet. Die Popadija (Frau des
Popen) und der Pope Savo Rubežić aus Plana bei Kolašin, der seinen
Freund und Amtsgenossen bis zu dessen Rückkehr vertrat, empfingen
uns aufs freundlichste; das Abendessen war schon zubereitet, und nach
unserer leiblichen Stärkung entledigte ich mich der feuchten Kleider,
um, froh über unsere Ankunft, das einfache Lager aufzusuchen.

Die Gornje Morača besitzt den Charakter der zuletzt durchwanderten
Gebiete in vollstem Masse. Sie bildet eine anmuthende Wald-, Wiesen-
und Parklandschaft, welche die starren Schönheiten des Hochgebirges
mit dem lieblichen Zauber des Mittelgebirges vereinigt. Viele Berge
sind bis zur Spitze von einem grünen Grasteppich oder von dichtem
Laubholze verhüllt; die höchsten Gipfel jedoch, die aus Triaskalk bestehen, ragen in schroffen, nackten Mauern auf und bergen ewigen
Schnee in ihren Schluchten. Theils enden sie in abgeplatteten Rücken,
z. B. Vrmac, Kapa Moračka, Javorje Planina, theils in ausdrucksvollen
Zinnen oder scharfen Kämmen, wie z. B. die meisten Berge der Moračko
Gradište, der Tali, Zebalac, Podzki Vrh und viele andere. Zahllose
Quellen und Bäche durchschneiden in schmalen Klammen jene viel-
gegliederten, schwer zugänglichen Gebirgsmassive, und das tiefste Bett
hat sich die Morača gegraben, die unter ihren Geröllen nicht selten
hausgrosse Blöcke führt. Auf den Hochwiesen und zwischen den ausgedehnten Buchenwäldern der unteren Lehnen liegen die stattlichen
Dörfer. Sie erfreuen sich eines so milden Klimas, dass der Schnee nach
Aussage der Einheimischen nur ¹/₂ bis 1 Meter hoch fällt und sich

höchstens 8 bis 14 Tage hält. In den oberen Theilen ist das Klima natürlich rauher, und häufige Lawinenspuren erinnern dort an die Schneemassen des langen Winters.

Unser Wirth kam erst am nächsten Morgen an, und inzwischen war mir Pope Savo, der die gleichen Reisen wie Pope Michail unter-

Pope Michail Radonić mit seiner Familie und Pope Savo Rubežić.

nommen hatte und sich ebenfalls durch eine gediegene Bildung auszeichnete, ein lieber Gesellschafter. Ich musste den ganzen Tag in Polje bleiben und kann wohl sagen, dass dieser Aufenthalt mit zu meinen schönsten Erinnerungen gehört. Wir erörterten politische und wissenschaftliche Fragen; über die Landeskunde jener Gegenden erhielt ich manche werthvolle Aufklärung, und mit den Principien des Thermometers

und Barometers, des Luftballons u. s. w. waren beide um so mehr
vertraut, als sie ein gutes serbisches Lehrbuch der Physik besassen.
Pope Michailwar auch sonst ein sehr belesener Mann; leider ging
durch einen unglücklichen Zufall sein Haus in Flammen auf, und er
vermochte nur das Wenigste von seiner Habe und von seinen Büchern
zu retten.

Am Nachmittage hatte ich Gelegenheit, einer Taufe beizuwohnen,
zu welcher ausser der Mutter, die den Säugling trug, und einem
ihrer kleinen Söhne Niemand erschienen war. Die Mutter gab den
Täufling ihrem Sohne und blieb bis zum Ende der Feierlichkeit vor
der Kirchenthüre sitzen. Der Geistliche warf im Gotteshause das Ornat
über und sagte lächelnd die vorgeschriebenen Gebete her oder schlug
mechanisch seine Kreuze, wobei er den Knaben einige Male aus-
schalt, wenn er die Ceremonien nicht richtig befolgte. Hierauf be-
goss er den Täufling, der schrie, als ob er am Spiesse stäke, mit nicht
gerade warmem Wasser, schnitt einige Haare von dessen Haupte ab
und liess sie durch den Jungen an die Kirchenwand kleben. Damit
war der heilige Act zu Ende, da ein Taufschein oder ein anderes
Schriftstück nicht ausgefertigt wird.

Was den Aufenthalt beim Popen Michail besonders angenehm
machte, war die gute Küche seines Hauses. Zu jedem Mahle setzte uns
die Popadija etwas anderes vor, und ich bedauerte es lebhaft, dass sie.
die eine der schönsten Frauen Montenegros war, durch die Stellung ihres
Geschlechtes zu übergrosser Zurückgezogenheit gezwungen ward und
dass sie statt mit uns mit der Dienerschaft in einem anderen Raume
essen musste. Sie trat nur in unser Zimmer, um ihren Gemahl und die
Gäste zu bedienen und drehte uns beim Hinausgehen nie den Rücken
zu. Bei diesem verständigen Manne und bei anderen vornehmen Montenegrinern nahm die Frau also noch eine niedrige Stellung ein, die indessen durchaus nicht als ein Sklavereiverhältniss aufzufassen ist. Im Gegentheil. auch hier herrscht ein herzliches Zusammenleben, die jungen
Burschen und Mädchen scherzen fröhlich miteinander, und viele schöne
Sagen, z. B. das montenegrinische Weib, das Mädchen auf dem Amselfelde, der Mädchensprung. preisen das Eheglück und die innige Liebe
zwischen den Familienangehörigen in tief empfundenen Worten. Nicht
die Missachtung. sondern die Achtung der schwächeren Frau ist der
Grund, weshalb sie auch zur Zeit der Blutrache unverletzbar war, im
ganzen Lande sicherer einhergeht als bei uns und selbst die berüchtigsten
Theile Albaniens ohne Furcht betreten kann. Andererseits versteht es
die Frau, ihrem Gatten das Dasein so zu vergällen, dass sie ihn —

und Dr. Kustudija erzählte mir einen solchen Fall — sogar zum Selbst-
morde treibt. Bei einem kriegerischen Volke mit ursprünglichen Sitten
ist es natürlich, dass der Mann in höherem Ansehen steht, und deshalb
hat sich aus der alten Zeit die Sitte erhalten, dass sich Frauen und
Mädchen beim Herankommen eines Mannes erheben, um ihm die Hand
zu küssen oder seinen Gruss abzuwarten, da sie es nicht wagen, ihn
zuerst anzureden. In der ihnen zufallenden Arbeitslast sehen die weiblichen Familienmitglieder nichts Ungewöhnliches, handelten doch ihre
Mütter und Grossmütter nicht anders. Und in der That, bewunderns-
werth ist der Fleiss der Montenegrinerinnen. Selbst wenn sie schweres
Gepäck schleppen müssen, führt die geschäftige Hand den Spinnrocken
oder den Strickstrumpf. Wenn ihre Gebieter, die übrigens auch fleissige
Arbeiter sind, nach vollbrachtem Tagewerke gemächlich am Herde
lagern und ihre Pfeife rauchen, müssen sie noch Wasser holen, die
Kinder besorgen, das Vieh melken, den Milchkessel über das Feuer
hängen, das Essen bereiten u. s. w. Zugleich werden aber die Frauen
viel selbstständiger als bei uns. Auf den denkbar schlechtesten
Wegen tragen sie Lasten, vor denen selbst unsere tüchtigsten Bäue-
rinnen zurückschrecken würden, und im Kriege ersetzen sie den
Train und die Krankenpfleger, ein Vortheil, der bei der beschränkten
Zahl der waffenfähigen Mannschaft im Verhältniss zu der feindlichen Uebermacht geradezu unschätzbar ist. Allerdings darf nicht
geleugnet werden, dass die Stellung der Frauen noch mancher Ver-
besserung bedarf, wenngleich dieselbe schon längst nicht mehr für so un-
würdig gilt, dass sich kein Crnogorce öffentlich neben seiner Gemahlin
zu zeigen wagte. Am Volksschulunterrichte nehmen jetzt auch die Mädchen
theil, das Mädchen-Institut in Cetinje hat den Zweck, seine Zöglinge zu
verständigen Hausfrauen heranzubilden, das Herrscherhaus und die ein-
flussreichen Persönlichkeiten geben durch die Gleichstellung ihrer Frauen
und Töchter ein segensreiches Beispiel, und nun mögen auch die
anderen ihnen nachahmen, damit die montenegrinische Frau immer
mehr eine gleichberechtigte Gehilfin ihres Mannes werde.

9. Capitel.

Durch das Tušina-Thal auf den Vojnik und nach Bresna.

Am 13. Juli mussten wir von Polje scheiden, und beide Popen liessen es sich nicht nehmen, uns bis auf die Javorje Planina das Geleit zu geben. Nach einem aus zarten Forellen bestehenden Frühstück wurde das Pferd beladen, und wohlgemuth wanderten wir auf dem steilen, aber nicht zu unbequemen Saumwege fort, der hoch über der Morača hinlief. Die Javorje Planina schob einen scharf markirten, dicht bewaldeten Ausläufer vor, der das Thal in zwei Hälften theilte. Aus der einen kam die Morača, aus der anderen, in welcher wir gingen, eilte ihr wichtigster Quellfluss, der Javorjski Potok, herab. Nach kurzer Wanderung stellen sich die freundlichen Holzhäuser von Aluga (993 Meter) ein, die an der Grenze der verkarsteten Kalke und der von Eruptivgesteinen durchbrochenen Schiefer liegen, und vorbei an mehreren Kolibas (1268 Meter) steigen wir langsam zu dem eben genannten Bache ab. Eine tiefe, passartige Einsattelung, das Dobri Do (Gutes Thal), öffnet sich. Kalkbreccien und Sandsteine setzen abwechselnd mit dem unvermeidlichen Kalke den Untergrund zusammen, und im Schatten alter Buchen erklimmen wir die rasch abfallenden Gebirgshänge. Kurz nach 12 Uhr stehen wir auf dem Scheitel der Javorje Planina (1634 Meter), die nach Nord und Süd steil abstürzt und auf der Höhe in einem wellenförmigen Plateau endet. Kaum einen Kilometer breit, trägt es zahlreiche Sennhütten und bezeichnet zugleich die Stelle, wo sich die Wasserscheide der ins Schwarze und Adriatische Meer fliessenden Gewässer so verschmälert, dass zwei nach den entsprechenden Stromgebieten abrinnende Quellen nur 50 Meter von einander entfernt sind. Zugleich gestattet es eine umfassende Aussicht auf das obere Morača-Gebiet und auf das Tušina-Thal; hier begrenzen das Ganze die wilden Zacken des Durmitor, dort grüsst aus blauer Ferne der dreigipfelige Kom herüber. Pope Michail besass auf der würzigen Alpenweide eine Koliba, und heimlich liess er die Hirten saure Milch für uns herbeibringen. Nach einer Stunde trennte ich mich mit herzlichen Dankesworten von unseren

Freunden, die ich leider zu bald wieder verlassen musste, und beflügelten Schrittes eilten wir am jenseitigen Gehänge hinab.

Wir betraten die äussersten Enden des Durmitor und mit ihnen eine durchaus andere Landschaft, nämlich die der Cañons. Zwar verräth das obere Tušina-Thal den Cañon-Charakter noch wenig: aber je mehr man es abwärts verfolgt, um so höher und schroffer werden seine Ränder. An die Tušina schliessen sich Bijela, Bukovica, Komarnica und Piva, die an Grossartigkeit die Tušina übertreffen. ihrerseits aber von den schauerlichen Tara-Schluchten in den Schatten gestellt werden. Wie mit einem Messer scheinen sie in die ausgedehnten Plateaus eingeschnitten zu sein, aus denen das Durmitor-Gebiet besteht, und die gähnenden Schlünde werden meist nicht eher sichtbar, als bis man unmittelbar vor ihnen steht. Diese Rinnen, die in mancher Beziehung als ein würdiges Seitenstück zu den berühmten Cañons des nord-amerikanischen Colorado gelten können, bedeuten für den freien Verkehr ein sehr unerwünschtes Hinderniss. Obwohl sie so schmal sind, dass sich die Umwohner mit ihren langgedehnten Rufen hinüber und herüber verständigen, können, so sind Ab- und Aufstieg nur an einigen Stellen möglich und erfordern stundenlange Umwege. Aus diesen Gründen bildet das Tara-Thal eine natürliche Grenze zwischen der Crnagora und dem Sandšak Novibazar.

Je mehr die Kettengebirge den Hochebenen Platz machten, um so eintöniger wurde die Gegend, und der Waldbestand nahm auffallend ab. Die Uferränder der Tušina wurden durch übereinstimmende Stufen, die ehemaligen Flussterrassen entsprachen, in mehrere Abschnitte gegliedert, auf denen die Ortschaften, z. B. Zirovac (1232 Meter) und ihm gegenüber Bare, errichtet waren. Auch hier herrschten die Werfener Schiefer und die in ihrem Bereich so oft auftretenden Diabase vor; daraus erklärte sich der Wasserreichthum des Flusses und die sanfte Abrundung der Ufer im Gegensatze zu den kantigen Zacken der auflagernden Kalke. Der Regen und die Quellen hatten in dem weichen Verwitterungsschutte häufig erdpyramidenartige Ansätze herausgearbeitet, und mächtige Trümmermassen engten zuweilen das Thal ein. Um 4 Uhr erreichten wir die ersten Häuser von Tušina, die unter dem Namen Bohan zusammengefasst werden und auf einer niedrigen Flussterrasse (1095 Meter) liegen. Sie hatten ein sauberes Aussehen und waren fester gebaut als die anderen Wohnstätten jenes Gebietes. Das neugierige Volk verleidete mir jedoch mit lästigen Fragen den Aufenthalt, und ich suchte mir dadurch etwas Ruhe zu schaffen, dass ich mich auf den offenen Brief des Ministers berief. Das half. Sofort wollte man mir einen ortskundigen Führer mitgeben, ja man forderte mich auf, in Bohan zu übernachten. Ich lehnte

beides dankend ab und nahm nach einem Trunke schwarzen Kaffees
meine Wanderung wieder auf.

Das Thal verengte sich rasch zu einem ausgesprochenen
Cañon, und horizontal geschichtete Conglomeratbänke, die beiderseits
den Wasserspiegel um 20 Meter überragten, zeigten an, dass die Tušina
einst eine bedeutendere Höhe besass. Ein kümmerlicher Pfad führte
an der schroffen, ebenfalls von Terrassen unterbrochenen Wand hin und
verlor sich schliesslich im Grase. Plötzlich standen wir vor einem
finsteren Spalte, den die fessellosen Wasserkräfte in das Gestein gewühlt hatten. Gewaltige Trümmer, Kalke, Diabase, Schiefer- und Hornsteine mit rothen Jaspissen, erfüllten die Tiefe, und ein krystallheller
Giessbach brauste über das Gestein, das Getriebe einer Mühle (983 Meter)
in Bewegung setzend. Das war die Bukovica, die Durmitorgeborene,
die in lustigen Sprüngen zur Tušina eilte.

Der Himmel, der sich schon im Laufe des Nachmittags umwölkte,
machte ein immer drohenderes Gesicht. Doch schon winkte unser Ziel,
das Kloster Podmalinsko, und ich freute mich der guten Aufnahme, die
mir ein Briefchen seitens des Popen Michail zusichern sollte. Als wir
indessen ankamen, war der Kaludjer nirgends zu entdecken, und das
Monasterium bestand aus einem Kirchlein und einem wenig einladenden,
gefängnissartigen Hause. Wir traten in die Thüre, um den Regen abzuwarten, und gleich darauf erschien ein Mann aus einer benachbarten
Hütte mit der Nachricht, der Mönch sei vor wenigen Minuten nach
Kloster Bijela gegangen; obendrein verkündete uns der gesprächige
Bote, dass es hier nichts zu essen gäbe. Wir sagten ihm, dass wir selber
genug Vorräthe hätten, und richteten uns zum Dableiben ein. Mein
Diener liess die Vermuthung laut werden, der Mönch sei vielleicht gar
nicht nach Bijela, sondern in die Hütte jenes Mannes gegangen, weil sein
armes Kloster nichts bieten konnte und er sich deshalb schämte, uns
persönlich zu empfangen. So kauften wir uns zu unseren Conserven
etwas Brot, Käse und saure Milch und legten uns frühzeitig zum Schlafe
nieder.

Frohen Herzens kehrte ich Podmalinsko (969 Meter) den Rücken,
denn nun näherten wir uns dem lange ersehnten Vojnik, einem der
höchsten Bergriesen Montenegros, immer mehr. Unter blühenden, duftenden Linden stiegen wir hinter dem Kloster an, bis wir aus der Zone
der Werfener Schiefer, Diabase und Hornsteine in die der Kalke gelangten. Die stark zersetzten Diabase machten den sehr steilen Pfad
erträglich, der in vielen Windungen auf das 300 Meter höhere Plateau
lief, um dort in den von Tušina kommenden Hauptweg einzumünden.

Noch lange begleitet von jenem dunkelgrünen Eruptivgestein durchzogen wir die waldarme Hochebene, auf der sich Kalk und Schiefer um die Herrschaft stritten, und passirten nach $\frac{1}{2}$ 11 Uhr das Dörfchen Mletićak (1350 Meter). Die einzige Abwechselung in der langweiligen Gegend boten die jähen Schluchten der Tušina und Bijela, und endlich erhob sich vor uns der plumpe, massige Vojnik. Ein 500 Meter tiefes Thal trennte ihn von unserem Standpunkte, und rüstig kletterten wir zwischen zerstreuten Hütten über eine Stunde die starkgeböschte Wand abwärts, von deren Grunde die winzig kleinen Gebäude von Šavniki heraufleuchteten.

Šavniki (844 Meter) erinnert vielfach an Bohan und ist trotz seiner Abgeschlossenheit nicht ohne Bedeutung, da es an der Handelsstrasse von Nikšić nach Plevlje liegt. Seine einstöckigen, mit Schindeln oder gar mit Ziegeln gedeckten Wohnstätten gleichen fast den Bauernhäusern des Thüringer Waldes und sind grösstentheils auf einer schmalen Flussterrasse unterhalb der hier zusammenstossenden Bijela-, Tušina- und Šavniki-Cañons erbaut. Als Schwarz im Frühjahre 1882 diese romantische Gegend bereiste, stürzte die Bijela als brausender Bergstrom aus der finsteren Klamm; jetzt war sie ganz trocken, und aus den anderen Rinnen, von deren steilen Rändern Schutthalden bis zum Grunde hinabreichten, strömten seichte, unbedeutende Flüsschen heraus, deren Wasserkraft nicht mehr genügte, um die Räder mehrerer Mühlen herumzudrehen. Das interessanteste der drei Gewässer ist jedenfalls der Šavniki Potok, weil seine Quelle intermittirt. Sie entspringt aus einer dunklen Höhle und versiegt zu gewissen, regelmässigen Zeitabschnitten gänzlich, während diese merkwürdige Naturerscheinung bei Šavniki nur noch an dem schwächeren Fliessen kenntlich ist. Eine Steinbrücke überspannt die Tušina, und der nahe Han macht einen guten Eindruck. Weniger gefielen mir seine Besitzer. Zwar empfing der Wirth den »Schwabski« — so heisst in den südslavischen Landen der Fremde und zumal der Deutsche — mit ausgesuchter Höflichkeit und redete ihn sogar in schlechtem dalmatinischem Italienisch an, aber bloss deshalb, weil er fürchtete, dass derselbe in einem anderen Hause einkehren könnte. Die Wirthin forschte meinen Diener nach allem Möglichen aus und wollte auch mich mit einer weisen Unterhaltung beehren, indem sie mich fragte, ob ich »Naški« verstünde. Naški, eigentlich »unsere Sprache,« wird allgemein zur Bezeichnung der serbischen Landessprache gebraucht.

Nach mehrstündiger Rast ging es am Vojnik steil hinauf; die Hitze und der volle Magen erleichterten den Aufstieg nicht gerade, und öfters lagerten wir uns unter den gedrungenen Buchen, die überall aus den stark verkarsteten Kalken aufragten. Aufathmend betraten wir eine mit Feldern und Wiesen bedeckte Stufe, die sich zu einem Plateau erweiterte. Von einer klaren, kalten Quelle (1122 Meter), deren Wasser $+ 5^0$ C. hatte, überblickten wir das nahe Dorf Gradac und die wellige Hochebene von Mokro; nach Norden zu ist sie offen und wird auf den anderen Seiten vom Vojnik und Krnovo umgeben. Der Boden bestand aus Werfener Schiefern und wurde in Folge dessen von sumpfigen Bächen durchzogen, die in einem tiefen Cañon zur Piva abflossen. Zahlreiche Häuser waren in der Runde zerstreut, und eins derselben, das wegen seiner Grösse und weissen Farbe am meisten auffiel, bestimmten wir zu unserem Quartiere (1069 Meter). Es gehörte dem Barjaktar, dem Fahnenträger von Mokro, und da er selbst nicht anwesend war, so forderte uns sein Vater zum Dableiben auf. Das Erste, was ich bemerkte, war eine mächtige Bärentatze. Der Vojnik beherbergt noch genug Bären und Wölfe, und vor wenigen Tagen hatte sich Meister Petz in hellem Uebermuthe aus seinem waldigen Verstecke in die Ebene gewagt, um einen der vielen Bienenstöcke zu plündern oder ein fettes Lamm zu erhaschen, ein Vorhaben, das er mit seinem Leben büssen musste. Hier, wie in Zanuglina, trugen die Frauen nicht mehr die montenegrinische, sondern die hercegovinische Tracht, so dass auf Grund dieser und anderer Beobachtungen die erstere nördlich der Linie Kolašin-Obere Morača-Tušina-Vojnik-Lukovo-Nikšić-Banjani endet.

Als ich um 4 Uhr Morgens aufstand, war der Barjaktar angekommen. Ich bat ihn um einen ortskundigen Begleiter auf den Vojnik: da aber gerade die Zeit der Heuernte war, so liess sich ein solcher schwer auftreiben, und unser Wirth verschmähte es trotz seines militärischen Ranges nicht, uns für 80 Kreuzer selbst als Führer zu dienen. Ein feuchter Nebel lagerte über den Fluren, der reichliche Thau durchnässte die dünnen Opanken, und das Thermometer zeigte nicht mehr als — 6^0 C., so dass wir rasch ausschritten, um uns einigermassen zu erwärmen. Bald lag die grasige Ebene hinter uns, und auf einem erbärmlichen Hirtenpfade, der schliesslich ganz aufhörte, stiegen wir zwischen Gebüsch bergan. Unser Mentor eilte mit erstaunlicher Geschwindigkeit voraus, und gern hätte es ihm mein Diener nachgemacht, wenn ich schneller vorwärts gekommen wäre. Mit katzenartiger Gewandtheit sprang er über Steinblöcke, Felszacken und breite Klüfte, ja, er zog sogar seine Opanken aus und lief barfuss über die spitzigen Steine. Obwohl ich ziemlich schnell ging, so konnte sich unser Fahnenträger nicht genug wundern, dass ich es ihm im Klettern nicht gleich thun konnte, und theilnahmsvoll fragte er mich, ob ich schon alt oder gar krank sei. Wahrlich, ein Mann, der von Jugend auf an die halsbrecherischen Wege seiner Heimat gewöhnt ist, lernt es mit der Zeit, wie eine Gemse zu klettern: ein Vorzug, um den ihn der Fremde ebenso sehr beneidet, wie er erstaunt ist, dass ein Fremder ihm nicht nachkommen kann. Der stark verkarstete, wasserlose Kalk war mit Dolinen übersäet, und die Bäume hatten sich schon längst zu einem dichten Urwalde zusammengeschlossen. Endlich, nach zwei Stunden, war bei 1700 Meter ü. M. die Waldgrenze erreicht. Die Buche verschwand, und knorrige Legföhren überkleideten die fahle Grashülle. Dagegen beherbergten steilwandige, geschützte Kessel, die wir auf der Höhe zu Hunderten fanden, prächtige, hochstämmige Fichtenbestände, die sich schon von Nikšić aus als breite, dunkle Streifen abhoben. Nicht minder häufig waren mächtige Firnmassen, die eine feine Decke schmutzigen Schlammes überzog und die das ganze Jahr überdauerten. Noch hatten wir eine schroffe Graslehne zu erklimmen, dann war — ein lautes Hurrah entrang sich der keuchenden Brust — eine 1774 Meter hohe Kuppe gegenüber den vom Nikšićko Polje aus sichtbaren drei Zinnen gewonnen.

Der Vojnik ist ein aus Triaskalk zusammengesetzter plateauartiger Gebirgsstock, dessen Oberfläche ein wirres Durcheinander von Erhebungen und Vertiefungen darstellt und nur wenige scharf umrissene Gipfel, z. B. die eben genannten drei Zinnen (Troglav) besitzt. Während er in die Hochweiden von Krnovo und in die Lukavica allmählich übergeht, fällt er zur Terrasse von Mokro, zur Piva und ins Gornje Polje steil ab. Seine höchste Höhe beträgt 1997 Meter, und als ich dies unserem wissbegierigen Führer auf Befragen mittheilte, war er sehr erstaunt. »Was? so niedrig? rief er aus, ich hätte geglaubt, dass unser Vojnik mindestens 8000 Meter haben müsse!« Und in der That liess er sich schwer überzeugen, dass der höchste Berg auf Erden nicht viel über 8000 Meter hoch sei. Leider herrschte bei den Umwohnern dieselbe Unkenntniss wie bei den Hirten in der Nachbarschaft des Kapetanovo-Sees. Keiner wusste genau anzugeben, wo das russische Triangulationssignal stand und wo der höchste Gipfel zu suchen sei. Die Frauen in Mokro erzählten mir von zwei Pyramiden, · der Barjaktar kannte bloss eine; diese sagten, der Hauptgipfel wäre höchstens drei Stunden entfernt, jener behauptete, dass wir vor Abend nicht von ihm zurückkehren würden. Daher stellte ich es ihm frei, uns auf irgend eine Kuppe zu führen, mochte es die höchste sein oder nicht.

In der Einsamkeit des Hochgebirges entfaltete sich ein seltsamer Farbengegensatz. Ueber uns wölbte sich das blaue Himmelszelt, grell

warf der helle Kalk die Sonnenstrahlen zurück, und grauweisser Schnee
leuchtete aus dem ernsten, schwarzen Nadelwalde oder dem vertrockneten Pflanzenteppich hervor. Sonst hat der Vojnik einen düsteren,
abstossenden Charakter; er ist der einzige Berg Montenegros, der im
Sommer nicht von Sennhütten belebt wird, und nicht allzu oft treiben
die Eingeborenen ihre Heerden in das finstere Dickicht, das Raubthieren
und edlem Wilde zu einem selten gestörten Aufenthalte dient.

Was aber die Natur dem Bergcoloss versagte, wird überreich durch
die umfassende Rundschau ersetzt, die er dem trunkenen Blicke darbietet. Was will das Panorama, das man von Mokro aus geniesst, gegen
dieses sagen? In der von schaurigen Cañons zerschnittenen Tiefe sind
freundliche Dörfer zerstreut, und vor uns breitet sich das grüne Gornje
Polje mit der Kula Vir und dem Eingange zu den Duga-Pässen aus.
Nikšić ist nicht sichtbar, wohl aber erblicken wir seine wilden Grenzberge Ostrog, Pusti Lisac und Prekornica. Aus der Ferne grüssen
Lovćen und Kom herüber, am Ende der grasigen Lukavica erheben
sich die wohlbekannten Ketten des Borovnik und die Berge des Morača-
Knies, und im Norden winkt als gewaltigster von allen der königliche
Durmitor. Ein Dunstschleier umfluthet die phantastischen Spitzen seiner
langgestreckten Mauer, die sich halb widerwillig in der formenlosen
Ivica und Sinjavina verliert.

Der Barjaktar trieb zum Aufbruche, denn er hatte wie viele seiner
Landsleute wenig Sinn für die Naturschönheiten und konnte nicht begreifen, dass ich soviel Geld ausgäbe und soviel Mühe darauf ver-
wendete, um das Land zu untersuchen und die Fernsichten zu bewundern.
Frohe und ernste Gespräche verkürzten den Heimweg, und dabei lernte
ich in unserem Begleiter einen der ritterlichsten Türkenkämpfer kennen.
Er mochte am Ende der Dreissiger Jahre stehen und konnte sich
rühmen, zehn Feinde getödtet und ebensoviele Türkenköpfe oder Türken-
nasen abgeschnitten zu haben. Schon als fünfzehnjähriger Knabe nahm
er an der Seite seines nicht minder bewährten Vaters an der blutigen
Schlacht von Grahovo theil und erbeutete an jenem Tage die ersten
fünf Köpfe. Im letzten Kriege pflückte er neue Lorbeeren und wurde
vom Fürsten zum Barjaktar ernannt. Doch gibt es in Montenegro
solcher und ähnlicher Helden noch genug. Uebrigens darf man das
Kopfabschneiden nicht zu hart beurtheilen, zumal im Orient ein Men-
schenleben wenig gilt und die Türken sich der gleichen Barbarei
schuldig machten. Auch hier trat der rauhe Naturzwang in seine Rechte,
und Jeder verstand das schauerliche Geschäft so meisterhaft, dass er
mit seinem Handžar in einer Secunde den Kopf vom Rumpfe trennte.

Im Kampfe gegen die feindliche Uebermacht war der letzte Mann nöthig und konnte zur Bewachung der Gefangenen kaum entbehrt werden. Und wie sollten diese beköstigt werden, da die eigenen Leute oft nicht genug zu essen und zu trinken hatten; mussten sie doch, wie unser Fahnenträger erzählte, einmal drei Tage und drei Nächte lang ohne jede Nahrung ausharren! Vergebens bemühten sich die Beherrscher Montenegros, durch gegenseitiges Uebereinkommen mit den Türken diesen barbarischen Brauch zu unterdrücken; erst im Kriege von 1876/78 zeigte sich eine gewisse Wendung zum Besseren darin, dass man sich meist mit der Nase als Trophäe begnügte und die Besatzungen der Duga-Pässe, von Nikšić, Antivari u. s. w. unverletzt entliess. Aber nicht allein den Feind machte der Crnogorce um einen Kopf kürzer, denselben Dienst erwies er auch seinem schwer verwundeten Bruder, damit er nicht in türkische Gefangenschaft fiele und vor einem grausamen Tode bewahrt bliebe. Jetzt pflegt man fürs Aeusserste den sechsten Revolverschuss aufzusparen.

Um ³/₄11 Uhr trafen wir wieder in Mokro ein und machten uns nach zweistündiger Rast zum Marsche nach Bresna auf. Unser Freund trennte sich mit Kuss, Handschlag und den besten Rathschlägen von uns, denn der Weg war der halsbrecherischsten einer, so dass ihn selbst die Eingeborenen nicht gern benutzten. Zu unserer Rechten lief eine finstere Schlucht hin, welche das Wasser des Plateaus in die Piva leitete, und gleich hinter den letzten Häusern nahm uns ein Urwald auf, wie ich ihn nimmer erwartet hatte. Er bestand aus uralten Buchen und Fichten, die, jede Aussicht versperrend, für sich allein oder durcheinander gemischt die stark verkarsteten Abhänge bedeckten. Ab und zu störte der Ruf des Kuckucks oder ein anderer Vogellaut die feierliche Stille, und leise rauschte der Wind in den Wipfeln, die das Sonnenlicht gedämpft bis zum laub- und nadelverhüllten Grunde eindringen liessen. Meterdicke Stämme vermoderten am Boden, und junge Triebe schossen neben den erstorbenen Riesen aus der Erde empor. Aber unter dem trügerischen Pflanzenkleide lagerte der zerfressene, klüftige Kalk und Karrenfelder, die genau denen von Stitavica glichen, zerfurchten öfters die steilen Lehnen. Auf einem kümmerlichen Pfade gingen wir zunächst bergan, dann fortwährend abwärts, und die Felsen beiderseits des Steiges rückten einigemale so nahe zusammen, dass Kulaš das Gepäck nicht ohne Mühe durchbringen konnte. Plötzlich senkte sich der Hang zu jäher Tiefe, und aus dem Waldesdunkel hob sich der Komarnica-Cañon ab. Von ihm strahlte ein Schlund aus, den das Wasser im Laufe ungezählter Jahrtausende in die Flanken des Vojnik gewühlt hatte, und an seinen fast senkrechten Wänden mussten wir hinab. Vorsichtig setzte das Pferd einen Fuss vor den anderen, mit gespannten Ohren längs des drohenden Abgrundes hinschreitend, und wir athmeten ebenfalls auf, als der 120 Meter betragende Abstieg überwunden war. Noch fünf solcher Wasserrisse, die allerdings viel weniger gefährlich als der erste waren, mussten wir durchqueren. Wir fanden keinen Schnee und keine Quelle, weder einen Menschen, noch ein Haus, aber das Schlechteste war der Saumweg, der bald durch seine spitzen Steintrümmer den Fuss ermüdete, bald im Humus verschwand. Endlich traten wir um $^1/_2$6 Uhr aus dem Waldesschatten in eine etwa 2 Kilometer breite und unabsehbar lange Ebene. Wir hatten eines der grössten blinden Thäler Montenegros, das Becken von Bresna, erreicht, das lebhaft an unsere Voralpen oder an die idyllischen Bilder Thüringens erinnerte. Nun trafen wir auch Hütten und Menschen, die wir im Urwalde umsonst gesucht hatten. Die Komarnica war nicht mehr sichtbar, denn schon ehe wir ins Polje kamen, bog sie nach rechts ab und verbarg sich hinter einer Reihe niedriger Hügel. Das Buschholz wurde lichter und hörte schliesslich ganz auf; dafür erschienen am nördlichen Rande die Holzhäuser von Gornje Bresna (1055 Meter), und dünne Wasserfäden sammelten sich an, zum Beweise, dass eine undurchlässige Schicht das Erdreich unterlagerte. Unweit einer Cisterne gelangten wir auf die Strasse Nikšić-Goransko, die an Güte ebenfalls mancherlei zu wünschen übrig lässt und mitunter bloss durch die nebenher laufende Telegraphenleitung verrathen wird. Da es stark dunkelte und die Abendkühle empfindlich fühlbar wurde, so baten wir die Hirten mehrmals um ein Quartier. Es ging uns aber wie vor acht Jahren Dr. Baumann. Wir erhielten in gemessener Höflichkeit einen ablehnenden Bescheid und machten uns schon darauf gefasst, auf dem feuchten Rasen unter freiem Himmel zu nächtigen, als eine alte Frau uns in ihre Koliba einlud. 8 Uhr war vorüber, als wir nach schwerem Tagewerke in die Hütte krochen (999 Meter), die wie die anderen Kolibas der Bresna-Ebene nach dem Muster der Sennereien auf der Konjsko Planina erbaut war. Bald versammelten sich ihre Insassen, so dass wir uns in dem beschränkten Raume kaum rühren konnten; alle sprachen dem frugalen Nachtmale wacker zu und erstaunten wohl auch über unseren Marsch, doch es fiel Niemandem ein, den hungrigen und ermüdeten Wanderern etwas anzubieten. Wir mussten erst nach Maisbrot und Milch fragen, und als wir endlich im Schlummer Erholung finden wollten, raubte uns das jämmerliche Geschrei eines Säuglings noch lange die ersehnte Ruhe.

10. Capitel.

Längs der Piva-Cañons nach Foča.

Nachdem ich mich, nicht ohne auf eine überraschende Unkentniss zu stossen, bei den Frauen nach der Umgebung erkundigt hatte, bezahlte ich unsere Wirthin und und durchmass das letzte Stück des Bresno Polje. Das lockere Erdreich nahm rasch ab, und einige Kalkrücken ragten gleich Inseln und Halbinseln, was sie einst wohl waren, aus der Niederung auf. Porphyrgeschiebe, deren auch Tietze gedenkt, waren in dem blinden Thale zerstreut, und sie, der feine Humus und die unbestimmten Wasseransammlungen lassen vermuthen, dass vordem ein Fluss, wenn nicht ein See das Polje erfüllte. Vielleicht floss er in unserer Marschrichtung ab, weil die Porphyre in diesem Theile nicht anstanden, also erst hierher verschleppt wurden, und weil die Meereshöhe des Kessels von Südost nach Nordwest abnimmt. Schliesslich gewann die Gebirgsfaltung die Oberhand und versperrte dem Wasser den Weg, worauf es in den höhlenreichen Kalken einen unterirdischen Abzugscanal fand.

Ein unbedeutender Höhenzug trennte die grüne Oase von Bresna von dem wenig höheren Bajevo Polje, und wieder empfing uns eine langweilige Karstlandschaft. Die Hügel und Dolinen waren nothdürftig mit einem kurzen, halbverdorrten Grasmantel überkleidet, und niederes Gebüsch oder schütterer Nadelwald zierte die Lehnen. Drei aufeinander folgende Mulden, das Bajevo-, Milkovac- (1028 Meter) und Rudenice Polje (1012 Meter), waren von entsprechenden Höhenrücken umsäumt und im Osten von dem unvermittelt eingeschnittenen Komarnica-Cañon begrenzt. Endlich gewann die öde Landschaft, die fast den trostlosen Banjani glich, einige Abwechselung. Scharf hoben sich von der welligen Hochebene die zerstreuten Häuser des Dorfes Goransko ab, und hinter ihnen strebte die kühn gezackte Kručica-Mauer zum wolkenlosen Himmel auf, während die Rinnen des Sinjac und der Plužinje noch nicht sichtbar waren. Endlos setzte sich die Piva-Schlucht nach Norden fort, und zu ihrer Rechten behinderten die Vorberge des Durmitor den Blick. Wir kamen an den rothen Kalken von Milkovac

vorüber, in denen Tietze die einzigen jurassischen Ammoniten der Crnagora entdeckte, und machten im Han von Rudenice Mittagsrast, um
nicht zu früh im Kloster Piva einzutreffen. Die kleine Wirthschaft
gehörte einem Officier: denn die militärische Beschäftigung ist in Montenegro nicht ausschliesslicher Lebenszweck, sondern eine nebensäch-
liche, für den Krieg berechnete Uebung.

Schroffe Rinnen liefen zu dem breiten Schlunde hinab, in welchem wir
nunmehr abwärts eilten. Buchen- und Eichengestrüpp, Haselnusssträucher
und saftiges Gras verbargen den nackten Kalk, und mit dem Auftreten der
Werfener Schichten wurde der Weg besser. Je mehr er sich senkte,
um so kräftiger gedieh die Buche und bedeckte in stattlichen, hie und
da von Lawinen zerrissenen Beständen die Uferwände. Durch das
dichte Blattgewirr leuchtete die Kirche von Piva herauf, und ein
breiter, grüner Strom, der Sinjac, der eigentliche Quellfluss der Piva,
brauste in dem 300 Meter tiefen Bett dahin. Als klarer Bach
springt er aus dem Felsen und nimmt nach dem Volksglauben die im
Gacko Polje verschwindenden Gewässer auf, um sie hier zum zweiten
Male ans Tageslicht zu bringen. Wenige Minuten später standen wir
vor dem Kloster (658 Meter).

Pivski Monastir besteht aus einer mittelgrossen Kirche, die des
Glockenthurmes entbehrt und mit originellen Wandmalereien geschmückt
ist. Trotz der Verwüstungen seitens der Türken kann man der inneren
Ausstattung des Gotteshauses einen gewissen Prunk nicht absprechen.
Der Kirche gegenüber liegt die Wohnung des Igumans und an der
anderen Seite das ungemüthliche Gebäude der Dienerschaft. Die Fremden und vornehme Montenegriner finden beim Geistlichen, die geringeren
Leute im Han und bei den Dienern Unterkunft. Eine theilweise zerstörte Mauer umgibt das Kloster, an das sich ein ausgedehnter Obst-
garten anschliesst.

Der Iguman war nach Goransko geritten und kehrte erst spät
Abends zurück. Er liess Thee bereiten und einen Hammel schlachten,
und Mitternacht war vorüber, als wir das Lager aufsuchten. Am anderen Morgen, dem 17. Juli, besichtigten wir das Kloster und verab-
schiedeten uns; doch fiel mir die Trennung trotz der guten Aufnahme
nicht gerade schwer.

Ein steiler Aufstieg über Schiefer und Diabase brachte uns
in dreiviertel Stunden auf das Hochplateau und nach Goransko (1030
Meter). Vor dem Kriege war es ein befestigter Ort und Sitz eines türkischen Kaimakam (Richter), und seine Garnison unterhielt auch den

letzten vorgeschobenen Posten in Bezuj. Weiter nach dem Durmitor zu stand die türkische Macht nur auf dem Papiere, und kein Türke durfte es ohne Gefahr seines Lebens wagen, zu den thatsächlich unabhängigen und zu Montenegro gehörenden Hirten Nord-Montenegros vorzudringen oder gar Steuern von ihnen zu erheben. Heute besteht der Ort aus wenigen Häusern, und die Befestigungen sind bis auf spärliche Trümmer beseitigt. Ausser dem Hane, der zugleich das Telegraphenamt beherbergt, sind die Wohnstätten elende Hütten; in europäischem Stile aber und nicht ohne Comfort ist das Haus des Vojvoda Lazar Sožica erbaut, der ebenso wegen seiner körperlichen Kraft und Gewandtheit, als wegen seines Reichthums berühmt ist. Baumann entwirft von seinem Wesen und seiner Häuslichkeit eine nicht sehr schmeichelhafte Schilderung, doch hat sich seitdem vieles geändert. Der hohe Herr empfing mich in einem behaglich ausgestatteten Zimmer aufs höflichste, stellte mir seine Frau vor und liess durch einen Diener Slivovic und Kaffee auftragen. Im Laufe des Gespräches bat er mich, eine merkwürdige Quelle bei Seljani zu besuchen und stellte mir zu diesem Zwecke eines seiner Reitpferde zur Verfügung. Ich versprach ihm zu willfahren, lehnte aber sein Pferd ab und stärkte mich im Han für den beschwerlichen Marsch, der das Sinjac-Thal ein gutes Stück hinab und hinauf und dann noch 300 Meter tief zur Komarnica hinabführte. Anfangs vermochte ich die neugierigen Montenegriner kaum zu befriedigen, die wie Kinder meine Habseligkeiten betasteten, und erst als ich sie energisch zum Hinausgehen aufforderte, konnte ich mir für einige Zeit Ruhe schaffen.

Gleich nach Mittag machte ich mich auf, begleitet von meinem Diener, einem berittenen Knechte des Vojvoda und einem ebenfalls berittenen jungen Manne namens Simo Radov Garčević, der vor der Unduldsamkeit der Türken aus seiner Geburtsstadt Bijelopolje nach Montenegro geflohen war. Der Pfad umging in grossem Bogen den Thalschluss und durchkreuzte das gestern durchwanderte Gebiet, das nach der Komarnica zu reich an Quellen und Häusern war. Einiges Interesse boten mehrere verwitterte Bogomilengräber- und Denksteine bei Rudenice. Die Bogomilen oder Patarener, welche um die Mitte des 12. Jahrhunderts in dem theils katholischen, theils orthodoxen Bosnien eine religiöse Secte bildeten und blutige Verfolgungen zu erleiden hatten, traten nach der Unglücksschlacht auf dem Amselfelde zum Islam über und vergalten Jahrhunderte lang an den ihrem Glauben treu gebliebenen Serben Gleiches mit Gleichem.

Die muhamedanischen Bosniaken sind also die Nachkommen der alten Bogomilen.

Um ¹/₂4 Uhr waren wir an der Komarnica angelangt (683 Meter) und passirten auf eine ebenso einfache als praktische Weise den brückenlosen Fluss. Zwei von uns ritten durch das klare Wasser und trieben die Pferde ans Ufer zurück, worauf die beiden Anderen nachfolgten. Ich glaubte, dass wir nunmehr am rechten Hange hinaufklettern müssten, aber unsere Gefährten überhoben mich dieser Sorge; sie wiesen auf einen unansehnlichen Wassertümpel, der zwischen den Geröllen des Flusses zusammensickerte und sagten, dass dieser der gesuchte Quell sei. So armselig hatte ich mir ihn allerdings nicht vorgestellt, und anfangs schien er auch gar nichts Sonderbares darzubieten. Geschmack und Geruch des Wassers hatten nichts Auffälliges, und allein seine Temperatur (+ 29° C.) war um 10 Grad höher als die des unmittelbar benachbarten Flusses. Der Wärmeunterschied rührte wohl davon her, dass sich der seichte Wassertümpel viel stärker erwärmte als die knietiefe, rasch dahinschiessende Komarnica. Die Ufer waren hoch hinauf aus den vielbekannten Conglomeraten zusammengesetzt, und an ihrem Fusse rieselte die Quelle hervor, die nach der Volksmeinung eine heilkräftige Wirkung besitzt. Luftblasen stiegen scharenweise vom Grunde auf und zerplatzten an der Oberfläche, wobei das von Algen überwucherte Wasser in eine wallende Bewegung gerieth, als ob es koche, und sich dann wieder glättete, bis nach fünf Secunden Pause das ruckweise Aufsteigen von Luftblasen abermals begann und sich in regelmässigem Wechsel fortsetzte. Eine chemische Untersuchung der mitgenommenen Proben wird lehren, ob und wie viel Wahres das Wasser von der ihm zugeschriebenen heilsamen Eigenschaft besitzt.

Auf dem Rückwege bot mir Simo sein Pferd an, und ich versuchte mein Glück, obwohl ich der Reitkunst gänzlich unkundig war. Anfangs ging alles gut, bis ich dem Thiere einen falschen Sporentritt gab, so dass es im Galopp mit mir davonrannte und erst durch einen zufällig vorüberkommenden Montenegriner aufgehalten wurde. Ich erkundigte mich alsbald nach den erforderlichen Kunstgriffen und konnte mit dem unruhigen Gaule zufrieden sein. Als er jedoch den Stall witterte, schoss er unbekümmert um jegliches Commando dahin und hielt erst vor der altgewohnten Thüre. Die Einwohner, voran der Vojvoda, empfingen uns mit sichtlicher Spannung, und nachdem ich unsere Ergebnisse mitgetheilt, musste ich ihnen noch versprechen, sie am anderen Morgen zu photographiren. Da es im Han nur Pritschen gab, so ruhte

Simo nicht eher, als bis ich statt dieses harten Lagers für die Nacht sein Bett angenommen hatte.

Schon am frühesten Morgen waren alle wach und bereiteten sich mit ängstlicher Sorgfalt für die Aufnahme vor, denn alle wollten ihr Bild haben, die kleinen Söhne des Vojvoda, Freund Simo, der Telegraphenbeamte, der gräfliche Diener, der Wirt und seine Frau. Nachdem der Apparat seine Schuldigkeit gethan hatte, sattelten wir das Pferd und durchmassen bei heissem Sonnenbrande die einförmige, baumarme Hochebene, die mit grossen flachen Mulden besetzt war. Hierauf mussten wir von ihrem nördlichen Rande (1122 Meter) in einen 300 Meter tiefen Cañon hinabsteigen, den wir früher nicht erblicken konnten; es war die mit Buchen dicht bewaldete Schlucht der Plužinje, die sammt ihren Zuflüssen auf dem schneereichen Leberšnik und den benachbarten Grenzbergen entspringt und das einzige wohl entwickelte Flussnetz im Gebiete der mittleren und unteren Piva darstellt. Die schützenden Thalwände verbargen eine idyllische Landschaft. Ein saftiger Wiesenteppich überzog den Fels, und das Buchendickicht löste sich zu kleinen Gruppen auf; Obst- und Gemüsegärten lagen neben Getreide-, Mais- und Kartoffelfeldern, und Holzhäuser zierten eine schmale, niedrige Flussterrasse (626 Meter), kurz, das Thal trug ein ganz anderes Gepräge als die traurigen, unfruchtbaren Plateaus. Die Plužinje sprang in klaren, schwarzgrünen Wellen über mächtige Geröllmassen, unter denen der unvermeidliche Kalk die Hauptrolle spielte; doch fehlten Werfener Schiefer. Hornsteine und Diabase ebenfalls nicht, so dass eine Zone jener Gesteine irgendwo im Oberlaufe ansteht. Die sonst beobachteten Conglomeratbänke umsäumten auch hier den unteren Rand der Ufer und begleiteten uns noch immer, nachdem sich die Plužinje nahezu rechtwinklig in die grüne Piva ergossen hatte (596 Meter). An der Mündung engten Schotterablagerungen den breiten Fluss zu einem engen Streifen ein, und unwillig ob dieser Beeinträchtigung seiner Freiheit bedeckte er sich mit weissem Gischt.

Ein wildromantischer Cañon erschloss sich. Senkrecht strebten die Kalkmauern auf, und der Thalgrund wurde ganz von der Piva erfüllt. Das schmutzige Grau, das mehrere Meter über dem Flussspiegel die Gesteinsschichten färbte, zeigte zur Genüge, wie gewaltig der reissende Strom während der Schneeschmelze und der Frühlingsregen anschwillt. und Aeste, Strohhalme oder erhärteter Schlamm, die in den Baumkronen fest sassen, die umgerissenen Stämme und aufgewühlten Ufer. sie liessen ahnen, wie furchtbar der fessellose Fluss in jenen Zeiten wüthet. Dann ist die Rinne für den Verkehr überhaupt gesperrt, und schon im Sommer bedeutet sie ein empfindliches Hinderniss zwischen hüben und drüben. An wenigen Stellen ist sie passierbar, und nur bei der Plužinje-Mündung und unterhalb des Barni Do befinden sich Fähren. Eine gute Stunde beansprucht der Abstieg, nahezu das Doppelte der Aufstieg an den 700 Meter hohen Steilwänden. Mit anderen Worten, drei Stunden sind nothwendig, um einen Weg zurückzulegen, der in Luftlinie noch nicht 2 Kilometer beträgt! Am Grunde treten zahlreiche Quellen als kurze, starke Bäche aus, weil die Niederschläge in den porösen Kalken versickern und auf der undurchlässigen Schieferunterlage wieder zum Vorschein kommen. Daher verdankt die Piva ihren Wasserüberfluss in erster Linie den Schiefern.

Ein geländerloser Saumweg, der bald hoch über dem Wasser oder am Flusse hinlief, brachte uns rasch vorwärts, und wir bedurften der Eile um so mehr, als der Mittag längst vorüber war und wir noch den jenseitigen Hang zu erklimmen hatten. Doch wir bemerkten keinen Kahn, keine Furt in der mehr als mannestiefen Piva, Eingeborene begegneten uns nirgends, und Häuser fehlten in dem von Ueberschwemmungen heimgesuchten Thale. Obendrein verloren wir unsere Hartbrote, und es dauerte eine gute Weile, bis wir wieder in ihrem Besitze waren. Endlich drangen Stimmen an unser Ohr; am rechten Ufer waren Montenegriner, die Heu abmähten, und sie verkündeten uns die unwillkommene Botschaft, dass die Fähre noch weit entfernt und augenblicklich nicht benutzbar sei. So blieb uns nichts anderes übrig, als auf einer Furt, welche sie uns angaben, den kalten Gebirgsstrom zu durchwaten (577 Meter). Diesmal war ich auf mich allein angewiesen, da mein Diener mit sich und dem Pferde genug zu thun hatte. Trotzdem mir der Bergstock eine gute Stütze gewährte, kostete es mir grosse Mühe, ohne Schuhe über die glatten Gerölle zu schreiten und gegen die Gewalt des Flusses anzukämpfen, der uns bis zum Oberschenkel reichte und mir mehrmals den Boden unter den Füssen wegzureissen drohte. Ich athmete auf, als wir das jenseitige Ufer gewonnen hatten und bis zur Fähre an der Piva hinwanderten. Nun begann der anstrengende Aufstieg, der uns auf zweifelhaften Zickzackpfaden in zwei Stunden auf das Plateau führte (1278 Meter). Der mit Macht hereinbrechende Abend liess uns ernstlich an eine Unterkunft denken, und glücklicherweise nahm uns gleich der erste Hirt, mit dem wir zusammentrafen, in seine Koliba auf. Als wir jedoch die enge, erbärmliche Hütte sahen und die zerlumpten Gestalten durchmusterten, denen sie zum Aufenthalte diente, zogen wir es vor, im Freien zu übernachten. Ein lustiges Feuer wurde angefacht, die Leute ergänzten unsere Vorräthe mit Milch und Käse; und da die Luft ziemlich warm war, hatten wir einen erquickenden Schlummer.

Am Morgen machten unsere Wirthe ein betrübtes Gesicht; der unersättliche Kulaš war in ihr kleines Maisfeld gerathen und hatte dort mancherlei Schaden angerichtet. Wir ersetzten den Verlust nach Kräften und verloren uns rasch in der langweiligen Hochebene, die den Namen Barni Do trug und zu den weiten Plateaus um den Durmitor gehörte. Selten unterbrachen Baumgruppen das Gewirr der flachen, mit magerem Grase bewachsenen Dolinen, die stellenweise stark verkarstet und völlig wasserlos waren. Daher ist auf der Höhe der Schnee ein unschätzbares Gut und hat einen tausendfach höheren Werth als das nimmer versiegende Wasser im Thale, weil der mühsame Auf- und Abstieg an den bis zur Unzugänglichkeit schroffen Gehängen den wirthschaftlichen Nutzen der Piva fast aufhebt.

Ein fesselndes Bild bot die Kručica, deren nackte Ketten auf einem breiten Sockel ruhten und senkrecht zum Piva-Schlunde abfielen. Weisser Schnee leuchtete aus den Schluchten, graue Schutthalden überkleideten die Lehnen, und ein undurchdringlicher Nebelschleier umfluthete die zackigen Kämme. Bei jeder Wegkrümmung zeigte das Gebirge neue Formen, und dieses beständig wechselnde Schauspiel war das einzige Interessante in der öden, stillen Landschaft, die erst hinter dem armseligen Weiler Babići (1264 Meter) ein anmuthiges Gewand erhielt. Saftige Wiesen und stattliche Bäume, Buchen untermischt mit Birken, wurden häufiger, und um 10 Uhr erreichten wir das Kirchdorf Dolnji Crkvice (1163 Meter). Die Tara-Rinne wurde sichtbar, die Berge ihres Ostrandes lagen bereits in der Hercegovina und im Sandšak Novibazar, und da ich hoffte, heute noch bis Foča zu kommen, so hielt ich mich nicht auf, so höflich mich auch der Hanbesitzer in sein Haus einlud.

Aber welche trostlose Gegend that sich vor uns auf! Waren wir in die Wüsten der Prekornica oder der Banjani zurückversetzt? Da gab es nichts anderes als kahle Dolinen, spitze Karren und zersprengten Fels, aus dessen Fugen kaum ein Grashalm oder verkümmertes Gebüsch hervorsprosste. In der Tiefe schäumte die Piva, und zum siebenten Male mussten wir uns an ihrem Cañon versuchen, der bei Sćepangrad in den noch finstereren Tara-Schlund einmündet, worauf beide Bergwässer vereint als Drina weiterfliessen. Endlich wurden die Hänge sanfter; wir meinten, in einen natürlichen Garten eingetreten zu sein, und der oft gebrauchte Ausspruch, Montenegro sei ein Land der Gegensätze, traf auch in der Pivska Župa zu. Hecken von Brombeeren und

anderen Zaungewächsen umgaben die einzelnen Gebäude, bunte Blumen
durchwirkten die Matten, und die weissen Blüten des Flieders waren dem
Verblühen nahe oder setzten bereits grüne Beeren an. Die mageren
Aecker der rauhen Hochebene machten üppigen Maisfeldern und Weingärten Platz, und umfangreiche Buchenhaine oder Kernobstbäume der
verschiedensten Arten waren etwas Allgewöhnliches. Statt des Kalkes
herrschten die Werfener Schiefer vor, und so suchte die Natur wieder
auszugleichen, was sie auf andere Weise dem Menschen versagte. In
Gestalt eines Cañons schuf sie ein unerwünschtes Verkehrshindernis,
aber sie gab den tiefen Schluchten einen Ueberfluss an Wasser,
ein mildes Klima und verwandelte sie in eine blühende Oase. Deshalb erfreuten sich die gesegneten Gefilde schon vor Jahrhunderten
einer hohen Cultur, und die Ruinen einer uralten Burg in Šćepangrad,
so genannt nach dem bosnischen Herzogsgeschlecht der Stephane (14.
und 15. Jahrhundert), weisen auf jene Zeiten zurück.

Nach dreistündigem Abstiege betraten wir Šćepangrad, und Arso
liess dort seine Waffen zurück, denn die Drina allein trennte uns noch
vom österreichischen Gebiete, und wir mussten den Fluss auf einer Fähre
übersetzen. (515 Meter). Das war allerdings leichter gesagt als gethan, da
der Kahn am österreichischen Ufer angekettet und obendrein durch ein
Schloss gesichert war, und der Fährmann musste erst einen Gendarmen rufen.
der das Schloss öffnete. Nicht ohne Mühe trieben wir das sich sträubende
Pferd in das Boot und landeten wenige Minuten später am andern Ufer.
Das steilwandige Bett des breiten, tiefen Flusses bestand, wie kaum
anders zu erwarten war, aus verbackenen Conglomeraten. die sich aus
den bekannten Rollsteinen zusammensetzten und wegen ihrer leichten
Zerstörbarkeit zahlreiche Risse und Höhlen besassen.

Zum dritten Male stand ich unter dem Zeichen des Doppelaars,
und ich hatte eben festen Fuss gefasst, als der pflichteifrige Gendarm
unsere Pässe verlangte. Ich freute mich schon im Stillen, hier wie in
Gacko dem Zollcerberus entgangen zu sein; doch in demselben Augenblicke ersuchte mich unser Begleiter, meine Reisekörbe zu öffnen. Steuer-
bares, vornehmlich Pulver und Tabak, fand er natürlich nicht; aber
immerhin erschien es mir sonderbar, dass man die unvermeidliche Zoll-
revision nicht in dem nahen Cordonposten Hum abhielt, den wir nothwendig passieren mussten. Der commandirende Gendarmerie-Wachtmeister
begrüsste mich zuvorkommend und rieth mir, bei seinem Cameraden
im Bastaći zu übernachten, da ich vor Abend nicht mehr nach Foča
kommen würde. Auf seine Empfehlung hin wurde ich dort aufs beste
aufgenommen.

Wie die meisten Gendamerie-Kasernen gleicht Bastaći mehr einem freundlichen Hause als einem militärischen Stützpunkte, und bloss die Schiessscharten und die starken Thore verleihen dem Ganzen einen kriegerischen Anstrich. Die Mannschaften, die wegen der Sprachverwandtschaft aus Böhmen, Kroaten oder selbst Bosniaken genommen werden, bestehen ausnahmlos aus starken, kräftigen Leuten und haben einen ziemlich anstrengenden Tages- und Nachtdienst zu verrichten. Als Oesterreich Bosnien und die Hercegovina occupierte, haftete den Eingeborenen das gesetzlose Leben so an, dess sie sich schwer davon trennen konnten, und auch die blutsverwandten Crnogorcen liessen sich in den ersten Jahren zu manchem Uebergriffe verleiten. Aus diesem Grunde wurde längs der Grenze eine Kette von Befestigungen, der Grenzcordon, angelegt, wenige Wege blieben für den gegenseitigen Verkehr offen, und strenge Passvorschriften erschwerten denselben noch mehr. Zur wirksamen Unterstützung von Militär und Gendarmerie organisirte man aus den tüchtigsten und verwegensten Leuten das berühmte hercegovinische Streifcorps. Durch seine Tapferkeit und durch sein rücksichtsloses Vorgehen nicht minder wie durch die gut abgerichteten Spürhunde, von denen ich einige im Blockhause Grab gesehen habe, wurde es bald der Schrecken aller Räuber und erhielt wegen der Farbe seiner Uniformen den bezeichnenden Beinamen »Schar der grünen Teufel«. Dem Streifcorps ist vor allem die Schaffung geordneter Zustände zu danken, und es erfüllte seine Aufgabe in einer solchen Weise, dass es im vorigen Jahre aufgelöst werden konnte. Jetzt herrscht in Neu-Oesterreich eine solche Sicherheit, dass Niemand vor einem Besuche Bosniens und der Hercegovina zurückschrecken sollte, wo er Fahrstrassen, Reitwege, Hôtels und alle Bequemlichkeiten findet, die er als verwöhnter Reisender verlangt.

Von Bastaći bis Foča blieb die Gegend gleich anmuthig. Aus dem Schiefergestein sprudelte ein Heer von Quellen und eilte zur grünen Drina, Wiesen und Wälder liefen bis zu den abgerundeten Gipfeln hinauf, und Häuser oder Dörfer folgten sich in kurzen Zwischenräumen, während die fernen Zacken des Hochgebirges ernst herüberschauten. Fünf Marschstunden standen uns am 20. Juli noch bis Foča bevor; aber sie verflogen schnell, und als wir um einen Hügel bogen, tauchte zu unserer Rechten eine bescheidene Anhäufung von Häusern auf, zu denen eine alte türkische Fahrstrasse hinführte. Sollte das Foča sein? Ich muss gestehen, ich war anfangs enttäuscht. Je näher wir indessen kamen, um so mehr entrollte sich das Gewirr der rothen Dächer und Minarets, und um Mittag lag das vielgenannte Handelscentrum des süd-

östlichen Bosnien (410 Meter) vor uns. Rasch schritten wir durch die
krummen Gassen zum Hôtel. Mein Diener zog es vor, in einem Han
zu wohnen, weil er die fränkische Küche nicht vertragen könne, in
Wahrheit wohl, um bei seinem unmässigen Trinken nicht beobachtet
zu werden. Ich sass bald am schneeweiss gedeckten Tisch, labte mich
wieder am edlen Gerstensaft und durchblätterte die seit drei Wochen
vermissten Zeitungen.

11. Capitel.

Durch die Hercegovina nach Cetinje.

Trotz zahlreicher europäischer Gebäude hat das moscheenreiche
Foća seinen echt orientalischen Charakter treu bewahrt und ist in jeder
Beziehung interessanter als Gacko, das es auch an Einwohnerzahl
bedeutend übertrifft. Zwar ist dieselbe von den 10.000 Seelen, welche
die flüchtige Schätzung annahm, nach der Volkszählung von 1885 auf
etwa 4500 zusammengeschmolzen, aber noch immer besitzt Foća 3500
bis 4000 Köpfe mehr als Gacko. Beide Städte sind von einer gewissen
Wichtigkeit. Dieses liegt in einem weiten Polje, das die natürliche
Fortsetzung der Duga-Pässe bildet; es ist von der Grenze nur 16 Kilometer entfernt, und es wimmelt dort jederzeit von Montenegrinern.
Jenes wird von den Crnogorcen sehr wenig besucht, weil es von
der Grenze 25 Kilometer abgelegen ist und weil die hindernden Cañons
den Zugang erschweren: dafür hat es als äusserster Vorposten gegen
Serbien, Montenegro und die Türkei einen hervorragenden strategischen
Werth.

Das Häusergewirr von Foća zieht sich als langer, schmaler Streifen
zwischen der Drina und der hier einmündenden Čehotina hin und wird
von wohlgeformten Bergen umschlossen. Mehrere von den österreichischen Pionnieren geschlagene Holzbrücken, zu denen sich
einige aus Stein und Eisen errichtete Brücken gesellen, überspannen
die breiten Gebirgsströme. und eine vorzügliche Fahrstrasse stellt die
Verbindung mit der Landeshauptstadt Sarajevo her. Nach der Occupation

veränderte sich Foča einigermassen, aber jedenfalls nicht zum Schlechteren. Eine Menge von Kasernen und Magazinen wurde errichtet, und eine grosse Vertheidigungskaserne befindet sich im Bau. Auch die Besatzung ist ziemlich stark, weil Foča ein berüchtigtes Räubernest war und weil die Nähe des türkischen Gebietes ein wachsames Auge seitens der österreichischen Verwaltungsbehörden erheischt. Neue Kirchen sind längst vollendet, das Hôtel ist bequem eingerichtet, und eben so wenig vermissen wir ein Post- und Telegraphenamt. das wie das ganze Verkehrswesen Neu-Oesterreichs unter militärischer Verwaltung steht.

Welch' eigenartige Stadt ist Foča! Regellos zerstreut zwischen kleinen Gärten sind die luftigen, einstöckigen Häuser, die einander gleichen wie ein Ei dem andern. Das flachgeneigte Dach aus gewellten Ziegeln springt über einen Altan und über den breiten Flureingang vor. Altan und Eingang nehmen die Mitte der weissgetünchten Wand ein und theilen jedes Haus in zwei Hälften: eine Bauart, die man an den meisten türkischen Gebäuden beobachten kann. Schade nur, dass die Wohnstätten nach der Strasse zu von einer Mauer versperrt und von engen, vergitterten Fenstern verunziert werden. Das Untergeschoss nehmen nicht selten offene Läden ein, die Abends durch eine aus Brettern zusammengefügte Klappe geschlossen werden. Die schlanken Minarets und die gewölbten Kuppeln von 18 Moscheen überragen die Dächer und Baumwipfel: niedere Mauern oder türkische Friedhöfe mit seltsamen Grabdenkmälern umgeben die Plätze vor den theils schmucklosen, theils mit ausgesuchter Pracht ausgestatteten Bethäusern, und zur bestimmten Stunde ruft der Muezzin mit langgedehnter Stimme die Zeit aus oder mahnt die Gläubigen zum Gebet. Denn Stadt und Bezirk Foča gehören zu den wenigen Gegenden Bosniens, in denen die Bekenner des Islam überwiegen, und die Stadtbewohner bestehen zu Dreiviertel aus muhamedanischen Serben.

Ein reges Leben und Treiben herrscht in den schmalen, kreuz und quer verlaufenden Gassen, die sich nicht allzuoft zu einem kleinen Platze erweitern; und ich bedauerte es lebhaft, dass ich zu spät kam, um einer sonderbaren Procession beizuwohnen. Kurz vorher hatten nämlich die Türken mit entsprechender Feierlichkeit 70.000 Steine in die Drina geworfen, um dadurch den mangelnden Regen herbei zu zaubern. Wie in Podgorica, so war auch hier die Tracht eine bunte und mannigfaltige. Besonders fielen die verschiedenen Farben und Formen des Fez auf, und in Foča trugen die Türken den Kopf ebenfalls bis auf einen kurzen Haarbüschel glatt geschoren. Die meiste Anziehungskraft übten natürlich die Türkinnen aus. die sich beim

Herannahen eines Mannes rasch in ihren undurchdringlichen Schleier hüllten und mit sichtlicher Neugierde dem Fremden nachblickten, der in Foča noch immer eine seltene Erscheinung ist.

Die Emsigkeit, mit welcher die Handwerker vor Aller Augen ihren Geschäften nachgingen, erhöhte den Reiz des Strassenbildes ungemein, und ein Blick auf die ausgelegten Waaren überzeugte einen, dass die Metropole Südost-Bosniens an industrieller Regsamkeit nur hinter Sarajevo und Banjaluka zurücksteht. Sind doch die Fočaner Schmiede wegen ihrer geschmackvollen Waffenbeschläge und wegen ihrer Säbel- und Handžarklingen berühmt. Die einheimischen Schuhe sind weit verbreitet, und die zierlichen Lederarbeiten geniessen einen wohlverdienten Ruf. Die wohlschmeckenden Weizenbrote Fočas sucht man im Umkreise und in Montenegro vergebens, und überall bieten Obstverkäufer ihre Früchte zu erstaunlich billigen Preisen feil. An Fleischern, Reis-, Tabaks- und Kaffeehändlern ist kein Mangel, und Einkehrhäuser, Schenken und Militär-Cantinen sind nicht minder zahlreich.

Ich bemass meinen Aufenthalt auf drei Tage und wollte dann nach Crkvice zurückkehren, um kürzesten Weges zum Durmitor aufzubrechen. Doch es sollte anders kommen. Auch in Foča war es für meinen Diener das erste gewesen, sich jeden Tag gründlich zu betrinken und seine Pflichten zu vernachlässigen. Ich will die unerquicklichen Scenen nicht näher erörtern: kurz, als ich erfuhr, dass der charakterlose Mensch zur Befriedigung des Schnapsteufels seinen von der montenegrinischen Regierung ausgestellten Pass versetzt und Schulden gemacht hatte, die ich nachher bezahlen musste, und als er mir obendrein den Gehorsam verweigerte, da jagte ich ihn mit Schimpf und Schande fort. Wohl umklammerte er bittflehend meine Kniee und rief verzweiflungsvoll aus, er würde sich erschiessen, sobald er jenseits der Grenze sei. Als ich jedoch einen Monat später in Kolašin eintraf, hörte ich, dass er soeben das Städtchen verlassen habe. Waren seine selbstmörderischen Absichten also leere Worte gewesen, so schien er sich wenigstens vor seinen Landsleuten zu schämen. Er erzählte ihnen, ich sei durch ein Telegramm nach Hause gerufen worden, und deshalb erklärte sich sein überraschend schnelles Verschwinden aus Kolašin, weil meine unvermuthete Ankunft seine Aussagen Lügen strafte. Jetzt war guter Rath theuer, aber die österreichische Gastfreundschaft bewährte sich wieder aufs glänzendste, und dank der Fürsorge des Bezirksamtes erhielt ich schon nach wenigen Stunden einen erfahrenen, nüchternen Mann. Er war ein Türke namens Bajro Hadžimušić, der zwar nur seine Muttersprache. das Serbische, verstand; indessen hatte ich mir dieselbe im Laufe der Zeit soweit angeeignet, dass wir uns gegenseitig verständigen konnten. Die Abreise wurde auf den nächsten Tag, den 25. Juli, verschoben. Sie führte durch österreichisches Gebiet; und wenn mich auch dieser unfreiwillige Umweg etwas verstimmte, so war ich doch froh, dass ich meines zweifelhaften Begleiters Arso Popović für immer ledig war. —

Da die obere Drina nicht überbrückt ist, so gingen wir am rechten Ufer ein gutes Stück aufwärts und setzten auf einer Fähre

Foča.

zwischen Foča und Bastaći über. Noch lange wanderten wir längs der steilen, höhlenreichen Conglomeratbänke hin, bis wir in das liebliche Thal der Sućeska einlenkten, die 5 Kilometer von der montenegrinischen Grenze entfernt ihre klaren Fluthen mit denen der Drina vermischt. Wald, Wiesen und Aecker bedeckten in harmonischem Wechsel die quellenreichen Schiefer, die befiederten Sänger erfüllten mit tausendstimmigem Schmettern die Lüfte, Dörfer und Kasernen schauten aus dem Gebüsch, bis sich das Thal verengte und einen romantischen Charakter annahm. Doch der Himmel machte ein finsteres Gesicht. Schon am

Morgen herrschte eine drückende Schwüle, die durch ein unbedeutendes
Gewitter eher vermehrt ward, und jetzt, am Spätnachmittag, rauschte
ein strömender Gewitterregen hernieder. Völlig durchnässt suchten wir
unter einem Schuppen Zuflucht, aber durch die Lücken des Daches
ergoss sich das Wasser ungehindert, und erst nach einer Stunde war
das Unwetter vorüber. In den Vertiefungen des rauhen Pfades hatten
sich grosse Pfützen angesammelt, und die Feuchtigkeit durchweichte
die dünnen Opanken so rasch, dass sie nicht den geringsten Widerstand
mehr boten. Glücklicherweise war unser Ziel, die Gendarmerie-Kaserne
Suha (690 Meter), nicht mehr weit und öffnete uns sofort ihre gastlichen Thore.

Schon seit einer guten Weile gingen wir in einem wilden Cañon,
aus dem uns ein kalter Wind entgegenwehte. Zerrissene Kalke hatten
die sanften Schiefergehänge verdrängt, und senkrechte Wände
traten zu einer schaurigen Schlucht zusammen, die bei 1500 Meter Tiefe
kaum 15 Meter Breite besass. Buntes Buchendickicht bekleidete die
unteren, dunkler Nadelwald die oberen Theile, die sich in phantastische
Nadeln, Thürme und Pyramiden auflösten. Graue Nebel erfüllten den
gähnenden Spalt, und am Grunde stürzte die eingeengte Sučeska tosend
über das Geröll. So setzte sich die grossartige Klamm am nächsten
Morgen bis zum Blockhause Grab fort, das an der Grenze zwischen
Bosnien und der Hercegovina liegt und die Stelle bezeichnet, wo sich
die schier uhersteiglichen Felsmauern im Volujak und in der Tovarnica
die Hand zu reichen scheinen. Auf ihren Vorsprüngen stehen noch
die Mauerreste zweier Burgen, die im 15. Jahrhundert das Thal sperrten
und ihm den Namen Vrata (die Thore) gaben. So wenig Raum
blieb für den schmalen Pfad, dass er auf roh zusammengefügten Holz-
stegen beständig hinüber und herüber führte und nicht selten in den
überhängenden Felsen gesprengt war. Obwohl er das Schlussglied der
wichtigen Handelsstrasse von Ragusa nach Foča und Alt-Serbien bildete,
thaten die Türken wenig für seine Erhaltung und Sicherheit; erst die
Oesterreicher verbesserten ihn und säuberten das verrufene Thal
von dem räuberischen Gesindel. Ein steiler Aufstieg brachte uns in
dichtem Wald auf den Čemerno-Sattel, und dann zogen wir auf dem
früher begangenen Wege nach Gacko.

Dort fand ich die alten Freunde wieder und unter ihnen Herrn
Oberlieutenant Bednař, der mich alsbald auf seinen neuen Posten, das
13 Kilometer von Gacko entfernte Fojnica an der Strasse nach Neve-
sinje, mitnahm. Zum zweiten Male sollte ich meine Reitkunst auf die
Probe stellen, denn Herr Bednař nahm die Büchse über die Schulter,

gab mir ebenfalls ein doppelläufiges Gewehr, und hurtig sprangen wir
auf die bereit gehaltenen Pferde. um die trostlose Umgebung von Fojnica zu durchstreifen. Trotz des zweifelhaften Pfades trugen uns die
vorsichtigen Thiere sicher an schroffen Abgründen vorbei. Hinter dem
elenden Weiler Jugović hielten wir in der tiefen Rinne eines Karstbaches,
der zu einem Mühlenteiche aufgestaut war; nicht allzu oft zierte ein
hochstämmiger Baum die zahllosen Dolinen, die durch ihre dichte Zu-
sammendrängung das bekannte blattersteppige Aussehen hervorriefen.
Gegen Abend kehrten wir in einem Gendarmerie-Posten ein, da es zu
spät war, um nach Fojnica zurückzureiten. Ich hatte schon auf dem Wege
geahnt, dass mir der liebenswürdige Oberlieutenant eine Ueberraschung
bereiten wollte. und diese bestand, wie er mir jetzt offenbarte, in nichts gerin-
gerem als in der Abhaltung einer Bärenjagd. Die Eingeborenen hatten ihm
mitgetheilt, dass Meister Petz in der Nachbarschaft des Dörfchens Borać
wiederholt Schaden angerichtet hatte, und so wurde die Jagdgesellschaft
zusammengerufen. Sie bestand ausser uns beiden aus sechs Gendarmen
und zwanzig bosnischen Treibern; ich erhielt einen achtschüssigen Kara-
biner, wie ihn die Gendarmen führten, und um $1/_23$ Uhr morgens.
noch leuchteten die Sterne am nächtlichen Himmel, machten wir uns
auf. Was uns der 28. Juli bringen mochte. darüber war ich sehr
gespannt.

Das Blockhaus hat eine wunderbare Lage. Zwar dehnt sich der
öde Karst bis zum Horizonte aus. aber vor uns läuft eine tiefe Schlucht
hin, die dichter Laub- und Nadelwald abwechselnd mit Häusern, Wiesen
und kleinen Feldern bedeckt, während ein silberner Wasserstreifen die
saftigen Matten durchschneidet. Das ist der grösste Strom der Hercegovina, die Narenta oder Neretva, die in jenen Gegenden entspringt
und der todten Natur Leben und Abwechslung verleiht.

Beim ersten Morgengrauen waren wir am Flusse. und nachdem
die Eingeborenen sich mit der sprichwörtlichen Saumseligkeit der
Orientalen eingefunden hatten, drangen wir in das Dickicht ein. Ein
alter Türke wies den Jägern die Plätze auf der Höhe an; die Uebrigen
eilten an die Narenta, um das Wild von der Tränke zu verscheuchen
und es uns zuzutreiben. Lautes Schreien, Pfeifen und Klopfen hallte
durchdringend durch die Morgenstille, und aufmerksam lauschten wir
auf jedes Knacken der Zweige, auf jedes Geräusch, das der Wind in
den Baumkronen verursachte, doch kein Thier kam uns zu Gesicht.
Daher überschritten wir den Fluss auf quer durch sein Bett gelegten
Steinen, um im Urwalde des rechten Ufers unser Waidmannsheil zu
versuchen. Aber obwohl wir bis zum Nachmittage noch fünf grosse

Treiben machten und obwohl ich mich im Geiste mehrmals dem grimmen
Bären gegenüber wähnte, so durchbrach nirgends ein edles Wild unsere
Kette, und mit leeren Händen mussten wir das Thal verlassen. Der
alte Türke erfreute uns beim Abschiede mit einer Menge Forellen
und benutzte die Gelegenheit, den Gospodin Doktor, den er gleich
seinen Landsleuten für einen Arzt hielt, über eine Krankheit zu befragen.

Um wenigstens etwas nach Fojnica zu bringen, stiegen wir unterwegs vom Pferde und pürschten das an Hasen und Hühnern reiche
Gelände ab. Darüber wurde es Abend, und wir mussten an die Heim-
kehr denken. Mein Pferd, welches ich jetzt so gern vorwärts gehabt
hätte, war nicht zu einem gelinden Trabe zu bewegen, und da meine
Begleiter — der Officier und zwei Gendarmen — ein gutes Stück voraus
waren, so überliess ich mich ganz meinem Gaule, bis ich plötzlich bemerkte, dass er mich wo anders hin, nur nicht nach der Festung trug.
Das war eine höchst unangenehme Situation, und in der Voraussetzung,
dass das Thier seinen alten Stall aufsuchen werde, stieg ich ab und
liess es vorangehen. Und richtig, es führte mich zu seinem Eigenthümer
in ein kleines Dorf, aus welchem mich ein Bauer zu dem eine halbe
Stunde entfernten Fojnica geleitete, wo man wegen meines Ausbleibens
schon besorgt war.

Nach einem Rasttage schied ich von der Festung und durchwanderte auf drei Tagemärschen die Hercegovina. Sie ist ein eintöniges
Karstland, das des üppigen Pflanzenwuchses ebenso wie der Quellen
entbehrt. Die meisten Wasserläufe — und zu ihnen gehört die früher
erwähnte Trebinjćica — verlieren sich ganz oder theilweise im Erdinnern, und allein die Narenta fliesst bis zur Adria in einem offenen
Bett. Wohl zaubert die Kraft der südlichen Sonne in dem Steinmeere
Oelbäume, Tabaksfelder und Weingärten hervor, aber in welchem Verhältnis steht die Fläche des bebauten oder anbaufähigen Bodens zu
der des nackten, vegetationslosen Felsens? Da die Niederschläge in
dem klüftigen Kalke schnell versickern, so ist der Humus am Grunde
der Dolinen nur in beschränktem Masse ausnutzbar, und andererseits
entzieht das Uebermass der Bewässerung weite Strecken dem Ackerbau, weil die Winterregen zu langsam abfliessen können und den Boden
versumpfen. Tagtäglich wiederholte sich dasselbe Bild; denn kaum hatten
wir das magere Gacko Polje hinter uns, so traten wir in die endlose Steinwüste ein.

Zwei Handelsstrassen erschliessen die österreichische und montenegrinische Hercegovina. Die eine, die wir bereits kennen lernten,

führt von Risano über Grahovo, Nikšić und die Landschaft Drobnjak
nach Plevlje, die andere läuft von Ragusa über Trebinje, Bilek und
Gacko nach Foča, um abermals in Plevlje zu enden und Alt-Serbien
mit dem Meere zu verbinden. Während die erstere Strasse von fragwürdiger Beschaffenheit ist, stellt die zweite eine wirkliche Kunststrasse
dar, die demnächst von Gacko bis Foča ausgebaut werden soll. Schon
im Mittelalter herrschte auf den nach Bosnien eindringenden Verkehrs-
adern ein reges Leben, und ihnen verdankt die dalmatinische Küste
noch heute ihre wirthschaftliche Bedeutung, da sie ganz und gar vom
Hinterlande abhängt. Deshalb hatten die Strassen und Eisenbahnen,
welche man parallel der Küste anlegte, wenig Wert, weil das Dampfschiff den Fernverkehr schneller und billiger besorgte und weil die einheimischen Erzeugnisse nicht darnach angethan waren, zur Förderung
von Handel und Wandel wesentlich beizutragen. Kein Wunder, dass
die Eisenbahnlinie Sebenico-Spalato-Knin in wirthschaftlicher Beziehung
keine Rolle spielte, so lange Bosnien unter türkischer Herrschaft stand
und der gegenseitige Handel fast Null war. Welch' einen Aufschwung
nimmt dagegen der Schienenstrang Brod-Sarajevo-Mostar-Metković, der
sammt seinen Nebenbahnen Neu-Oesterreich mitten durchschneidet und
im Anschluss an die kroatischen Bahnen eine der wichtigsten Durch-
gangslinien zur Adria ist! Ja viel hat die österreichische Verwaltung
für die Hebung des Landes gethan. Ueberall gewinnen die Städte ein
europäisches Aussehen, die Sicherheit des Eigenthums und Lebens hebt
Handel und Industrie, die Flüsse werden regulirt, die reichen Boden-
schätze ausgebeutet, der Ackerbau wird durch die Entwässerungsarbeiten
verbessert, die Viehzucht durch landwirthschaftliche Musteranstalten gehoben, Post- und Telegraphenanstalten gibt es in reichlicher Zahl, und
das Eisenbahnnetz ist längst über die ersten Ansätze hinausgeschritten.
Das Militär und die trefflich organisirte Gendarmerie sorgen für die
öffentliche Ordnung in einer solchen Weise, dass man allein und ohne
Waffen die wilden Gebirge durchstreifen kann. Wehe dem, der das zur
Türkenzeit gewagt hätte! Und wer hat das alles gethan? Der Soldat.
Er, der sonst bloss zum Zerstören bestimmt ist, hat mit dem Schwerte
in der Hand zugleich die Cultur gebracht, und die Hilfsmittel, die erst
zur Unterwerfung der aufständischen Bewohner dienten, verwandte er
später zur segensreichen Förderung des Landes. Und dadurch hat er
nicht allein dem Reisenden, der aus dem türkischen Gebiet nach Neu-
Oesterreich kommt, sondern der gesammten Civilisation einen unschätz-
baren Dienst erwiesen.

Als wir in die flache Mulde Korito (927 Meter) hinabstiegen, war die montenegrinische Grenze etwa 5 Kilometer entfernt und hielt sich bis Trebinje in diesem Abstande von der Strasse. Nach einem Trunke aus einer sorgfältig ausgemauerten Cisterne durcheilten wir das Dolinenlabyrinth, und sein kümmerlicher Baumwuchs war ein beredtes Zeugniss für die Waldverwüstung, deren sich Menschen und Thiere, vor allem die gefrässigen Ziegen, im Karste schuldig gemacht haben. Trotz unseres rüstigen Ausschreitens brach die Nacht herein, und wir erreichten erst spät abends die Kaserne von Plana (635 Meter). In dem Fremdenzimmer, das die meisten dieser Wachthäuser besitzen, fand ich nach den Anstrengungen des Tages ein weiches Bett, und neu gekräftigt gingen wir am andern Morgen Trebinje entgegen.

Die malerische Kaserne ist auf einem Höhenrücken erbaut, und in dem weiten Troge an seinem Fusse gruppieren sich die ärmlichen Bauernhäuser von Plana um eine schmucklose Moschee. Als die Strasse einen grossen Bogen beschrieb, den wir auf einer breiten türkischen Strasse abschnitten, kam einige Abwechslung in das monotone Bild. Vor uns entrollte sich das Kesselthal von Bilek, und drohende Forts krönten seinen hohen, steilwandigen Bergkranz. Die Stadt selbst (476 Meter) ist uninteressant und hat höchstens als viel umstrittener Waffenplatz eine gewisse Berühmtheit. Das unansehnliche Türkenviertel wurde im letzten Kriege und während der Occupation fast völlig zerstört, aus den Trümmern aber erhoben sich die europäischen Gebäude von Neu-Bilek, das unter anderm auch zwei Hôtels besitzt. Eine Kaserne, die man eher eine kleine Festung nennen möchte, diente der starken Garnison zum Aufenthalte.

Um Mittag verliessen wir Bilek im glühendsten Sonnenbrande und standen nach einer halben Stunde an einer tiefen Schlucht, deren Sohle ein klarer, breiter Wasserstreifen ausfüllte. Es war die Trebinjčica, die als ergiebiger Strom aus den finsteren Eingeweiden der Erde sprudelte und sogleich ein Pumpwerk in Bewegung setzte, das die 120 Meter höhere Stadt mit Wasser versorgt. Rasch schiesst sie am Kloster Kosijerevo vorüber, bewässert in vielfach verschlungenen Windungen die Niederung von Trebinje und verschwindet urplötzlich, wie sie gekommen, um bei Ragusa als Ombla oberirdisch zur Adria abzufliessen. Allmählich wurde die Landschaft freundlicher, unter das lichte Eichengebüsch mengten sich einzelne hochstämmige Bäume, und der Blick schweifte hinüber zu den Banjani, deren öde Kalkschichten ein fahler Grasmantel überzog. Zwei alte Bekannte, die Stražište und der Planik, hoben sich vom klaren Himmel ab, und als die vorspringenden Bergcoulissen ihre kahlen Spitzen verdeckten, entrollte sich das weite Polje von Trebinje.

Trebinje (213 Meter) ist eine originelle Stadt, weil sich in ihr die Cultur des Abendlandes mit der des Orients vermischt und weil die Spuren des Jahrhunderte langen Handels mit Ragusa noch immer bemerkbar sind. Hörnes schildert den etwa 2000 Seelen zählenden Ort als ein schauerliches Nest, und das mag er gewesen sein, als das Haus Habsburg die verwahrloste türkische Erbschaft antrat. Obgleich ich nur kurze Zeit in der Stadt verweilte und einen beschränkten Theil derselben kennen lernte, so muss ich doch sagen, dass ich von dem, was ich sah, nicht unangenehm berührt war. Trebinje erstreckt sich im nordöstlichen Winkel der Ebene zwischen dem Flusse und der Felswand. Eine breite Strasse, umrahmt von türkischen Häusern, löst sich einerseits in ein regelloses, von Moscheen überragtes Gewirr auf, andererseits mündet sie in eine mit Bäumen bepflanzte Allee, die von ebensolchen Strassen durchschnitten und von italienischen Gebäuden geziert wird. Auf einem flachen Hügel erhebt sich der plumpe Uhrthurm; wo die Berge hart an den Fluss treten, tragen sie das Castell, und von jedem dominierenden Punkte der Umfassungsketten lugt ein Fort ins Land hinein. Das Kesselthal ist als tiefstes Glied der staffelförmig abfallenden Beckenreihe Gacko-Korito-Plana-Bilek-Trebinje bemerkenswerth, die, nach den bald ober-, bald unterirdisch abfliessenden Schlundgewässern zu urtheilen, auch einen hydrographischen Zusammenhang besitzt.

Der 1. August sollte uns wieder an das blaue Meer bringen, und die Strasse wandte sich nach Südwest, um den bedeutendsten Küstenplatz Dalmatiens, Ragusa, zu gewinnen. Noch lange waren die rothen Dächer von Trebinje sichtbar, als wir einen Karstbach überschritten, der das Wasser des bekannten Popovo Polje (Popenfeld) zur Trebinjćica leitet, und am Rande der langsam ansteigenden, wild verkarsteten Ebene emporklommen. Die uns begegnenden Eingebornen hatten stets ein Wort des Grusses; mit meinem Türken tauschten sie besonders viele Complimente aus, und ich will an dieser Stelle der merkwürdigen Begrüssungsformen kurz gedenken. Zwar werden sie in Gegenwart eines Fremden glücklicherweise nicht zu ausführlich befolgt; wenn aber zwei Bekannte zusammentreffen, die gerade Zeit haben — und Zeit hat man im Orient ja immer — so beginnt ungefähr folgendes Zwiegespräch:

»Pomaga ti Bog (Gott behüte dich)!« sagt der erste, »Dobra ti sreća (Ich wünsche dir viel Glück)!« der zweite.

Kako ste, brate (Wie gehts, Bruder)?« fragt der erste wieder.

Dobro, hvala Bogu! Kako ti (Ich danke Gott, gut; und wie gehts Dir?« erwidert der andere.

Dobro, hvala Bogu!« entgegnet jener und fährt fort Este li zdravi
(Bist du gesund)?«

»»Jesam Bogami, hvala Bogu (Ja, ich bin, Gott sei Dank, gesund)!«
ist meist die Antwort.

»Bogu hvala (Ich danke Gott)!« wiederholt der erste erleichtert
und forscht weiter: »Wie geht es deinem Vater? deiner Mutter? deinen
Kindern? deinem Bruder? deiner Schwester? deiner Grossmutter?«

Immer folgt ein salbungsvolles »»Dobro, hvala Bogu!««

Nachdem sich nun der erste vergewissert hat, dass es den Familien-
gliedern gut geht, will er sich auch überzeugen, was der Hausstand
macht. »Wie geht es deinen Pferden? deinen Kühen? deinen Schweinen?
deinen Ziegen? deinen Bienen?« Und damit er in übergrossem Anstande
ja nichts vergisst, fragt er zum Schlusse: »I kako još (Und wie gehts
dir noch)?«

»»Dobro, hvala Bogu!«« ist die unvermeidliche Antwort, und dann
wiederholt sich oft das gleiche Frage- und Antwortspiel.—

Aus den Kalken hob sich ein niedriger Rücken ab, der senkrecht
zur Strasse verlief, und als wir ihn überwunden hatten, leuchtete in
überwältigender Pracht das Meer herauf. Fest gebannt blieben wir stehen,
und meinem Begleiter, der die unendliche See noch nie gesehen, entrang sich ein Ausruf der Bewunderung. Wir hatten das Dinarische Ge-
birgsplateau durchwandert, das im Küstengebirge jäh zur Adria abstürzt, ·
und zum letzten Male verlangte ein Gendarm meinen Pass, ob er auch
vorschriftsmässig beglaubigt war. Zum Zwecke einer genauen Ueber-
wachung hat die Landesregierung angeordnet, dass jeder Pass mit
einem Visum der österreichischen Botschaften oder Consulate versehen sein muss, und beim Besuche einer grösseren Stadt ist genau
die Dauer des Aufenthaltes und die Richtung der Weiterreise anzugeben.
Zwar ist dieses Verfahren etwas umständlich und lästig, aber es ent-
schädigt reichlich durch die angenehmen Bekanntschaften, die man bei
dieser Gelegenheit mit den stets zuvorkommenden Behörden macht.
Jetzt standen wir an der Grenze zwischen Dalmatien und der Hercegovina,
an einer Stelle also, die vor 15 Jahren die österreichische Küste und
das türkische Hinterland von einander schied. Man kann die bitteren
Gefühle jener Völker begreifen, die einen Büchsenschuss entfernt vom
Meere wohnen und durch eine streng beaufsichtigte politische Grenze
seiner Segnungen verlustig gehen. Zwar besass die Türkei am Hafen von
Klek-Neum und in der Sutorina bei Castel Nuovo zwei schmale Küstenstreifen. Aber sie wurden von österreichischem Gebiete umgeben, Oester-

reich beherrschte die Einfahrt durch die langgestreckte Halbinsel Sabbion-
cello und die Punta d'Ostro, und so hing von Oesterreichs Willen und
Erlaubniss die Benutzung beider Häfen ab.

Wir durchschritten eine gut bebaute Mulde, die zwischen den
Hauptkamm des Küstengebirges und eine vorgelagerte Parallelkette eingesenkt war, und kamen immer mehr aus dem Reiche der Armuth
und Oede in glücklichere Gefilde. Schlanke Pinien und ernste Cypressen,
Lorbeergebüsche und Granaten, Feigen und mannshohe Aloës, der andern Kinder Floras nicht zu gedenken, wechselten mit Aeckern, Dörfern
oder finsteren Festungen ab, und bald grüsste das ehrwürdige Ragusa herauf.
Ein enger, von Schiffen erfüllter Hafen wurde von einer waldigen Insel,
dem lieblichen Lacroma, einigermassen geschützt; aber viel wichtiger
ist die Bai von Gravosa, die den grössten Fahrzeugen Einlass und
Sicherheit gewährt. Da hier das Gewirr der Inselklippen endet, welches
die Schifffahrt nicht unwesentlich beeinträchtigt und über eine locale
Bedeutung nicht hinauskommen lässt, so war Ragusa zu einem Mittelpunkt des Fernverkehrs wie geschaffen und das um so mehr, als die
Felsküste bis zu den Bocche keinen guten Landungsplatz mehr aufweist.
Seit Jahrzehnten ist allerdings die Blütezeit dieses dalmatinischen
Emporiums vorüber, und treffend hat man es im Gegensatze zu Zara,
der Stadt der Gegenwart, und Spalato, der Stadt der Zukunft, die Stadt
der Vergangenheit genannt. Doch warum sollen wir den vielen Be-
schreibungen von Ragusa noch eine neue hinzufügen?

Am nächsten Tage brachte uns der von Fiume kommende Eildampfer nach Cattaro, und auf der Fahrt lernte ich eine Anzahl junger
Montenegriner kennen, die aus der Kriegsschule von Caserta in ihre
rauhe Heimat zurückkehrten. Wir tauschten gegenseitig unsere Erlebnisse
aus, und mit Freuden stimmte ich ihnen bei, noch während der Nacht
gemeinsam nach Cetinje zu fahren. Um 10 Uhr Abends verliess unsere
kleine Gesellschaft Cattaro, und um 5 Uhr rollten die beiden Kutschen
durch die stillen Strassen der Landeshauptstadt. Mit neuen Hoffnungen
und Erwartungen betrat ich die Schwarzen Berge, konnte ich doch
nun meine so jäh unterbrochenen Pläne wieder aufnehmen und in die
östliche Crnagora eindringen!

12. Capitel.

Nach Kolašin.

Ungern trennte ich mich von meinem wackeren Bajro, da das Reisen mit einem Türken in Montenegro seine Schwierigkeiten hat. Ein neuer Begleiter, ein sehr sympathischer Jüngling namens Marko Boško Pravilović Bjelica, war rasch gefunden, und am 6. August brach ich zum zweiten Male nach Cetinje auf. Bis Šindjon benutzten wir die neue Strasse und kamen im Fluge an die Rijeka. Ihr Spiegel hatte sich beträchtlich erniedrigt, und in zahllosen Windungen durchschnitt der Fluss das dichte Gewirr der Sumpfpflanzen. Dann wandten wir uns nach links, wo ein knapper Pfad auf den zerklüfteten Kalken sichtbar wurde (186 Meter), und bei $+$ 30° C. Mittagshitze erklommen wir schweisstriefend das Plateau. Da war nichts als Stein gethürmt auf Stein, den lichter Karstwald überwucherte. Wo jedoch von der harten Natur ein Fleckchen Erde aufgespeichert war, das hatten fleissige Hände mit bewundernswerther Zähigkeit dem Ackerbau dienstbar gemacht. Im Schatten eines alten Baumes schlürften wir begierig das erfrischende Nass einer Quelle und setzten nicht ohne ein gewisses Unbehagen die mühselige Wanderung fort. Hinter den Dörfern Meterizi und Carevlaz öffnete sich eine ausgedehnte, nach Kräften bebaute Mulde; die nackte Velja Gora, die wie viele Berge der Crnagora ein Gotteshaus trägt, schloss sie ab, und vorbei an der Dorfkirche (361 Meter) durchzogen wir das Becken (254 Meter) mit seinen Cisternen und ärmlichen Hütten.

Von der Höhe aus genossen wir eine wunderbare Fernsicht auf die grüne Ebene von Podgorica, den blauen Scutari-See und die Albanesischen Alpen. Welche Gefühle mögen die Brust der Montenegriner durchtobt haben, die überall von ihren wüsten Bergen auf jene gesegneten Gegenden herabblicken konnten. Oft fehlte es ihnen am Nothwendigsten, und dort unten lag der fruchtbarste Boden brach, dort gab es Nahrung in Fülle. Wer solche Gegensätze gesehen, der muss die Raubzüge der Crnogorcen, die Četas, ganz anders beurtheilen als Diejenigen, welche sie in Unkenntnis der Verhältnisse für unehrenhafte Raubritterstreiche halten. Selbst heute, wo dank den neuen Erwer-

bungen die Zustände sich wesentlich gebessert haben, müssen alljährlich viele auswandern, um dem Mangel zu entgehen. Allerdings nahmen
die Plünderungszüge mit der Zeit einen rohen, grausamen Charakter
an, weil die Türken Gleiches mit Gleichem vergalten und weil der
religiöse Hass hinzukam; aber Fürst Danilo unterdrückte mit aller Energie
diesen barbarischen Brauch, der seine Landeskinder in den Augen
Europas zu Räubern und Hammeldieben stempelte.

Die Strasse, obwohl noch heute als kürzeste Verbindung zwischen
Cetinje und Danilovgrad wichtig und stellenweise auf einem steinernen
Unterbau ruhend, liess mancherlei zu wünschen übrig. So passirten wir die
zerstreuten Ortschaften Parci (505 Meter) und Gradac (503 Meter) und
gelangten um $^1/_27$ Uhr ziemlich ermüdet in das langgestreckte Kesselthal Buronje (434 Meter), von dessen abstossender Umgebung sich die
wogenden Mais- und Roggenfelder wohlthuend abhoben. Ein Eingeborener nahm uns bei sich auf; Kulaš musste mit ausgedroschenem
Stroh als Futter vorlieb nehmen, und wir erhielten Maisbrot und mit
Wasser verdünnte Milch. Ein mächtiger Waldbrand in den albanesischen Bergen fesselte noch lange unsere Aufmerksamkeit; und da die
Luft so lau war, dass auch während der Nacht das Thermometer nicht
unter $+ 20^0$ C. fiel, so legten wir uns auf der steinernen Tenne ohne
jegliche Decke zum Schlummer nieder.

Um $^1/_27$ Uhr schieden wir von den armen Leuten und verloren
uns wieder in den sonnendurchglühten Einöden. Die wild verkarsteten
Kuppen waren fast kahl, aber an den unteren Hängen oder in den Dolinen bildeten Gestrüpp, Buschholz und kräftigere Bäume erträgliche
Bestände. Nach $1^1/_2$ Stunden standen wir vor der Kirche von Komani
(436 Meter) und tranken in einem verräucherten Han den landesüblichen schwarzen Kaffee, der uns in schmutzigen, halb zerbrochenen
Tassen gereicht ward. Welche Armuth herrschte auf jenen Höhen, die
nur wenige Stunden von der ergiebigen Zeta- und Morača-Niederung
entfernt sind! Auch an den Einwohnern war der Einfluss der rauhen
Natur nicht spurlos vorübergegangen. Dürftige Kleider bedeckten ihren
mageren Körper, in ihren eingefallenen Gesichtern spiegelte sich die
Noth wider, und aus der gedrückten Stimmung sprach die Sorge um
das tägliche Brot.

Wie alle Ortschaften in den südslavischen Landen nahm Komani
einen weiten Raum ein. Die Häuser waren bald hier, bald dort und möglichst in der Nähe der kleinen Aecker angelegt. Die Siedelungen gingen
aus den Mitgliedern einer Familie oder aus der Zusammenhäufung verwandter Familien hervor und tragen oft noch deren Namen, z. B.

8*

Petrović, Miljanić, Milošani, Lipovac, Njeguši. Wer das Bedürfniss nach
einem eigenen Heim fühlte, suchte sich einen ihm zusagenden Platz
aus. Mit der Zeit umfassten die Hütten ein so ausgedehntes Gebiet,
dass sie Viertel- oder halbe Stunden von einander abliegen und dann gewöhnlich den Namen der betreffenden Gemarkung, z. B. Velimje, Du-
bočke, Crnikuk, Lješevice, Mrkovići, Bratonožići führen. Daher wird
ein Ort, selbst wenn seine Einwohnerzahl noch so gering ist, als Stadt
bezeichnet, sobald sich seine Häuser zu einer Strasse zusammenschliessen,
und man spricht von stadtartigen Dörfern, wenn sie wie Grahovo,
Vilusi und Velimje die ersten Anfänge einer geschlossenen Bauweise
besitzen.

Jetzt fiel das Plateau zur anmuthigen Zeta-Ebene ab, und vor uns
thürmten sich die plumpen Gipfel des Garač auf. Rudisten, die bekanntesten Kreideversteinerungen, erfüllten den verwitterten Kalk, und
mit der Tiefe wurde der Buchenwald üppiger und hochstämmiger. An
den Hängen und am Grunde eines Thales waren die Hütten von Za-
garač vertheilt, und der geplagte Fuss fand weichen Humusboden.
Ein letzter Steilabstieg brachte uns an einen Nebenfluss der Zeta, die
Sušica, die sich mit schroffen Ufern in das Schwemmland eingewühlt
hatte und bis auf wenige Tümpel völlig wasserlos war. Wir überschritten
sie auf einer Steinbrücke (58 Meter), durchmassen auf bequemem Wege,
den indessen die Hitze und der bei jedem Tritte aufwirbelnde Staub
sehr beeinträchtigten, die fruchtbare, Kosovi Lug (Amselnhain) genannte Niederung und zogen um 2 Uhr in Danilovgrad ein.

Drohende Gewitter hatten sich in den letzten Tagen zusammen-
geballt, aber immer lösten sie sich auf, ohne das erquickende Nass gespendet zu haben, bis endlich während der Nacht ein wolkenbruch-
artiger Gewitterregen die verdurstenden Pflanzen tränkte. Leider hielt
die angenehme Kühle nicht lange an, und schon um 10 Uhr betrug
die Luftwärme wieder + 25° C. Bald war das alte Kloster Ždrebanik (68 Meter) am linken Zeta-Ufer erreicht, und zwischen Feldern, Wiesen und Hainen führte uns der Weg bis in die Nähe von
Spuž. Ein Saumpfad, den eine halb verfallene Kula sicherte, lief längs
eines trockenen Wasserrisses am unfreundlichen Randgebirge empor,
das genau so beschaffen war wie seine nördlichen Abdachungen
bei Jovanovići und Ostrog und von Rudisten wimmelte. Auf einer
grasigen Terrasse rasteten wir längere Zeit und betraten nach einem
kurzen Marsche das einsame Kloster Ćelija Piperska (448 Meter). Der
alte Geistliche arbeitete auf seinem Felde und eilte sofort herbei, als
ihm unsere Ankunft gemeldet ward. Was er uns bieten konnte, setzte

er uns vor. Eine Henne wurde geschlachtet, eine Menge steinharten Brotes, das die Bauern dem Monasterium zu schenken pflegten, wurde aufgeweicht, und der rothe Zeta-Wein mundete mir vortrefflich.

Noch war das Ende der langweiligen Karstwanderung nicht abzusehen, als wir am 9. August in den Gau der Piperi eindrangen, und bloss der stets wechselnde Blick auf Zeta- und Morača-Thal, auf den Scutari-See, die Rumija und den Lovćen entschädigte uns einigermassen für die trostlose Umgebung. Ein orkanartiger Sturm hatte die Nacht über gerast und die Atmosphäre gereinigt; die frische Morgenluft liess uns rüstig ausschreiten, und bald lagen die kleinen Ortschaften Crnci (438 Meter) und Stijena (479 Meter) hinter uns. Zwischen beiden Dörfern wurden die Rudistenkalke von scharfeckigen, mässig grossen Kalktrümmern überlagert. Ein Kalkcement hatte sie wieder verkittet; doch waren sie stellenweise aus ihrer Verkittung gelöst oder ganz beseitigt, so dass ihr Gefüge einem viellöcherigen Schwamme glich. Dass bei diesem Verwitterungsprocesse das Wasser eine wesentliche Rolle spielte, war aus den zahlreichen Kalkspath-Kryställchen zu schliessen, die als ein feiner Ueberzug die Wände der Hohlräume überkleideten.

Die schmale Terrasse, welche längs des Zeta-Thales beständig an der Gebirgsmauer hinzulaufen scheint, verbreitete sich zu der Hochebene von Petrovići, und plötzlich schossen dünne Lagen der hellbraunen, feinblätterigen Schiefer zwischen den Kalken hervor. Sie entsprechen in jeder Beziehung den cretaceischen Schiefern der Duga-Pässe und gehören wegen ihrer Einbettung zwischen Rudistenkalke unzweifelhaft zur Kreide. Ihre Ausdehnung und Mächtigkeit ist sehr gering, so dass der Kalk gleich wieder vorherrscht und den Stempel der entsetzlichsten Verkarstung trägt. Die Banjani sind nicht so abschreckend wie jene Stätte des Todes, wo kein Aeckerchen, kein grüner Wiesenfleck, kein sprudelnder Quell das Auge erfreut. Scharfe Rinnen verwandeln das unverhüllte Gestein in ein endloses Karrenfeld, und vorsichtig gleitet der Fluss über den glatten, braunen Strich, der in dem pfadlosen Gewirr von Zacken und Löchern den Weg andeutet. Das ganze Gebiet der mittleren Morača, dessen Erhebung zwischen 250 und 650 Meter schwankt, ist von Karrenfeldern erfüllt, die ihrer Entstehung nach in erster Linie auf die chemisch auflösende Kraft des Wassers zurückzuführen sind. Neuere Theorien, welche den Schmelzwassern einstiger Firn- und Gletscheranhäufungen eine hervorragende Rolle zutheilen, möchten für diese Gegenden ausgeschlossen sein, da selbst im montenegrinischen Hochgebirge eine ehemalige Vergletscherung nicht nachgewiesen ist und die Meereshöhe der langen Erhaltung des Schnees entgegensteht. Da jedoch tiefe Cañons das Plateau durchschneiden, so muss es vor Zeiten wasserreicher gewesen sein, weil die Erosions-wirkung der armseligen Rinnsale und der spärlichen Sommerregen, wie wir sie heute finden, jene geheimnisvollen Gebilde kaum schaffen konnte.

Wenige Dörfer belebten die Wüste, und ich bedauerte die armen Eingeborenen, die im Schweisse ihres Angesichtes dem undank-baren Boden einen kärglichen Ertrag an Tabak, Kartoffeln und anderen Feldfrüchten abzuringen suchten. Man sollte meinen, dass sie der müh-selige Kampf ums Dasein zu gleichgiltigen, mürrischen Menschen machte, aber unter der rauhen Brust schlug ein gutes Herz, und es wartete unser stets ein freundlicher Empfang. Als wir das weithin sichtbare Kirchlein von Zavala (354 Meter) verlassen hatten und in dem öden Karstthale von Mrki (205 Meter) abwärts wanderten, trat das Kettengebirge längs der Morača immer schärfer hervor, und der nackte Brotnik überragte den mit magerem Buschholz bestandenen Sockel. Da nördlich und südlich die Kalkmauern fast unmittelbar aufsteigen, so ist die Senke von Mrki als einziger bequemer Zugang vom Morača-Thal auf die Hochebene nicht unwichtig.

Wir betraten das Becken von Bijoče, das trotz seiner zahlreichen Häuser einen nichts weniger als anheimelnden Eindruck machte. Nach Passirung der auf steinernen Pfeilern ruhenden Morača-Brücke (95 Meter) folgten wir den Spuren Heinrich Barths, der vor 26 Jahren von Pod-gorica nach Bijelopolje reiste. Die von Podgorica nach Kolašin führende Telegraphenleitung begleitet den steinigen, stellenweise untermauerten Saumweg. Trockene Bachrisse zerfurchen die Gehänge, und den grössten derselben, die Mala Rijeka (Kleiner Fluss), überspannt eine Steinbrücke. Mächtige Geröllmassen sind in ihrem Bett abgelagert, das zur Zeit der Schneeschmelze einen zügellosen Strom beherbergt. Im Oberlaufe ver-siegt er nie, weil er seine Nahrung aus den quellenreichen Schiefern von Vasojević bezieht; aber im Unterlaufe verschwinden seine klaren Fluthen während des Hochsommers vollständig unter den Trümmern. Nun durchmassen wir das wild verkarstete Plateau zwischen den Ca-ñons der Morača und Mala Rijeka, und wohin wir blickten, immer hatten wir dasselbe abstossende Bild der Trostlosigkeit. Zugleich gibt es jedoch den Schlüssel an die Hand, warum sich das kleine Montenegro sieg-reich gegen die türkische Uebermacht behaupten konnte. Die Crno-gorcen wussten recht wohl, dass sie allein in ihren Bergen stark waren; und hatte der Feind wirklich einen Erfolg errungen, so vertrieb ihn der drückendste Mangel bald wieder aus den unwirthlichen Gegenden.

Daraus erklärt es sich, dass die Montenegriner mit grosser Liebe an ihrer Heimat hängen und mich oft fragten, wie mir ihre Kalke gefielen.

Einmal war in den Einöden ein kleines Paradies verborgen. In der Tiefe wand sich die schäumende Morača durch einen länglichen Kessel, der das Polje von Bijoče fortsetzte und mit Baumgruppen, Wiesen, Maisfeldern und vereinzelten Häusern geziert war. Aber im nächsten Augenblicke wurde die liebliche Idylle wieder von den vorgelagerten Hügeln verdeckt, und im Hintergrunde erhob sich der Brotnik finsterer als zuvor. Im Kirchdorfe Peljev Brijeg (460 Meter) kehrten wir beim Popen ein, und unter anderem erzählten die armen Leute, dass sie in den letzten regenarmen Jahren wegen Futtermangels einen grossen Theil ihres Viehes verkaufen mussten. Mit peinlicher Gewissenhaftigkeit war jeder kleine Ackergrund, jedes Fleckchen Buschwald mit einer schützenden Steinmauer umgeben, und die dünnen Baumäste wurden im Spätsommer abgehauen, um statt des fehlenden Heues als Winterfutter zu dienen. In Peljev Brijeg lebte ein alter Haudegen, der den berühmten Türkentödter von Mokro noch übertraf und in der Schlacht auf der Fundina seinen Säbel vom Griff bis zur Klinge mit erbeuteten Nasen gespickt haben soll. Leider habe ich den gefürchteten Krieger nicht gesehen; dafür besuchte uns der alte Pope, der Vater unseres Wirthes, und erkundigte sich angelegentlich nach Russland und Deutschland, er fragte, ob wir auch eine türkische Grenze hätten, und wollte vor allem wissen, ob es mehr Protestanten und Katholiken oder mehr Anhänger seiner Religion gäbe.

Am nächsten Morgen war noch der Vjeternik auf zahlreichen Zickzacken zu überwinden. An seinem Fusse dehnte sich das Dorf Bratonožići (652 Meter) aus, und auf der Höhe überraschte uns ein kräftiger Buchenwald, der zwischen seinen Stämmen eine grosse Cisterne (1120 Meter) verbarg. Nun ging es unaufhaltsam abwärts, und so unvermittelt verschwand der Kalk unter den Sandsteinen, Mergeln und Schiefern der Werfener Schichten, dass noch nicht 20 Schritte vom Vjeternik entfernt eine klare Quelle austrat und dass sich die Natur in ein neues Gewand einhüllte, wie wir es auf unserem Marsche nach Kloster Morača kennen lernten. Längs der brausenden Lijeva Rijeka, eines Quellflusses der Mala Rijeka, eilten wir zum gleichnamigen Dorfe (1041 Meter), das aus einer Kirche und einigen Holzhäusern bestand.

Hinter Lijeva Rijeka oder Lopata steigen die mässig hohen Bergketten zu einer ausgeprägten Wasserscheide zwischen der Donau und dem Adriatischen Meere an. Grasmatten und Laubwälder überziehen allerorts die ausdrucksvoll gegliederten Hänge, und überall rieseln Quellen über den Weg, die zuweilen ein sehr kaltes Wasser ($+ 5^0$ C.) besitzen. Das ist ein Rauschen, ein Murmeln, ein Leben, in den Wipfeln treibt der Wind sein Spiel, lustige Vögel schmettern ihre Weisen, und im Thale hüpfen die munteren Gebirgsbäche über das Gestein. Die abgerundeten Schieferrücken verbergen die kahlen Mauern des Hochgebirges, und so gleicht die Gegend am ehesten den Landschaften des Harzes oder des Thüringer Waldes. Die Werfener Schiefer gehen in die zuweilen von Kalkeinlagerungen unterbrochenen paläozoischenSchiefer über, aber der landschaftliche Charakter bleibt derselbe.

Langsam senkt sich der bequeme Saumpfad zu dem schmalen Thale der Veruša, die sich beim Han Garandžić (1168 Meter) mit der Opasanica zu Montenegros grösstem Strome, der Tara, vereinigt, an deren Mündung wir bereits vor Wochen standen. Der Marsch an ihren Ufern gehört zu einem der angenehmsten und macht die lang gewohnte Unwirthlichkeit der Schwarzen Berge ganz vergessen. Die Tara selbst schoss in einem breiten, geröllreichen Bett dahin, aber sie führte so wenig Wasser, dass ihre Anschwemmungen zahlreiche Inseln bildeten und dass man mit Leichtigkeit die schmalen Wasserfäden durchwaten konnte, wenn sie nicht stellenweise gänzlich unter den Unmassen der abgelagerten Trümmer verschwanden.

Seit früh 5 Uhr marschirend, rasteten wir um 10 Uhr in dem anmuthigen Jabuka (1060 Meter), das sich zwischen wohlbestellten Feldern an die bewaldete Berglehne schmiegte. Die Einwohner brachten uns ein Kind, das jedenfalls infolge der Unreinlichkeit einen Ausschlag bekommen hatte. Wie in jedem Fremden, so sahen sie auch in mir einen Arzt, und wohl oder übel musste ich den Doctor Eisenbart spielen und in Ermangelung einer geeigneten Medicin den Leuten vor allem Reinlichkeit anempfehlen.

Jetzt erhielten wir einen Begleiter, indem sich ein montenegrinischer Briefträger — denn als solchen kennzeichnete ihn die grosse, wohlverschlossene Ledertasche — zu uns gesellte. Da die Verbindung zwischen den neun Postämtern des Fürstenthums — Cetinje, Rijeka, Podgorica, Danilovgrad, Nikšić, Kolašin, Antivari, Dulcigno, Virbazar — wöchentlich bloss zweimal stattfindet, so gibt es keinen fest angestellten Briefboten, sondern irgend ein Mann wird für den Weg gemiethet und entsprechend bezahlt. Obwohl Montenegro zwei Häfen besitzt, in denen auch die Lloyd-Dampfer anlegen, so werden die für das Ausland bestimmten Sendungen über Cetinje nach Cattaro geleitet, und man kann daher mit einem gewissen Rechte sagen, dass die österreichische Post den Auslandsverkehr besorgt. Zu den genannten Post- und Telegraphenstationen kommen noch die drei Telegraphenämter Grahovo, Goransko und Andrijevica.

Bei Matešovo (1050 Meter) gingen wir auf das linke Ufer der erlenumsäumten Tara, wo schwarze, glimmerige Thonschiefer mit Sandsteinen, Quarziten und fest verbackenen Conglomeraten abwechselten. Gegen 4 Uhr wurde auf einem sanften Rücken ein weisses Fort sichtbar. Es war eins der alten Türkenforts von Kolašin, und als wir um jenen Bergzug bogen, erblickten wir auf einer niedrigen Terrasse der Svinjača-Niederung die einfachen Häuser der kleinen Stadt (1008 Meter).

Kolašin als Ganzes genommen bildet eine weit zerstreute Siedelung inmitten waldbekränzter Berge. Ein Theil seiner meist aus Fachwerk erbauten Wohnstätten schliesst sich jedoch zu einem Marktplatze und einigen Strassen zusammen, und eine kürzlich vollendete Kirche schaut von einem künstlich aufgeschütteten Hügel auf das freundliche Landstädtchen herab. Zur Türkenzeit war Kolašin ein wichtiger Grenzpunkt, da unweit des Tara-Ufers das montenegrinische Gebiet begann und hier die von Berani und Bijelopolje kommenden Handelsstrassen zusammenliefen. Einige fast ganz zerstörte Festungen erinnern noch an die türkische Herrschaft; die Mohamedaner selbst sind ausgewandert, und ihre schmucklose Moschee dient seitdem als Stall oder Bretterniederlage. Kurz unterhalb der Svinjača mündet die Plašnica ein, und die durch den Zusammenfluss beider Bäche geschaffene Verbreiterung war für eine Niederlassung die geeignetste Stelle. Gleich darauf verengt sich die Tara wieder, und ihre unwegsamen Cañons bilden eine natürliche Grenzscheide zwischen Montenegro und dem türkischen Gebiete.

Kolašin liegt zwei Tagereisen von Podgorica und einen Tagemarsch von Andrijevica, Berani oder Bijelopolje ab; doch ist der Verkehr gering, weil ihn die Gebirgs- und Flussschranken und noch mehr die unsichere Nachbarschaft nicht gerade begünstigen. Wurde doch einige Wochen nach meiner Abreise eine Schar Montenegriner bei Bijelopolje von den räuberischen Albanesen überfallen und zersprengt, und dieses Ereignis ist nur eines unter vielen. Der Bau einer Eisenbahn möchte auch hier manche Vortheile bringen, und bereits hat ein französischer Ingenieur die Linien für eine schmalspurige Eisenbahn nach dem System Décauville abgesteckt. Von Podgorica strahlt ein Schienenstrang nach Nikšić, der andere über Kolašin nach Trebća bei Andrijevica aus; dieser wird vielleicht nach Serbien, jener nach Neu-Oesterreich verlängert. Von Podgorica soll die Bahn bis

Plavnica am Scutari-See geleitet werden, und ist erst das Unternehmen gesichert, so wäre politischen Zwecken nicht minder wie wirthschaftlichen Interessen Rechnung getragen.

In der Locanda schräg gegenüber dem Post- und Telegraphenamte wurden wir aufs beste untergebracht, obwohl unser niedriges Zimmer ausser zwei Bettstellen, einem roh gearbeiteten Tische und einem verblichenen Spiegel nichts weiter enthielt und mit seinen kahlen Wänden und

Kolašin.

den kleinen, vergitterten Fenstern wie eine Gefängsniszelle aussah. Ich traf einen alten Bekannten vom Kloster Morača her, den Baumeister aus Bijelopolje, wieder; ein zweiter guter Freund dagegen, mein Diener Arso Popović, zog es vor, bei meiner Ankunft das Städtchen schleunigst zu verlassen. Kaum war ich in Kolašin angelangt, so erkundigte sich ein junger Mensch, ob ich ihn photographiren wolle. Bald darauf fragte mich ein Fieberkranker um Rath, und wie ich früher meine zahnschmerzstillenden Mittel vertheilt hatte, so musste ich jetzt meinen Chinin-Vorrath angreifen. Nun besuchten mich angenehme Gäste. Der erste und mir der liebste war Djordjijo Stanić, ein liebenswürdiger, des Italienischen kundiger Jüngling. Nach ihm kam der Barjaktar Miloš Radonić, und

in seinem Hause lernte ich die Vojvodina Milica Todorova, eine stattliche Frau aus einem der edelsten Geschlechter der Crnagora, kennen,
die ihr feines Benehmen und die überraschende Beherrschung der französischen Sprache der sorgfältigen Erziehung im Mädchen-Institute zu
Cetinje verdankte. Pope Savo Rubežić aus dem benachbarten Plana,
unser Gesellschafter in Polje, wurde auch nicht vergessen, und er wusste
mir mancherlei aus der Gornje Morača zu erzählen. So verflossen die
drei Tage meines Aufenthaltes, und ich nahm Abschied von den Freunden, nicht ohne ihnen eine nochmalige Rückkehr zu versprechen. Mein
Hauptziel, der Durmitor, war nicht mehr weit entfernt, und nach drei
Tagen sollte ich an seinen Zinnen stehen, von denen mich die Flucht
der Ereignisse so lange fern gehalten hatte.

13. Capitel.

Im Durmitor*).

—

Ein nicht zu anstrengender Marsch brachte uns am 14. August
aus dem Plašnica-Thale auf eine 600 Meter höhere, flachwellige Hochebene, die ein dichter Urwald alter Buchen und Aleppokiefern und zahlreiche Katuns bedeckten.

Aber bald verschwand das anmuthige Bild, um einer endlosen Reihe baum- und wasserloser Mulden Platz zu machen, und erst
nach stundenlanger Wanderung herrschten die Schiefer wieder vor.
Um den mit Nadelholz bestandenen und mit Firnflecken erfüllten Resoaš
gruppirten sich die ärmlichen Hütten von Muleće (1706 Meter), und hier
gedachen wir zu übernachten, obwohl die Hirten wenig Lust hatten, uns
bei sich aufzunehmen, und sich unser unter allerlei Vorwänden zu entledigen suchten. Daher bedeutete ich meinen Diener, er solle sich auf
unser Empfehlungsschreiben berufen, und das half sofort. Der Kapetan
liess Decken für mich ausbreiten, und die neugierigen Leute fanden des

---

*) Ausführlicheres ist enthalten in K. Hassert, Der Durmitor. Wanderungen im
montenegrinischen Hochgebirge. Zeitschrift des Deutschen und Oesterreichischen
Alpenvereins 1892.

Fragens und Untersuchens gar kein Ende. Der eine erkundigte sich
nach meiner Religion, der andere nach Bismarck, dieser nach Russland,
jener nach Deutschland; und nachdem die Ruhrast meines Revolvers
und meine Zither genugsam angestaunt waren, streckte ich mich im
Winkel einer Koliba aus, um mein Lager brüderlich mit Menschen,
Flöhen und Fliegen zu theilen.

Von Muleće bis zur Landschaft Jezera bestand die traurige Hochebene aus 14 langgestreckten Kesselthälern, die mit wenigen Ausnahmen
völlig wald- und wasserlos waren, so dass die Hirten mit Schnee vorlieb
nehmen mussten. Noch vor zwei Jahrhunderten trug die Sinjavina
einen zusammenhängenden Hochwald und war von stattlichen, dauernd
bewohnten Ortschaften belebt, an deren einstiges Dasein spärliche
Ruinen erinnern. Aber verheerende Brände und vor allem die rück-
sichtslose Zerstörungswuth der Eingeborenen vernichteten die kostbaren
Bestände bis auf wenige Reste, die eisige Bora und die gewaltigen
Massen des Winterschnees verwandelten das schutzlose Plateau Monate
lang in eine unwirthliche Wüste, und in demselben Masse, in welchem
der Wald verschwand und der lockere Humus fortgetragen wurde,
verminderte sich auch der Graswuchs. Das Vieh fand keine genügende
Nahrung mehr, an Ackerbau war wegen des rauhen Klimas nicht zu
denken, und so blieb dem Menschen nichts anderes übrig, als die er-
traglosen Gegenden zu verlassen. Im kurzen Sommer konnte er mit
seinen Heerden hierher zurückkehren; doch ist der magere, steinige
Boden so grasarm geworden, dass auf der Sinjavina die goldene Zeit
des Hirtenlebens längst vorüber ist. Um die Unbilden voll zu machen,
war auch der Holzmangel so drückend, dass man getrockneten Dünger
zur Feuerung benutzte.

Wir rasteten heute in den Kolibas am Starac und hatten hier fast
noch geistreichere Fragen zu beantworten als in Muleće, bis endlich die
Leute den Eingang der Hütte mit Brettern schlossen, um das Eindringen
der kalten Nachtluft zu erschweren, und in ihre Decken gehüllt sich
auf dem nackten Fussboden zur Ruhe niederlegten. Einige Kälber aber,
die mit uns den Raum theilten, und noch mehr die sechsfüssigen Blut-
sauger liessen mich erst gegen Morgen den ersehnten Schlummer finden.

Am 16. August verloren wir uns zum dritten Male in der trostlosen Hügellandschaft. Nach einer guten Stunde stiessen zwei Montenegriner zu uns, die auf ihren Saumthieren Aepfel aus den Tara-
Dörfern nach Žabljak schafften. Wir schlossen uns ihnen an und durcheilten mit montenegrinischer Geschwindigkeit die langweiligen, stillen
Hochthäler.

Noch war jegliche Aussicht benommen, da fällt von der Höhe
Kurozeb das Plateau rasch ab, und vor dem erstaunten Blicke entrollt
sich in überwältigender Grossartigkeit der Durmitor. Hochstämmiger Nadelwald umkränzt seinen Fuss, grauschimmernde Firnflecken lagern in
seinen Schluchten, und mächtige Schutthalden laufen von den Hängen
herab ins Thal.

Um den brennenden Durst zu stillen, verzehrten wir einige der
halb unreifen Aepfel und nahmen nach zweistündiger Rast unsern Weg

Žabljak am Durmitor.

wieder auf. Bald war der Durmitor hinter einem Gewirr von Bergcoulissen
verschwunden: die Mulden wurden tiefer, der Hochwald stellte sich wieder
ein, und ebenso nahm die Zahl der Sennhütten zu.

So betreten wir am Nachmittag die ausgedehnten Niederungen um
Žabljak, und der Durmitor zeigt sich jetzt unverwandt dem Auge. Auch
hier vermag das kümmerliche Pflanzenkleid die Eintönigkeit nicht zu
verwischen, obwohl das lockere Erdreich eine ziemliche Mächtigkeit
erlangt hat. Es wird von einer undurchlässigen Schicht unterlagert und
ist stellenweise so aufgeweicht, dass es unter den Füssen schwankt.
Sehr oft tritt das überreichliche Nass in schmalen Rinnsalen zu Tage,
die ein schmutzigblaues, meist stagnirendes Sumpfwasser von unan-

genehmem Geschmacke besitzen. Einladende Häuschen und dürftige
Getreide- oder Kartoffelfelder gewähren eine willkommene Abwechslung;
doch mischt sich in den Ausdruck der Freude zugleich das Gefühl des
Mitleids, wenn man sich die spärlichen Ernteerträge vorstellt, welche
die dünnstehenden, noch im Hochsommer grünen Halme unter dem
Drucke des rauhen Klimas abwerfen. Kein Wunder, dass dort oben
das Brot theurer ist als das Fleisch.

Die Sonne geht zur Rüste, und ungeduldig erwarten wir den
Augenblick, der den Schluss unseres Tagemarsches verkünden soll.
Endlich ist das Dörfchen Junčev Do durchschritten, ein flacher Rücken
wird erklommen, und an seinen jenseitigen Hang schmiegen sich die
kleinen Holzhäuser von Žabljak (1455 Meter).

Ein reges Leben herrscht vom Spätfrühling bis zum Frühherbst
auf den Ebenen um den Durmitor, weil aus den umliegenden Gebieten
die Eingebornen heraufkommen, um ihre Kühe, Schafe und Ziegen auf
den saftigen Alpenwiesen zu weiden. Kaum zieht jedoch der Herbst ein,
so erlischt mit einem Male das fröhliche Treiben. Die Schluchten des
Durmitor werden anfangs September bereits wieder verlassen, und
wenige Wochen später sind die weiten Flächen von Kolašin bis zur
Tara vollkommen menschenleer. Nur wenige Orte werden dauernd bewohnt, und zu ihnen gehört Žabljak. Seine niederen Gebäude besitzen meist
einen steinernen Unterbau, damit sie von den Lawinen nicht fortgerissen
werden. Das Dach springt über die kleinen lukenartigen Fenster vor und
ist stark geneigt, um die Schneemassen leichter abrollen zu lassen und
die Häuser vor übermässiger Belastung zu sichern. Nicht selten steigt
indessen das weisse Kleid des strengen Winters bis zum Giebel empor
und erreicht nach Aussage der Eingebornen sogar 10 Meter Mächtigkeit, so dass es sechs Monate lang den Verkehr unterbindet und die Leute
auf die Benutzung von Schneeschuhen hinweist.

Wir kehrten im Hane ein, und für Kulaš begann in dem
kleinen Stalle des Untergeschosses eine achttägige Ruhepause. Unser
Wohn- und Schlafraum bestand aus einem kaum 3 Quadratmeter
grossen Kämmerchen, und auf den harten Pritschen konnten wir interessante Beobachtungen über die unberechtigten Mitbewohner, Schwaben
und Wanzen, anstellen, die vor dem Scheine der Lampe eiligst in dunkle
Schlupfwinkel flohen.

Am zweiten Tage nach unserer Ankunft wurde zur Erinnerung an
irgendeinen der vielen Türkenkämpfe ein Volksfest in Verbindung mit
einem Jahrmarkt abgehalten. Die Häuser waren bald so überfüllt, dass
viele der Ankommenden im Freien nächtigen mussten, und die aller-

orts aufflammenden Feuer, die frei herumlaufenden Pferde und die in
Decken gehüllten Gestalten gewährten ein eigenartiges Bild, das der
gestirnte Himmel und die unbestimmten schattenhaften Umrisse des
Durmitor stimmungsvoll ergänzten.

Wie hatte sich das stille Dorf am nächsten Morgen verändert!
Eine vielköpfige Menge wogte auf und nieder, und man konnte sich
wieder einmal an der schmucken montenegrinischen Tracht erfreuen.
Schade nur, dass der immer mehr Eingang findende Regenschirm so
wenig dazu passt wie zu der Uniform eines Officiers. Das Scherzen,
Singen und Tanzen nahm kein Ende, Wein, Raki und Kaffee wurden
stark begehrt, und erst mit Einbruch der Dunkelheit breitete sich die
Ruhe der Einsamkeit wieder über den abgeschiedenen Ort.

Inzwischen war einer der beiden Montenegriner, die uns auf dem
Marsche über die Sinjavina begleitet hatten, ein schlichter, treuherziger
Einwohner aus Žabljak namens Ilija Kovačević, als Führer gewonnen
worden. Er musste die Schlafdecken, unsere Koch- und Essgeschirre
und einen kleinen Vorrath an Erbswurst, Cacao und Brot tragen,
während meinem Diener Marko der photographische Apparat zufiel. Am
Morgen des 19. August wurde der Marsch in das geheimnissvolle Hochgebirge angetreten. Eine flachgewellte grüne Wiesenfläche, mit kräftigem
Nadelwald besetzt und von mäandrischen Wasseradern durchzogen,
senkt sich so langsam gegen die Riesenmauer des Durmitor, dass der
Höhenunterschied zwischen Žabljak und dem Schwarzen See, der
tiefsten Stelle jener Mulde, kaum 20 Meter beträgt. Wir schritten rüstig
unter dem schattigen Dache vorwärts und standen nach vierzig Minuten
an dem idyllischen Crno Jezero (1497 Meter), der seinen Namen »Schwarzer See« wegen seiner Farbe und Umgebung vollauf rechtfertigt. Kein
Vogellaut, kein Plätschern des Wassers störte die feierliche Stille, zu
der die melancholische Landschaft und das leichtbewegte Meer der
schlanken Wipfel harmonisch passte. Soll doch hier einst ein Kloster
gestanden haben, das der heilige Sava durch seinen Fluch in die Erde
versenkte.

Die Fichten rückten näher zusammen, und schliesslich waren wir
in einem majestätischen Urwalde, dessen Grund das belebende Sonnenlicht nur spärlich erhellte. Mächtige Stämme lagen vermodernd auf dem
weichen Boden, Moose und Flechten überwucherten das morsche Holz,
und die nackten Wände des Bergkönigs, welche ab und zu sichtbar
wurden, trugen das Ihre zu dem düsteren Bilde bei. Nach einer halben
Stunde betraten wir eine sumpfige Lichtung in der Nachbarschaft des
Barno-Sees und gelangten an den Mlinski Potok (Mühlenbach), dessen

lustige Wellen mehrere Mühlen treiben (1524 Meter), um nach kurzem
Laufe dem Crno Jezero zuzueilen.

Trotz der beträchtlichen Erhebung über den Meeresspiegel machte
sich die Wärme des Sommers sehr fühlbar, und zusehends ballte sich
schwarzes Gewölk zusammen. Eben so schnell aber, wie es gekommen,
war es auch wieder vergangen, und die Sonne schien freundlich vom
klaren Himmel, als vor uns eine kleine, grüne Dolina auftauchte (1617
Meter). Auf drei Seiten umrahmten sie fichten- und buchenbestandene
Kalkrücken, und auf der vierten erhob sich in seltener Grossartigkeit die
senkrechte Wand der Crvena Greda, die ihre Bezeichnung »Rothe Klippe«
jedenfalls den rothbraunen, eisenschüssigen Verwitterungsproducten des
Kalkes verdankt. Frische Flecken auf der grauen Oberfläche zeigten die
Stellen an, wo jüngst das lose Gestein abstürzte, und mächtige Schutthalden umkränzten den nackten, wild zerrissenen Fels. Die auffallende,
fast kreisrunde Form des versteckten Kessels ruft im Verein mit der
Horizontalität des Bodens und der Lage unmittelbar am Fusse der zerklüfteten, durchlässigen Gebirgswand die Vermuthung wach, ob wir es
hier nicht mit einem alten See zu thun haben, der, wie so viele Karstseen, durch irgendwelche Umstände trocken gelegt wurde.

Nun war der bequeme Weg zu Ende. Mit dem Ueberwiegen des
verkarsteten Kalkes wurde er so schlecht, dass er oft kaum zu finden
war, und stieg zuweilen so rasch an, dass wir ihn nicht ohne Mühe erklimmen konnten. Das Nadelholz hat allmählich einem dichten Laubwalde den Platz geräumt, dessen verschlungenes, überhängendes Ast-
werk den kümmerlichen Fusssteig noch mehr versperrt. Doch schon
winkt wieder die Erlösung, denn wir betreten ein zweites Kesselthal, die
Srijepulna Poljana (1743 Meter) an der noch immer schroffen Crvena
Greda. Ein altes Mütterchen nimmt uns freundlich in ihre bescheidene
Koliba auf, und wir halten — es ist 1 Uhr vorüber — eine wohlver-
diente Mittagsrast.

Mit frischen Kräften begannen wir den eigentlichen Aufstieg an
der Durmitor- Mauer. Die Zickzacke liefen an steilen Bergwiesen vorüber, auf denen fleissige Arbeiter mit Lebensgefahr das Gras abmähten,
und erst vor kurzem hatte einer derselben, wie uns das alte Mütterchen
ziemlich gleichgiltig erzählte, durch einen Sturz sein Leben verloren.
Die Hauptschuld an dem Ausgleiten trägt die einheimische Fussbekleidung: denn so brauchbar die leichten Opanken auf dem blossen
Stein sind, so wenig erfüllen sie ihren Zweck auf grasigen Lehnen. In
letzterem Falle meint man wie auf einer Eisfläche zu gehen und kann
sich kaum auf den Füssen halten, und wenn auch die Crnogorcen so

geübt sind, dass selten einer ausgleitet, so ist bei stark geneigten
Hängen die Gefahr doppelt gross. Ich habe dieselben Erfahrungen gemacht; und gerade im Durmitor vermisste ich meine Bergschuhe um
so schmerzlicher, weil mich die steilen Matten und die in ihrer un-
mittelbaren Nachbarschaft gähnenden Schlünde sehr oft zum Ablegen
der Schuhe zwangen.

Crvena Greda (Durmitor).

In geschützten Einschnitten stiegen hochstämmige Fichten
bis zu den Zinnen des Gebirges an, während der Laubwald mit
wachsender Höhe zu niederem Buschholz herabsank und schon unterhalb des Sattels kräftigen Legföhren Platz machte, die nunmehr ausschliesslich vorherrschten. Zusehends erweiterte sich die Aussicht. Im
dunklen Grün der Ebene war ein neuer See, der Zmijino Jezero, ein-

gebettet, einladend grüsste Žabljak herüber, und die tiefen Cañons der Tara
trennten die Bergketten Montenegros von denen des Sandšaks Novibazar.
Wir wandten uns um und blickten in ein Thal von schauerlicher
Oede. Kaum ein Gräslein zierte den nackten Boden, und Firnflecken
bedeckten die zerklüfteten Hänge, die eine schmale, von einer ununterbrochenen Dolinenreihe erfüllte Mulde frei liessen. Aber auch
in diesem Reiche des Todes hausen Hirten. Vier steinerne Kolibas
kommen in Sicht, und da Stunden vergehen, ehe wir wieder auf ein
lebendes Wesen stossen, so schlagen wir hier unser Nachtlager auf
(1989 Meter).

Wir trafen $^1/_24$ Uhr ein, so dass mir genug Zeit zur Durch-
musterung unserer Umgebung verblieb. Ueberall waren die dünnbankigen
Kalke stark gefaltet und geknickt, und Sprünge durchsetzten das Gestein
meist senkrecht zur Schichtenbildung. Am auffälligsten waren jedoch
zahlreiche Dolinen, die dem Thalhange ein blattersteppiges Aussehen verliehen, auf ihrem Grunde ewigen Schnee beherbergten
und nach der dem Gebirge zugewandten Seite steil abfielen. Die Entstehung dieser Trichter ergibt sich von selbst: es ist die chemisch
lösende Fähigkeit des Firns, welche das kleinste Loch nach und nach
zu einem stattlichen Kessel erweitert, wobei natürlich Abbröckelungen
des aufgeweichten oder vom Froste zersprengten Gesteins nicht ausgeschlossen sind.

Nach der Faltungsrichtung zu urtheilen, scheint der gebirgsbildende
Schub das Hochthal als solches schon vorgebildet zu haben. Der
klüftige Kalk liess jedoch das Wasser rasch versinken, so dass es seine
erodirende Thätigkeit nicht ausüben konnte. Deshalb besitzt die roh
ausgearbeitete Thalanlage einen ausserordentlich unregelmässigen Boden,
indem höhere oder niedrigere Querriegel eine Schnur grosser und
kleiner, flacher und tiefer Mulden von einander trennen.

Noch lagen wir in festem Schlafe, als eine empfindliche Kühle uns auf-
weckte; ein heftiger Weststurm hatte sich erhoben, und es war schau-
rig anzuhören, wie er mit Pfeifen und Aechzen die todte Natur durchtobte. Mit dem Schlummer war es nun vorüber, denn zu den Plagen,
welche die sechsfüssigen Hausbewohner verursachten, gesellte sich das
unangenehme Gefühl der Kälte. Plötzlich schlugen die frei herum-
streifenden Hunde an. Sofort sprangen die Männer auf und eilten mit
ihren Gewehren ins Freie; aber bald stellten sie sich wieder ein, da ihre
Furcht, dass Wölfe in die Heerden eingefallen seien, sich als unbe-
gründet erwiesen hatte. Kurz nach 5 Uhr waren Alle wach; halb über-
nächtig trat ich in die frische Morgenluft und wusch mir mit eisigem

Schneewasser Gesicht und Hände. Der Himmel, der sich gestern stark umzogen hatte, war noch dicht mit Wolken verhangen und drohte jeden Augenblick seine Regenmassen auszuschütten,

Ueber einen Querriegel ging es hinab in einen länglichen Kessel, dessen tiefste Stelle eine kleine trübe Lache einnahm; sie und einige andere Tümpel spielten hier oben als Viehtränken eine wichtige Rolle. Bald war ein eigentlicher Weg nicht mehr vorhanden, und auf Pfaden, die das Vieh getreten hatte, wanderten wir über Schwellen und Dolinen, vorbei an fahlem Gras oder ausgedehnten Firnflecken. Dazu kamen die Beschwerden, die der uns entgegenrasende Sturm verursachte, indem er uns oft zu Boden warf oder geradezu am Weiterklettern hinderte. Wir mussten uns mitunter an vorspringenden Felskanten oder an den knorrigen Stämmen des Krummholzes festhalten, um nicht den Berg hinabgeweht zu werden; und die Anstrengungen ermüdeten uns in kurzer Zeit derart, dass wir auf einem steilen Hange eine viertelstündige Rast hielten.

Endlich standen wir auf dem über 2200 Meter hohen und etwa 30 Meter breiten Hauptkamme, und vor uns lief ein tiefer, schmaler Riss, das Medjedi Do (Bärenthal), zum Trockenthale der Sušica hinab. Glänzender Firn und graue Schutthalden. dunkle Latschen und gelbes Gras boten auch hier die einzige Abwechslung; bis zum Horizont aber entrollte sich, ein unerwartetes Bild der Oede, das starre Tafelland Nord- und Mittel-Montenegros, und in der Ferne thürmte sich als alter Bekannter der massige Vojnik auf.

Meine Begleiter würdigten die grossartige Naturscenerie kaum eines Blickes und waren schon weit vorausgeeilt, während ich noch bewundernd zurückgeblieben war. Plötzlich drangen menschliche Laute an unser Ohr; etwa zehn Crnogorcen kamen langsam herauf und trieben ihre keuchenden Pferde unter vielen Scheltworten vorwärts! Also selbst ein solcher Weg, den bei uns ein Fussgänger kaum benutzt, ist für die armen Thiere noch gut genug! Leider machten uns die Leute die nicht gerade angenehme Mittheilung, dass wir eine andere Richtung einschlagen müssten, um unser Ziel ohne Zeitverlust zu erreichen. So arbeiteten wir uns denn mit Händen und Füssen am linken Hange empor, bis wir auf ein steil am Sušica-Cañon endendes Plateau gelangten. Immer schärfer traten die phantastisch ausgemeisselten Formen des wilden Durmitor hervor. Noch wenige Schritte, und wieder entrollte sich ein Bild so abstossend und anheimelnd zugleich, dass man es nie vergessen kann. Die ungefügen Gipfel Prutaš, Stit und Čirova Pećina verbargen ein schmales Thal, aus dessen Grunde

zwei wundersame grüne Seen heraufleuchteten. Breite, bis an ihren
Rand vortretende Schuttkegel engten den Hintergrund der Thalschlucht
ein, und ein niederer Querriegel unterbrach die sonst ganz augenfällige
Verbindung mit der Sušica.

Ein halsbrecherischer Abstieg brachte uns gegen 11 Uhr an eine
Koliba, und ein schmutziges altes Weib bewirthete uns mit Maisbrot,
Milch und Käse. Ich erkundigte mich sofort nach dem Wege; allein
diesmal hatte ich die Rechnung ohne den Wirth gemacht. Die Frau
schüttelte bedenklich den Kopf, und meine Leute weigerten sich entschieden, weiter zu marschieren, da sich die Gewalt des Sturmes fast
verdoppelt hatte und uns leicht die schroffen Abgründe hinabstürzen
konnte, die wir noch zu überwinden hatten. Auf meine Frage, wo wir
ein Unterkommen finden könnten, schlug uns unsere zungenfertige
Spenderin eine benachbarte Hütte vor, die einem wohlhabenden Manne
gehören sollte. Als wir indessen vor die bezeichnete Koliba kamen,
überlegten wir uns allen Ernstes, welche von beiden besser sei. Doch
was halfs? Wir trugen der ebenfalls allein anwesenden Frau unser An-
liegen vor und wurden freundlich aufgenommen. Bald bliesen Marko
und Ilija, behaglich hingestreckt, den Dampf ihrer Cigarretten in die
Luft, während ich meine Aufmerksamkeit der interessanten Umgebung
zuwandte.

Ich war noch nicht lange an den Ufern des stillen Sees umher-
gewandelt, als der Himmel seine Schleusen öffnete und einen heftigen
Platzregen niederrauschen liess. Entsprechend der Natur des Hochgebirges war er mit Schnee und Hagel vermischt; aber ein lauter Donner
mit tausendfachem Echo rief sogleich die Erinnerung an die letzten
drückendheissen Tage des Hochsommers zurück. Eilends wurde das
schützende Dach aufgesucht, und fröstelnd hüllten wir uns in unsere
Mäntel; doch von allen Seiten ergossen sich unangenehm kalte Schauer
in die Hütte und weichten den Fussboden zu einem schlammigen Morast
auf. Gegen 3 Uhr liessen Sturm und Niederschläge merklich nach und
waren um $\frac{1}{2}$5 Uhr gänzlich eingeschlafen. Dafür ballten sich dunstige
Nebel zusammen und verbargen die drohenden Grate unter einem
wallenden Schleier; schliesslich verschwanden auch sie, und die scheidende
Sonne vergoldete die einsamen Bergriesen mit magischem Lichte. Von
ihren Flanken aber rollten dröhnende Steinströme herab; bald hier,
bald dort löste sich ein Stück aus der Kalkwand los, und bis zum Morgen
hielt die rastlose Arbeit der Verwitterung an.

Jetzt kam Leben in das stille Thal: überall ertönte das Glockengeläut der heimkehrenden Heerden, und in das Blöken der Schafe,

das Brüllen der Kühe oder das Meckern der Ziegen mischte sich der
Ruf der geschäftigen Hirten. Die engen Kolibas füllten sich mit ihren
hungrigen Insassen, und unser Wirth liess nicht lange auf sich warten.
Doch schien er von seinen Gästen wenig erbaut zu sein und hatte
kaum ein Wort des Grusses. Meine Begleiter mussten erst nach dem
Abendessen verlangen, denn Niemand bot ihnen etwas an, und ich griff
wieder einmal zu Erbswurst, Fleisch-Extract und Cacao. Da man keine
Anstalten machte, um auf den schmutzigen Boden etwas Stroh, Schilf
oder Reisig zu streuen, so breitete ich meine Schlafdecken über dem
Schlamme aus und hatte bald den anstrengenden, langweiligen Tag
vergessen.

Eine unbedeutende Erhebung trennt den Malo und Veliko Škréko
Jezero (1790 Meter) von einander. Der erstere ist eher ein kleiner Teich
als ein See zu nennen und verräth durch seine Kreisform, dass eine
Dolina seine Umrisse bestimmt hat. Der grosse See, auch Zeleno Jezero
(grüner See) genannt, hat eine der Längsrichtung des Thales parallel
laufende Gestalt, und Marken rings am Strande zeigen den ziemlich
beträchtlichen Unterschied zwischen Hoch- und Niederwasser an. Beide
werden von den nie verschwindenden Firnmassen und von den at-
mosphärischen Niederschlägen gespeist, die durch die Geröllhalden und
Gesteinsklüfte sickern, und ihre Anwesenheit spricht mit Sicherheit für
eine undurchlässige Schicht. Zwar erfüllen die in den See vorgeschobenen Schutthalden und feiner Grus den Boden völlig, aber unter dem
Trümmerchaos sind nicht selten Sandsteinfetzen zerstreut. Dort, wo
ein niederer Wall den Zusammenhang des Veliko Jezero mit der Sušica
unterbindet, kräuselt sich das Wasser in kleinen Strudeln und verschwindet zwischen dem Gestein. Die schmutzig graue Färbung
der Kalke fehlt auch hier nicht und legt einige Katavothren bloss. Die
meisten derselben sind mehr oder minder verstopft, einige aber haben
sich verhältnissmässig rein erhalten. Hier fliesst demnach der See unterirdisch ab, um ein gutes Stück weiter unterhalb in lustigen Kaskaden
wieder aus Tageslicht zu kommen und als echter Karstfluss der Tara
zuzueilen.

Die senkrecht abfallenden, ausserordentlich stark gefalteten Kalkmauern sind wohl auf colossale Verwerfungen zurückzuführen; allerdings sind diese noch nicht nachgewiesen, und man hat der
Erosion, welche die grossartige Sušica-Schlucht aushöhlte, bei der
Bildung dieses Thales ebenfalls einen wesentlichen Antheil zuzuschreiben. Andererseits lassen sich die 500 bis 800 Meter hohen Umfassungswände des Škrk-Thales durch die Wasserwirkung allein schwer

erklären, zumal dann das Thal, anstatt unvermittelt in steilen Wänden
zu endigen, mit einer schwächer ausgeprägten Furche zum Gebirgskamm laufen würde. Ferner müsste im Falle eines Einsturzes, wie
ihn der Karst-Process vorschreibt, die Thalsohle von Gesteinstrümmern überdeckt sein. Ueberall steht jedoch der Kalk an, und die Geröllhalden beschränken sich auf den Gebirgsfuss. Wie so oft, ergänzten
also Wasserkraft und Verkarstung die geheimnissvollen tektonischen
Kräfte, bis die Faltung die Erosion überflügelte und die Seen ab-
sperrte.

Als ich am anderen Morgen erwachte, lag ich mit der einen Seite
des Gesichtes im Schlamme des noch immer durchweichten Fussbodens,
und hurtig sprang ich auf die Beine, um mich in den krystallenen
Fluten des Veliko Jezero zu reinigen. Ein paar Tassen Cacao bildeten
den Frühtrunk, dann schnürten wir unser Bündel und schieden frohen
Muthes von dem ungastlichen Dache. Es war $^1/_2$6 Uhr; die Luftwärme
betrug nur 5° C., und um uns zu erwärmen, sprangen wir munter von
Stein zu Stein oder umgingen die mächtigen Blöcke, welche überall auf den Wiesen zerstreut waren. Bald standen wir an der
Grenze des Laubgebüsches und am Thalhintergrunde, der nur am
rechtsseitigen Hange einen steilen Aufstieg gestattete. Stark geböschte
Graslehnen zogen sich längs des Pfades hin, der eigentlich keiner war,
und feuchte Flecken mit frischer, saftiger Vegetation und einem feinen
Schlammüberzuge zeigten die Stellen an, wo jüngst der Schnee verschwunden war. Aus der mageren Erdhülle traten aber als nacktes
Knochengerüst die kahlen Felsen hervor, in deren Flanken die Frühlings-
wässer jähe trümmererfüllte Furchen gewühlt hatten. Eine derselben
führte zu einem Sattel empor, den die Faltung zwischen Stit und Prutaš
legte und den die Verwitterung weiter austiefte.

Bei 2060 Meter erreichte der Wald sein Ende, und bloss in geschützten
Schluchten wagten sich schüchterne Ausläufer noch ein Stück bergaufwärts.
Zuweilen machte der unvermeidliche Triaskalk einer aus winzigen, bunt-
farbigen Stückchen fest zusammengefügten Kalkbreccie Platz, deren Anwesenheit schon im Škrk-Thale zerstreute Bruchstücke verrathen hatten
und die im Hochgebirge noch mehrmals anstand. Eben wollte ich zur Ver-
vollständigung der barometrischen Höhenmessung die Luftwärme ablesen,
als das Schleuder-Thermometer — das einzige, welches ich aus meinem
bereits sehr zusammengeschmolzenen Vorrathe mitgenommen hatte — an
einen Stein stiess und in tausend Splitter zersprang. So sehr mich dieser
Verlust schmerzte, so bald vergass ich ihn wieder; denn unter der
Fülle des Neuen fand ich ein kleines Karrenfeld (2114 Meter), das bis

ins Feinste ausgebildet war und seine Entstehung zweifelsohne der chemisch auflösenden Kraft des Schnees verdankte. Breite Kalkplatten überspannte ein Netz schmaler, unscheinbarer Rillen, die jenen merkwürdigen, viel bewunderten Process einleiten. Auf andern hatten sich rechtwinkelig gekreuzte Spalten bereits tief eingeschnitten und umgrenzten eine Anzahl regelmässig nebeneinander gelagerter Vierecke. Hier war das Rinnensystem beträchtlich verbreitert, das Gestein dagegen ausgefranst und zugeschärft, und dort trugen die Karren ihre messerartige Form in typischer Vollendung.

Ueber rauhe Felsen oder trockenes Gras kletterten wir unaufhaltsam in die Höhe, bis wir ³/₄ 8 Uhr die Einschartung (2232 Meter) betraten. Wieder entrollte sich eine Landschaft, die an Oede und Starrheit den früheren nichts nachgab. Der eben gewonnene Grat fiel 200 Meter unvermittelt zum Todorov Do ab und umgrenzte mit dem Steilabsturz des jenseitigen Plateau-Randes eine Senke, die unwillkürlich an das Sušica-Thal erinnerte, nur dass ihr dessen beängstigender Schluchten-Charakter mangelte. Das einzig Auffallende war der plumpe Sockel des Sedlo (Sattelberg) mit einem breiten, massigen und einem schlanken, spitzen Horne, der im Süden den Karst abschloss.

Auf der Höhe blies ein schneidend kalter Wind; doch bald wurde uns wieder warm, als wir, jeden Schritt vorher prüfend, die schroffe Wand hinabkletterten. Abermals musste ich mich der Opanken entledigen und in Strümpfen den höchst zweifelhaften Abstieg fortsetzen, der uns langsam zu Thal führte. Endlich waren wir mehr rutschend als gehend unten angelangt (2030 Meter) und durchmassen eilends den zum Dobri Do abfallenden Grund. Er ist stark verkarstet, mit Dolinen förmlich gespickt und entspricht einem verborgenen Flusslaufe, der im Dobri Do oberirdisch austritt. Sehr häufig waren schmale Naturschächte, die sogenannten Jamas, deren senkrechte Wände sich im finsteren Erdinnern verloren.

Durch eine enge Schlucht, in der soeben ein Ochse mit Aufbietung aller seiner Kräfte einen schweren Krummholzast hinaufschleifte, kamen wir in jene Mulde, die ebenso einförmig und waldarm wie die anderen Thäler des Durmitor ist. Sie verdient höchstens wegen des Vorherrschens der Werfener Schiefer und der von ihnen bedingten Rinnsale einige Beachtung, und das Auftreten des Wassers mag wohl die Bezeichnung Dobri Do (gutes Thal) mit veranlasst haben. Wir bemerkten bald umfangreiche Hürden und eine Sennhütte (1728 Meter). Ohne Zögern traten wir ein und wurden auf das gastlichste empfangen; die Frauen holten Brot, Eier, Käse und Milch und freuten

sich an dem regen Appetite, mit dem wir die einfache, derbe Kost verzehrten. Ausgenommen für das Brot, das ihnen bei den geringen Ernte-
erträgen und bei dem schwierigen Transporte selbst theuer zu stehen
kam, verweigerten die guten Menschen jede Bezahlung; und nach einer
stärkenden Rast nahmen wir unser Hauptziel, die Ćirova Pećina, in
Angriff.

Gegen 10 Uhr standen wir am Fusse des schroffen Bergriesen,
und nun wurde der Anstieg in einer längs des Stit hinauflaufenden
Rinne zusehends beschwerlicher. Dürftige Graslehnen und sehr steile
Geröllhalden wechselten unaufhörlich ab; letztere gaben bei jedem
Tritte nach, so dass wir öfters ausglitten oder auf allen Vieren die schwan-
kende Bahn hinaufklettern mussten. War dann der scheinbar erlösende
Wiesenteppich erreicht, so erschwerten wieder die Opanken das Gehen,
und deshalb begrüsste ich einen vom Vieh ausgetretenen Pfad als wahre
Erlösung. Ein kleiner, flacher Kessel und ein schmaler Kamin waren
noch zu überwinden, worauf uns eine grasbewachsene Fläche aufnahm, die
von Dolinen und Firnflecken erfüllt war und den vom ewigen Schnee
gespeisten Teich Zelena Lokva beherbergte. Jetzt empfing uns ganz die
schauerliche Einsamkeit des Hochgebirges. Zur Linken erhoben sich
die wild zusammengeschobenen, von Rissen und Knicken durchkreuzten
Falten des Stit, und die grüne Lache spiegelte den zersägten Gipfel
der Ćirova Pećina, den Bobotov Kuk, wieder. Ein mächtiger, von vorspringenden Felskanten in eine Reihe von Absätzen gegliederter Stein-
strom stellte die einzige Verbindung mit dem luftigen Grate her. Hier
waren wir auf uns selbst angewiesen; denn kaum verirrt sich ein Hirt
in jene verlorenen Einöden, deren ärmliche Grashälmchen bald
zwischen den sonnendurchglühten Geröllen verschmachten. Jeder
suchte aufs Gerathewohl seinen Weg; auf und ab ging es an nackten
Wänden, über Firnlager und durch Dolinen, bis die trostlose graue
Trümmerhalde ihren Anfang nahm. Bruchstücke vom winzigen Steinchen
bis zum mannsgrossen Block waren wirr durcheinander geworfen. Mit
grösster Vorsicht betraten wir das lockere Meer, die Hand klammerte
sich fest um jedes Pflänzchen; und doch, wie oft gab die trügerische
Masse nach, den Fuss mit fortreissend und zahllose Trümmer in eine
jähe Tiefe schleudernd.

Sehnsüchtig schaute das Auge nach der scharf eingeschnittenen
Scharte, auf die wir zusteuerten. Endlich — welch' ein erhebendes
Gefühl — standen wir am äussersten Gipfelzacken, der ohne Leitern
nicht erstiegen werden kann. Ein paar Minuten fehlten an 1 Uhr, da
hatten wir die kaum 10 Meter niedrigere Scharte (2567 Mtr.) gewonnen,

und, Hurrah, der höchste Berg Montenegros war unser! Aber sofort
prallten wir wieder zurück, denn vor uns fiel der noch nicht 2 Meter
breite Sattel in schwindelerregendem Absturze in das von senkrechten
Mauern umrahmte Škrk-Thal ab, dessen liebliche Meeraugen zum zweiten
Male heraufgrüssten. Deutlich hob sich das weisse Kirchlein Žabljaks
vom finsteren Nadelwalde ab, im Osten begrenzten die Gebirgsketten
der Bunetina, Kraljeva Gora und Ljubična den Blick; hier schweifte er
ungehindert über die Crnagora, und rings um uns thürmten sich die
drohenden Giganten des Durmitor auf.

Eine für diesen Zweck mitgenommene Flasche Mastica-Schnaps
wurde zur Hälfte geleert, ein Zettel mit unseren Namen unter einer
kleinen Pyramide verborgen, und dann legten sich meine Begleiter zum
Schlummer nieder. Sie waren eben für die Reize der Natur wenig em-
pfänglich, und das einzige Interesse, welches sie ihnen entgegenbrachten,
beschränkte sich auf einen nichtssagenden Streit, ob dieser oder jener
Berg der Vojnik sei.

Die Sommersonne hatte ein freundliches Pflanzenkleid hervorgezaubert. Wohlriechender Salbei und bescheidene Vergissmeinnicht,
grossblütige Glockenblumen und schlichte Veilchen, blauer Enzian,
kräftiger Steinbrech und andere Kinder Floras schmückten mit bunten
Farben den vergilbten Teppich kurzgeschorenen Grases und brachten
Leben in die starren Zinnen, auf deren übermässig steil geneigten
Hängen sich der Schnee nur kurze Zeit hält.

Doch wir konnten nicht allzu lange der beschaulichen Ruhe pflegen,
da ein beschwerlicher und durchaus nicht gefahrloser Abstieg uns noch
bevorstand. Wir sagten nach etwa 1½-stündigem Aufenthalte dem
Bobotov Kuk wohl für immer Lebewohl und begannen wieder die
Durchquerung der unsicheren Geröllhalde. Schliesslich nahm auch diese
Plage ein Ende, der Gipfel war umgangen, und seine östliche Einsattelung lag vor uns. Wir glaubten bereits das Schwerste überwunden
zu haben, als sich ein neuer Schlund aufthat. Schneefelder in einer
Ausdehnung und Mächtigkeit, wie ich sie noch nie im montenegrinischen Hochgebirge beobachtet, füllten seine Schluchten aus, und gewaltige Schuttmassen umkränzten die abschüssigen Umfassungswände.
Dort hinab führte unser Weg; die Sorge, kein Nachtquartier zu finden
und bei schneidender Kälte im Freien schlafen zu müssen, gab uns neuen
Muth, und rutschend, kriechend oder springend erreichten wir eines
jener Firnlager, das von einem geräumigen Kessel umschlossen wurde.
Noch ein flüchtiger Blick galt der finsteren Wand, die wir soeben bezwungen hatten; dann durchmassen wir den weichen, schmutzigen

Schnee und erklommen den rauhen Thalrand. Zwei, drei und mehr
Firnflecken wurden passirt, bis wir aus dem Bereich des nackten Felsens
wieder in die Zone des Krummholzes kamen und inmitten leuchtender
Alpenblumen unserem Körper eine nothwendige Erholung gönnten.

Rastlos wandern wir weiter und zählen nicht mehr die übermanns-
hohen Wände, an denen wir nur mit gegenseitiger Hilfe herabklettern
können, und achten kaum der hier und da auftretenden, schon beim Aufstieg einige Male beobachteten Kalkbreccie des Škrk-Thales. Vorwärts ist
die Losung, denn die Sonne neigt sich bereits zum Horizonte, und das
tief eingerissene Thal, zu welchem sich die schmalen Rinnen des Hinter-
tergrundes erweitern, zeigt keine Spur von Ansiedelungen. Plötzlich
ruft Ilija, auf eine Schlucht weisend: »Dort sind Pferde!« Und in der
That, auch hier hatten die ausdauernden Thiere einen Weg gefunden
und deuteten mit Sicherheit auf die Nähe von Menschen hin. Sogar
ein kümmerlicher Hirtenpfad stellte sich ein, der längs der überhängenden Felswände auf den ununterbrochen aneinander gereihten Schutt-
kegeln hinlief. Eben waren wir an einer Lokvica (kleiner Teich), welche der ganzen Mulde ihren Namen Lokvice Do gibt, vorübergeeilt,
als das Blöken heimwärts ziehender Heerden an unser aufhorchendes
Ohr drang. Das war ein willkommener Ruf, und bald arbeiteten wir
uns ungestüm durch die Rinder, Ziegen und Schafe, bis wir in eines
der linken Nebenthäler einbogen. Flache, mit hinderndem Krummholz
bestandene Wellen und grasige Dolinen vermochten uns nicht aufzu-
halten, denn nun musste Ilijas Sennerei ganz nahe sein. Ja dort lo-
derten mehrere Lagerfeuer, wachsame Hunde verkündeten mit lautem
Gebell die Ankunft Fremder, und gegen 6 Uhr standen wir vor den
Kolibas von Lokvice pod Medjed (1993 Meter). Der Abstieg, den bisher
wohl noch kein Reisender ausgeführt hatte, war beendet, und ich machte
es mir auf den Strukas bequem, welche die aufmerksamen Montenegriner am besten Platze des Feuers für mich ausbreiteten. Nachdem
der nagende Hunger mit den bekannten Nationalgerichten gestillt
war, suchten alle das Lager auf. Die Frauen — denn jede grössere
Hütte wird von mehreren Familien bewohnt — hatten bereits ihren gesammten Deckenvorrath ausgebreitet; und obgleich sich etwa 15 Personen in den engen Raum theilten, so dass wir wie die Häringe zu-
sammengedrängt waren und uns kaum rühren konnten, lagen wir bald
in sanftem Schlummer.

Früh um 5 Uhr trat ich in die frische Morgenluft hinaus, doch
gingen wir erst um ½8 Uhr mit Zurücklassung des grössten Theiles
unseres Gepäckes an die Besteigung des Medjed (Bärenberg). Wir

schlugen bis zu dem erwähnten Teiche den gestrigen Weg ein, durchquerten die steile Thalschlucht, die sich schönen Krummholzes und reichlichen Graswuchses erfreute, und standen nach einer Stunde am Medjed.
Die allseitig tief eingegrabenen Risse gewähren den Firnflecken einen
vortrefflichen Schutz, weil der Schnee, der hier wie auf dem zum Dobri
Do abfallenden Kamme wegen des zu grossen Neigungswinkels nicht
lange haften bleibt, in den zahllosen Mulden oder am Bergfusse um so

Savin Kuk und Medjed (Durmitor).

geeignetere Sammelplätze findet. Die Wände des Medjed sind ebenfalls stark zerklüftet und reich an Höhlen, deren eine, wie die Eingeborenen behaupten und wie der Name Ledenica Pećina (Eishöhle) be-
sagt, in der Kühle ihrer Finsternis beständig Eis absetzt. Eine schmale
Rinne fordert eine neue Probe von Geduld und Ausdauer, denn sie ist
viel schroffer als die von der Ćirova Pećina ausstrahlenden Furchen.
Ein wüstes Gewirr übereinander geworfener Geröllmassen engt ihre
Flanken ein und schliesst sie nahezu vom Hauptthale ab, dieselbe Unsicherheit des Ganges hervorrufend, wie wir sie früher kennen lernten.
und nur da einen festen Tritt ermöglichend, wo ein üppig wucherndes

Pflanzenkleid die Trümmer einigermassen verkittet hat. Stattliche Latschen aber, die wir am Bobotov Kuk so sehr vermissten, reichen am
Bärenberg bis zur Spitze hinauf.

Oft hatten wir Hände und Füsse nöthig, da senkrechte Absätze
die Hänge unterbrachen und auf Vorsprüngen oder durch Kamine
erklommen werden mussten. Nicht selten riss uns der trügerische
Trümmermantel von dem mühsam errungenen Standpunkte wieder
hinab, und die Zwischenräume zwischen Rasten und Gehen wurden
rasch kürzer. Schliesslich hatten wir eine Einsattelung gewonnen, die
jählings zum schnee- und schutterfüllten Kessel des Medjed und Savin
Kuk abstürzte und einen vortrefflichen Ueberblick über die zurückge-
legte Strecke gestattete.

Nun war der Gipfel nicht mehr weit, und weiches Gras oder
ästiges Krummholz liessen seine gedrungenen Formen auf unserer Seite
nicht gar so abschreckend erscheinen. Aber wir sollten bald eines anderen belehrt werden, und gleich der erste Versuch, über eine Graslehne kürzesten Weges die Höhe zu erklimmen, musste wegen des fast
90 Grad betragenden Böschungswinkels als aussichtslos aufgegeben
werden. Zusehends verschmälerte sich der Grat, die Schluchten beiderseits wurden schauriger und tiefer, und obendrein versperrte eine dichte
Gruppe knorriger Legföhren den einzig möglichen Weg. Sie war
um jeden Preis zu überwinden, und es dauerte eine geraume
Weile, bis das jedem Bergsteiger unerwünschte Hindernis hinter uns
lag. Doch kaum hatten wir uns durch das Gewirr durchgearbeitet, als
jede Faser unserer Muskeln zum zweiten Male angespannt werden
musste. Ein schmaler Kamm aus lockerem, verwittertem Gestein, der
den früher erwähnten Sattel mit dem Bärenberge verbindet, stürzte vor
uns ab, und unverwandt mussten wir das Auge auf den stellenweise
kaum 1 Meter breiten Grat richten, sollte uns der Blick in die senkrechten Abgründe nicht schwindelig machen. Ganz langsam krochen
wir vorwärts, bald auf den scharfen Kanten reitend oder uns mit den
Händen auf der einen, mit den Füssen auf der anderen Seite fest-
haltend und vorsichtig jeden Stein prüfend, ob er noch fest in seinen
Fugen sass. Eine gute Viertelstunde hielt diese ungemüthliche Felsklet-
terei an; doch endlich wurde sie belohnt, und einige Minuten nach
10 Uhr war der Medjed (2415 Meter) bezwungen.

Behaglich streckten wir uns im kurzen Grase des kleinen, in unersteiglichen Mauern abfallenden Gipfelplateaus aus, auf dem die Sommersonne ebenfalls einen anheimelnden Blumenteppich hervorgezaubert
hatte. Der Rest unseres Branntweins wurde geleert, und abermals nahm

ein Steinmann einen Zettel mit unseren Namen auf. Meine Leute be-
kundeten ihren ausgeprägten Natursinn dadurch, dass sie bald aus
Leibeskräften schnarchten, und erst ein kalter Wind, der von der Sinjavina herüberblies, weckte sie gegen Mittag aus ihrem festen Schlafe.

Der Abstieg war fast noch anstrengender und gefahrvoller als der
Aufstieg und wurde auf demselben Wege ausgeführt, den wir herauf-
gekommen waren. Nach zwei Stunden langten wir wohlbehalten bei
unserem Wirte an und liessen uns nach den Mühen des Vormittags das derbe, einfache Mahl doppelt schmecken. Dabei konnte
ich Ilijas Genügsamkeit nicht genug bewundern: wie viele seiner Landsleute ass er Fleisch nur in den seltensten Fällen; Milch und Milch-
speisen genoss er gar nicht und begnügte sich mit Brot oder einer
dünnen Suppe aus Brot, Salz, Mehl, Fett und Wasser. Unter Schlafen,
Gusla-Spielen und allerlei Kurzweil verging der Tag, und der Abend
verlief genau so wie die anderen. Nochmals wurde das Feuer mit
Nahrung versorgt, und dann legten wir uns nieder; allein diesmal machte
mir das nimmer fehlende Ungeziefer die Nacht unerträglich, und mit
Sehnsucht erwartete ich den Morgen, der uns nach Žabljak zurück-
bringen sollte.

Am 22. August sagten wir den Kolibas von Lokvice pod Medjed
Lebewohl und wanderten im Hauptthale abwärts, das genau dem Vališ-
nica Do glich und sich nur durch seinen Gras- und Krummholz-
reichthum vortheilhaft von ihm unterschied. Sehr rasch mischte sich
Buchengebüsch unter die Legföhren, und beide gingen auf dem zum
Crno Jezero offenen Abfalle in kräftige Bäume über. Wie bei den
anderen Durmitor-Thälern, ist der Boden mit Dolinen übersäet, die eine
vorwiegend reihenweise Anordnung zeigen.

Da die Zeit nicht drängte, so gingen wir gemächlich weiter. Bald
öffnete sich die Ebene von Žabljak, und wie ein Edelstein auf grünem
Grunde leuchtete der Crno Jezero herauf. Zu der Heiterkeit der Natur
gesellte sich unsere eigene Fröhlichkeit: denn der beschwerlichste
Theil der ganzen Reise lag hinter uns, und in gehobener Stimmung betraten wir wieder die saftigen Alpenwiesen, wo wir vor
fünf Tagen unsere Durmitor-Wanderung begonnen hatten. Um
11 Uhr zogen wir im Dörfchen ein, Ilija wurde mit seinem wohlverdienten Lohne entlassen, und ich suchte das kleine Kämmerlein auf,
um mich der Instrumente zu entledigen. Doch was ist das? Stösse von
Löschpapier und frische Pflanzen nehmen die Pritschen ein, und gleich
darauf erschallt hinter mir eine Stimme: »Come sta (wie geht's), Signore
H.?« Erstaunt drehe ich mich um, und ein junger Mann reicht mir die

Hand; es ist der italienische Botaniker Dr. Antonio Baldacci, der, ein eifriger Vertreter seiner Wissenschaft und ein warmer Freund der Montenegriner, zum siebenten Male im Lande der Schwarzen Berge weilte. In wenigen Minuten hatten wir Freundschaft geschlossen; in seinen Begleitern Krsto Popović und Gajo Radonić aus Njeguš lernte ich zwei treffliche Eingeborene kennen, und in Krstos Tragthiere Murad fand auch Kulaš einen Kameraden. Mit Nichtsthun und Kartenspielen wurde der Tag hingebracht, die aufmerksamen Žabljaker kargten nicht mit Hochachtungs-Kaffee's oder Hochachtungs-Schnäpsen, und erst spät Abends dachten wir daran, den Fussboden des niedrigen Gast- zimmers in eine Lagerstätte umzuwandeln. Nun, liegen konnten wir wohl, aber nicht schlafen, denn gerade unter der Stube war der Stall, und die Ritzen der Dielen boten unberufenen Thierchen einen will- kommenen Weg nach oben. Wir hatten wenigstens keine Langeweile und verkürzten uns die träge dahinschleichenden Stunden auf jede Weise, bis uns endlich gegen Morgen die Müdigkeit übermannte.

Unsere unerwartete Begegnung durchkreuzte die Absichten eines Jeden. Wir beschlossen, unsere Streifzüge in den nächsten Wochen gemeinsam fortzusetzen und bestimmten den heutigen Tag zu einem Besuche des Stulac. Der Stulac stellt einen verhältnismässig flachen Doppelkegel dar, der mit seiner sanft abgerundeten Gestalt, seiner Wald- bedeckung und leichten Zugänglichkeit auffallend von den übrigen Ab- schnitten des Durmitor-Massives absticht. Zwar besitzt er ebenfalls schroffe Schluchten, steilwandige Einsturztrichter und mächtige, bis zu 2200 Meter herabgehende Lager ewigen Schnees; aber diese Formen der Auflagerung und feineren Ausarbeitung können das Charakteristische des allgemeinen Eindruckes nicht verwischen. An den bis zur Spitze mit Gras bewachsenen Hängen weicht der Nadelwald (Abies excelsa und pectinata, Pinus Mughus und picea) erst bei 1960 Meter vor dem wetter- harten Krummholz (Pinus pumilio) zurück und dringt in geeigneten Rinnen weit in den Bereich der Legföhren vor, die ihrerseits wieder den Firnflecken den Platz streitig machen.

Durch den bekannten Nadelwald der Kliještina-Senke brachte uns der Weg zwischen Wiesen und Häuschen mühelos auf die Gehänge des zahmen Durmitor. Nach zweistündiger Rast im Schatten einer dichten Latschengruppe und nach mancherlei Kreuz- und Querzügen, die mit Ausnahme einer nicht ganz harmlosen Kletterei längs einer schroffen Felsmauer wenig Bemerkenswerthes boten und eher einer genussreichen Mittelgebirgswanderung glichen, kamen wir in die Zone der Firnflecken.

Gegen 2 Uhr Mittags gelangten wir auf unserem Spaziergange — anders liess sich für montenegrinische Verhältnisse die Wanderung kaum bezeichnen — an die Crvena Greda und stiegen auf einer der vielen Schutthalden, welche die kühnen Zinnen umsäumten, zu einem See, dem Jablan Jezero (1919 Meter), ab. Welch' ein reizendes Fleckchen in der abstossenden Gebirgseinsamkeit! Der grüne Grund jenes mit ernsten Fichten bestandenen Kessels beherbergte in seiner Mitte ein schwarzblaues Meerauge. Dieselbe feierliche Stille wie am Crno Jezero waltete in seiner Umgebung, die nur zur Winters- oder Frühlingszeit von dröhnenden Lawinen oder donnernden Steinströmen gestört wird. An den Ufern waren zahlreiche Gerölle zerstreut, unter denen äusserlich sehr verwitterte, inwendig aber ausserordentlich frische Bruchstücke eines jungen, vermuthlich obertriassischen Diabas-Porphyrites vorherrschten, den auch Pančić und Tietze erwähnen.

Auf dem am Morgen begangenen Pfade kehrten wir in unser Quartier zurück.

Die Tage unseres Aufenthaltes in Žabljak waren vorüber, und am 25. August mussten wir, wenn auch ungern, ans Scheiden denken. Schon zeitig hatten sich unsere Žabljaker eingestellt; zum letzten Male wurden Briscola, Quaranta und andere Kartenspiele gespielt, zum letzten Male kam die gegenseitige Hochachtung in Gestalt von Wein, Kaffee und Mastica zum Ausdruck, und dann bereiteten sich unsere Freunde für eine photographische Abschiedsaufnahme vor. Leider musste ich den guten Leuten bedeuten, dass sie ihr Bild nicht gleich erhalten konnten, und sie waren darüber einigermassen betrübt.

Doch jetzt waren die Pferde beladen, und mit Kuss und herzlichem Händedruck trennten wir uns. Einige gaben uns auf eine kurze Strecke das Geleit; und als auch sie uns verlassen hatten, nahm uns die weite, flachwellige Ebene auf. Ihre Eintönigkeit wird höchstens von den kahlen Mauern des Savin Kuk und von den Bergketten jenseits der Tara unterbrochen; der Baumwuchs ist spärlich, und nur den Fuss des Durmitor schmücken anmuthige Matten und hochwipfelige Buchen. Die zerstreuten Sennhütten des Komarski Katuns (1610 Meter) sind nach Junčev Do die ersten und zugleich letzten Wohnstätten auf dem heutigen Marsche, und daher gedenken wir, unter einem alten Baumriesen Halt zu machen. Brot und Raki haben wir bei uns, Eier und Milch kaufen wir bei den Hirten, und nachdem die neugierig fragenden Eingeborenen befriedigt sind, überlassen wir uns sorglos dem Schlafe.

Als wir erwachten, neigte sich die Sonne bereits dem Untergange
zu und mahnte zu eilendem Aufbruche. Ueberdies hörte der bequeme
Weg auf, und ein kümmerlicher Pfad lief an den Ausläufern der Stožina
empor. Wieder traten wir in die traurige Hochgebirgswüste, in eine
trostlose Karst- und Karrenlandschaft ein und marschirten über einen
flachen Rücken in ein nicht allzu breites Thal, das nach der Bukovica ausmündete und an dem nackten Doppelkegel des Sedlo endete.
Die auf dem Škrk Do und auf der Ćirova Pećina gefundene Kalkbreccie steht hier ebenfalls an, und der Kalk wird dünnblätterig, um
an den unteren Lehnen beiderseits des Sedlo in helle oder rothbraune
Schiefer überzugehen, die eine Verbindung mit den entsprechenden
Gebilden des Dobri Do herstellen und als Werfener Schichten an-
zusprechen sind, da sie den Triaskalk unterteufen. Sofort erscheinen
in der bis zu jener wasserdichten Unterlage eingestürzten oder ausero-
dirten Rinne Quellen, Wasserfäden und zwei kleine Weiher, die Srablje-
Seen, und am Thalausgange liegen abermals zwei durch einen meist
trockenen Bach verbundene Teiche, der Podransko und Posćensko Jezero
(1566 Meter). Damit ist der Kranz undurchlässigen Gesteins geschlossen,
der den Durmitor mit Ausnahme einiger Lücken rings umsäumt und
vor allem durch 30 Seen und Teiche angezeigt wird.

Eine beängstigende Stille lagerte über dem öden Thale, in
welchem wir aufwärts wanderten. Dicht zusammengedrängte, bis
ins Feinste ausgeführte Falten und Fältelungen, die in Doppelschlingen
oder bis zur Ueberkippung umgebogen an den grauen Felswänden
hinliefen und ihre phantastisch zerfressenen Köpfe gleich Mauerzinnen
gen Himmel sandten, waren ein beredtes Zeugniss der kolossalen Störungen, welche die gebirgsbildenden Kräfte nach der Triaszeit im Durmitor verursacht haben. Mitunter lugten aus den Ritzen dunkle Legföhren hervor, tief unten am Srablje-Teich endeten bei 1830 Meter ver-
krüppelte Gebüsche von Juniperus Nana, und dort standen auch —
man traute seinen Augen kaum — einige alte, kräftige Buchen. Inzwischen hatte die Dunkelheit so zugenommen, dass die weitere Umgebung schwer zu unterscheiden war; und trotz eiligen Zuschreitens
dauerte es geraume Zeit, bis wir, ungeduldig wie wir waren, den Sedlo-
Sattel (1974 Meter) erklommen hatten.

Die wachsende Finsterniss und der sehr zweifelhafte Saumpfad
des abschüssigen Hanges machten uns um unser Quartier besorgt. Da
wir wegen der Nachtkühle eines Feuers dringend bedurften und doch
kein Holz fanden, so schien es gewagt, im Freien zu schlafen:
und was nützten die Conserven, wenn es hier oben weder Wasser noch

Schnee gab? Allein ein gütiges Geschick entriss uns der Verlegenheit.
Hinter uns bog ein scharf bewaffneter Crnogorce um die Ecke, sein
Tragpferd vor sich hertreibend, und reichte uns mit freundlichem »Dobar
Večer! (Guten Abend!)« die Hand. Als wir ihm unsere Noth auseinandersetzten,
war er fofort bereit, uns in seine Hütte aufzunehmen;
»aber, setzte er hinzu, es giebt Flöhe!« Doch was kümmerte uns diese
leider zu wahre Verheissung; für den Augenblick waren wir froh,
einen kundigen Mentor gefunden zu haben, und folgten ihm eilends
nach.

Viertelstunde auf Viertelstunde verrann, und wir sahen die Wohn-
stätte unseres Führers noch nicht, die nach seiner Versicherung ganz
nahe sein sollte, in Wirklichkeit aber noch ziemlich weit entfernt
war, da der Montenegriner die Zeit nach unseren Marschbegriffen nicht
zu schätzen versteht. Endlich tauchten aus der Tiefe einige Feuer auf.
Hunde schlugen an, und gegen 9 Uhr standen wir an einer Sennhütte
(1747 Meter). Sie war mit mehreren anderen auf der schmalen Stufe
eines Bergzuges errichtet, der vom Sedlo-Ranisava zum Lojanik läuft.
Die Pferde wurden entlastet, und wir krochen durch die enge Thüröffnung, um die Familie unseres Wirthes zu begrüssen. In dem beschränkten Raum war unseres Bleibens nur kurze Zeit, zumal das widerwärtige Ungeziefer nicht lange auf sich warten liess. Nach Verzehrung
des frugalen Abendessens flüchteten wir schleunigst ins Freie, wo bereits
ein mächtiges Feuer brannte. Flöhe und Läuse hatten uns jedoch den
Schlaf gründlich verdorben; und da die glühenden Krummholzstösse
eine behagliche Wärme verbreiteten und die Ausstrahlung von der
Wolkenbedeckung sehr herabgemindert ward — das Thermometer fiel
nicht unter + 10 ° C. — so entledigten wir uns sämmtlicher Kleidungs-
stücke, wendeten sie von oben bis unten herum und überlieferten in
einer Nacht über 120 der hässlichen Feinde dem Tode.

Der nächste Tag war der Ruhe und dem reizvollen montenegrinischen Lagerleben gewidmet. Für den erstaunlich billigen Preis von
zwei Gulden erstanden wir einen feisten Hammel, und im Nu hatte
der gewandte Eingeborene mit einem gewöhnlichen Messer den Hals
des zuckenden Thieres durchschnitten. so dass der Kopf nur noch an
der Haut hing. Eben so schnell ging das Abhäuten von statten, grosse
Fleischstücke wurden mit Salz und ein paar Händen voll Reis im russigen Kessel gekocht, die edlen Eingeweide zerkleinert und am Spiesse
gebraten; und nach zwei Stunden wartete unser ein schmackhaftes Frühmahl, wie wir es selten gehabt hatten.

Der Himmel war noch immer umzogen und sandte zuweilen feine, kalte Schauer hernieder, so dass wir einige Male die ängstlich gemiedene Hütte aufsuchen mussten und uns drinnen mit Lesen oder Tagebuchschreiben beschäftigten. Am Nachmittage stellten sich Verwandte zum Besuch ein; allgemeines Küssen und Umarmen begleitete die landesüblichen Begrüssungsfragen, und wir erhielten ebenfalls unseren Theil davon. Nach Eintritt der Dämmerung kamen auch die Bewohner der benachbarten Kolibas, und die Männer nahmen am Feuer Platz, während die Frauen ehrerbietig im Hintergrunde standen. Ein wunderbares poetisches Gefühl durchweht das Volk der Südslaven, und unser Wirth war einer jener Vielbeneideten, von dessen Lippen die Worte in dichterischem Feuer flossen. In rhythmischen Weisen, die trotz ihrer Eintönigkeit fesseln und taktmässig dahingleiten wie die Epen Homers, pries er begeistert die Heldenthaten seines Volkes und seiner Herrscher, nach allgemeinem Brauche in jedem Liede das Wohl des Fürsten andeutend oder ausführend. Da sang er vom Caren Lazar, vom Unglückstage auf dem Amselfelde und von den siegreichen Türkenkriegen, in kunstlosen und doch eigenartigen Versen rühmte er die beiden Fremden, die ein wildes Land und ein armes Volk kennen lernen wollten: und lautlos horchte die Menge, um ihm dann dankbar ihren Beifall zu bezeugen.

Gegen Abend heiterte sich der Himmel auf, und ein frischer Wind verscheuchte die Wolken. Kaum war jedoch der blutrothe Sonnenball hinter der Gebirgswand versunken, als die Abkühlung des nackten Kalkes so stark wurde, dass wir uns fröstelnd den Winterüberzieher umwarfen. Da eilten die guten Menschen fort, um ihre schweren, grobwollenen Mäntel zu holen. Sorgsam deckten sie uns damit zu, schürten nochmals die Gluth und verschwanden mit freundlichem »Dobra vi noć (Gute Nacht)!« Das waren also die viel verschrieenen Nasenabschneider und Hammeldiebe, und unwillkürlich mussten wir an die falsche, vorurtheilsvolle Meinung denken, die bei uns noch immer über die Montenegriner herrscht. Zusehends fiel die Temperatur: und als ich beim Morgengrauen des 27. August nach dem Thermometer sah, zeigte es einige Grade unter Null an. Die langsam am Körper heraufkriechende Kälte liess mich nicht mehr einschlafen; aber das grossartige Schauspiel eines Sonnenaufganges im Hochgebirge entschädigte mich reichlich für die verlorene Ruhe. Bald entfaltete Helios seine ganze Kraft; und ebenso rasch wie es sich abgekühlt, nahm das kahle Gestein die Wärme wieder an.

Da das Endziel unseres heutigen Marsches in wenigen Stunden
zu erreichen war, so liessen wir uns mit dem Aufbruche bis zum Mittag
Zeit. Derselbe Weg wie vorgestern wurde eingeschlagen, und langsam
verschwanden die stolzen Mauern des Durmitor hinter den Hügel-
wellen der Ebene von Bukovica.

14. Capitel.

Zurück nach Nikšić und Podgorica.

Die ausgedehnte Mulde von Bukovica trägt den Charakter der
Einförmigkeit, weil ihr ausdrucksvolle Gebirgsformen fehlen und weil
ihre Ausnutzung noch nicht in dem Masse fortgeschritten ist, dass sie
dem Auge einige Abwechslung gewährte. Die Meereshöhe verbietet
den Gewinn versprechenden Anbau von Körnerfrüchten, Kartoffeln dagegen gedeihen vorzüglich, und es ist zu bedauern, dass Montenegro
nicht genug Hände besitzt, die das neuerworbene Ackerland ausgiebiger
bearbeiten könnten. Eine dünne Kalk- und Humusdecke verbirgt die
wasserhaltigen Schichten, die, nach häufigen Aufschlüssen zu urtheilen,
aus Werfener Schiefern oder aus hellgelben, von Tietze den Wengener
Schichten zugezählten Sandsteinen bestehen. Aus zahlreichen Sümpfen
und Lachen rinnt die Bukovica zusammen, und nicht lange dauert es,
so vertieft sich ihre Rinne zu einem finsteren Cañon. Wie das
Schnalser Thal am Fusse der Oetzthaler Alpen eine breite, wasserreiche
Wiese darstellt und sich flussabwärts in eine schroffwandige Klamm
verwandelt, dieselbe Erscheinung wiederholt sich hier.

An den Steilufern treten die so oft beobachteten Conglomerate
auf, und in demselben Masse, in welchem wir abwärts wandern, wird
der Wiesenteppich saftiger, der Buchenwald, der dem ganzen Gebiete
seinen Namen giebt, dichter und stattlicher. Um 4 Uhr standen wir
vor dem Hane des weit zerstreuten Bukovica (1376 Meter). Ein kaltes
Bad in dem knietiefen Gebirgsflusse bot uns eine lang entbehrte Er-
quickung, wohlschmeckende Forellen und der letzte Rest unseres Vor-
rathes an frischem Fleische versprachen ein leckeres Mahl, und zum

10*

ersten Male seit meinem Aufbruche von Kolašin fand ich wieder ein
Bett. Wie immer, so kamen auch hier die Eingeborenen, um sich von
dem reisenden Photographen, für den sie mich hielten, ihr Bild an-
fertigen zu lassen, und sie waren höchst verwundert, als ich ihre
Wünsche höflichst ablehnte.

Am nächsten Morgen zogen wir gemächlich an den versteckten
Alpenhäuschen von Ober- und Unter-Bukovica (1333 Meter) vorüber.
Zwei Neugierigen, die den Zweck unserer Reise wissen wollten, theilten
wir geheimnissvoll mit, dass wir Goldsucher seien, und die biederen
Crnogorcen nahmen diesen Bescheid mit sichtlicher Genugthuung hin.
Die Bergzüge waren von abstossender Kahlheit, soweit sie die Ausläufer der Ivica oder der wegen ihrer Holzarmut berüchtigten Sinjavina
bildeten. Zugleich endeten sie weniger in Plateaus als in sanften
Kuppen und Ketten, die den Thalgrund nicht allzusehr überragten. Der
silberne Fluss, der beiderseits wasserlose, geröllerfüllte Bäche aufnahm,
war schon eine geraume Weile unserem Blicke entschwunden, und ein
schmaler, mit Buchen, Erlen und Haselnusssträuchern bewachsener
Spalt gähnte an seiner Stelle. Auch kleine Aecker waren auf dem
grünen Plane vertheilt, und fleissige Leute mähten die goldgelben Halme
ab. Noch war das Dorf Timar (Kirche 1230 Meter) nicht in Sicht, als ein
mächtiger Diabasstock, wie deren die Werfener Schichten in Montenegro
so viele beherbergen, unsere Aufmerksamkeit auf sich lenkte. Er war
an der Oberfläche sehr zersetzt, mit einer dunkelgrünen Verwitterungs-
kruste überzogen und in rundliche Trümmer zerfallen. Noch lange
begleitete uns das für die Crnagora so charakteristische Eruptivgestein,
und rasch absteigend gelangten wir nach kaum fünfstündigem Marsche
nach Tušina (Kirche 1110 Meter) und Bohan, den letzten Ortschaften
der sich nunmehr zu einem unwegsamen Cañon verengenden Tušina.

Am 29. August wartete unserer eine beschwerliche Wanderung
auf die Wasserscheide der Hochebene von Krnovo. Die linken Ufer-
gehänge der Tušina gliedern sich in mehrere Terrassen, die aus Diabasen,
mergeligen Schiefern und dünnblätterigen Kalken bestehen und von
einer üppigen Buschvegetation überwuchert werden. Emsige Landleute
gehen ihrer Beschäftigung nach, und ihre vielgeplagten Pferde ziehen
keuchend die plumpen, zweiräderigen Karren oder die flachen, auf
einem schlittenartigen Gestelle ruhenden Kästen. Wir verlassen diese
erste Stufe, von der aus sich ein anmuthender Blick auf das schmucke
Tušina und das Kloster Podmalinsko darbietet, und betreten eine zweite
Terrasse mit dem Dörfchen Malinsko (1184 Meter). Deutlich überschauen
wir jetzt die waldarmen, eintönigen Plateaus jenseits des Flusses, deren

orographische Gliederung genau mit der des linken Ufers übereinstimmt.
Hier wie dort krönt das Ganze ein dünn bewohntes Hauptplateau, und
wir durchschreiten die schroffe Schlucht eines trockenen Baches, deren
massenhafte Gerölle fast ausschliesslich dem Kalke angehören.

Da die Rovinski'sche und die österreichische Karte in diesen Gegenden versagten, so verirrten wir uns öfters. Statt der Haselnuss-
gebüsche stellten sich Ahorngruppen und prächtige Buchenwälder ein,
auf blumigen Matten öffneten die Herbstpflanzen bereits ihre Knospen,
und plötzlich mündete die Rinne, in welcher wir gingen, in das
Bijela-Thal ein. Wie ganz anders sah es aus als die Tušnia-Klamm.
Spärliche Bäume zierten die grasarmen Hänge, und in der Tiefe zog
sich statt des brausenden Flusses ein hell leuchtender Geröllstreifen
hin, dessen weisse Farbe, verbunden mit der kahlen, weissgrauen
Umgebung, wohl den Namen Bijela (die Weisse) veranlasst hat. Hoch
über dem tückischen Gebirgswasser lagen die Häuser von Bijela
(1128 Meter), und 400 Meter hatten wir zu überwinden, bis wir an die
einfache Holzbrücke (1053 Meter) gelangten.

Der Triaskalk herrscht vor; doch fehlen auch die im Durmitor
beobachteten Breccien nicht, und die quellenreichen Sandsteine und
Werfener Schiefer behaupten die untere Hälfte der Uferränder. Eine
mächtige Zwischenlagerung schieferigen Kalkes trennt sie vom eigentlichen Kalke, von dem sie auch durch ihre gelb- oder rothbraune
Färbung leicht zu unterscheiden sind. Den untersten Horizont endlich
nehmen die in Montenegro ungemein häufigen Conglomeratbänke ein.
Da die Schichten wenig gestört sind, so muss man die Bijela-Schlucht
als ein reines Erosionsthal auffassen, und zugleich ist eine terrassen-
förmige Ausbildung unverkennbar. Die Hochebene fällt zu einer steil
geneigten Stufe und dann erst zum Bette des Flusses ab.

Wir verloren auf dem Humusboden rasch unseren Weg und
kletterten im Schatten uralter Buchen aufs Gerathewohl zu dem sonnenverbrannten Plateau empor, das im Frühling von einem endlosen Grasteppich überzogen wird. Unbestimmt verlaufende, trockene Bäche
schliessen zuweilen die unter der Erdkrume oder unter dem Kalke verborgenen Schiefer auf, aber trotzdem ist der Wassermangel so
empfindlich, dass die Bewohner von Gvozd sich mit dem Schnee des
Vojnik behelfen müssen, und wegen des rauhen Winters sind auf
der Höhe sehr wenige dauernd bewohnte Siedlungen zerstreut. Wie
schon erwähnt, läuft die grosse montenegrinische Wasserscheide über
dieses Krnovo genannte Plateau; doch ist sie hier wegen der geringen

Höhenunterschiede und wegen des Zusammenhanges mit dem mittel-
montenegrinischen Karste weniger scharf ausgeprägt.

Eine gute Stunde durchwanderten wir die langweilige Gegend,
deren mässig verkarstete, dünn bewaldete Hügel jede Aussicht versperrten. Der Vojnik, der sich beim Marsche nach Bijela in seiner
ganzen Grösse zeigte, war zu einem wenig imponirenden Rücken
zusammengeschrumpft. Eine jener giftigen Sandottern, deren wir in
der sonnendurchglühten Crnagora so viele antrafen, schlängelte sich träge
über den Weg, und unsere Leute bliesen ihr unbarmherzig das Lebens-
licht aus.

Vor Zeiten mögen ausgedehnte Bestände die Hochebene bedeckt
haben, denn Gvozd (1432 Meter), der Name des kleinen Weilers, in
welchem wir um $^1/_{2}3$ Uhr ankamen, bedeutet Urwald, und die drei
oder vier Gebäude sind von riesigen Buchen umgeben, deren Stamm
zwei Männer kaum zu umfassen vermögen. Die ebenerdigen Häuser
sind aus Steinen erbaut, die runden Viehhürden bestehen aus fest miteinander verbundenen Stangen, und kleine Aecker nehmen den Grund
der flachen Dolinen ein. Die genügsame Kartoffel verspricht einen
guten Ertrag, das Getreide dagegen steht sehr dünn und hat noch
einen grünlichen Anflug. Gegen Abend traf der Gerichtspräsident von
Nikšić ein; der Han bot aber so wenig, dass der hohe Gast mit einigen
Eiern vorlieb nehmen musste, während wir zu den Conserven griffen.
Dann liess er sich am Herde ein hartes Lager bereiten; wir dagegen
zogen die freie Natur der wenig Vertrauen erweckenden Herberge vor,
schürten im Walde ein tüchtiges Feuer und betteten uns auf dem
weichen Rasen.

Erst kurz vor den Buchenhainen von Bukovik (1299 Meter) nahm
das monotone Dolinenplateau ein Ende, und ein hübscher Blick öffnete
sich auf die Ebene von Nikšić und die Gebirge Alt-Montenegros. Niedere
Mauern umgaben die wenigen Gebäude des Ortes, und unter ihren roh
aufeinandergelegten Blöcken waren Sandsteine, Werfener Schiefer und
die Kalkbreccien des Durmitor häufig vertreten. In der Nähe rieselte
eine Quelle über das Gestein; doch war ihr Vorrath so gering, dass
der Schnee im Haushalte der Eingeborenen nach wie vor unentbehrlich
blieb. Die undurchlässige Gesteinsschicht bestand aus Werfener Schiefern,
deren Bruchstücke noch immer anzutreffen waren, als wir die trockene
Rinne eines etwa 3 Meter tief eingerissenen Baches passirt hatten. Da
im Kalke keine Versteinerungen zu finden waren, so konnte die in
diese Gegend fallende Grenze zwischen Trias- und Kreideformation nur

auf Grund der Werfener Schiefer bestimmt werden, eine Grenze, die bereits Tietze mit bewundernswerthem Scharfsinn hier vermuthete.

Hinabgehend in das Becken von Lukovo sahen wir uns im unbeschränkten Bereiche des Karstes, und Eschen-, Buchen-, Eichen- und Ostryagebüsche überwuchsen den grauschwarz verwitterten Kreidekalk. Das Polje selbst wird durch eine Stufe getheilt (1032 und 920 Meter) und steht an Grösse der Ebene von Cetinje wenig nach, obgleich es in diesem Umfange auf Rovinski's Karte nicht zum Ausdruck kommt. Unvollkommen abgerundete Kalkgerölle machen die Anwesenheit eines alten Karstsees sehr wahrscheinlich, und der staffelförmige Abfall der Kessel von Gvozd bis Nikšić weist auf einen inneren Zusammenhang hin. Vielleicht deutet die von Lukovo nach Nikšić laufende Furche die Richtung an, in welcher das Wasser einst abfloss. Eine spärliche, dünn bebaute Humusdecke überlagert das Trümmerfeld, und in die zuckerkörnigen Kalke der oberen Mulde, die sehr an die Kalke der Quelle Osječenica erinnern, ist eine Cisterne bis auf das Grundwasser eingelassen. Einige Frauen schöpften dort das kostbare Nass, und während sie unsere Feldflaschen füllten, hatten wir Mühe, ein schwachsinniges Mädchen fern zu halten, das uns in zudringlicher Weise anbettelte und laut zu weinen begann, als wir uns von ihm abwandten.

Ein drittes Polje schloss sich den andern an, und die Dolinen und steinerfüllten Wege machten im Vereine mit der + 25° C. betragenden Nachmittagshitze unsere Wanderung nicht gerade angenehm. Immer näher kamen die Randberge der Nikšićer Ebene: die wilde Prekornica begrenzte den Hintergrund, und zu unserer Linken stürzte der Ostrog jäh zum Planinica-Sattel ab. Unser Krsto, ein alter Krieger aus dem Jahre 1877, wies uns voller Begeisterung die Stelle, wo der linke Flügel der Crnogorcen den schier unersteiglichen Bergcoloss erklomm und die sich bereits siegreich wähnenden Türken nach grauenvollem Ringen zersprengte. Eine verfallene türkische Strasse, die nicht viel besser war als die zweifelhaften einheimischen Fusspfade, führte uns zu den wogenden Maisfeldern von Rubeži (732 Meter), und auf breiten Kalkplatten stiegen wir wie auf roh behauenen Stufen in die weite Niederung hinab. Gajo und Marko, welche mit den Pferden einen bequemeren Weg eingeschlagen hatten, empfingen uns mit Revolverschüssen und lauten Zivio-Rufen, und zusammen zogen wir längs der wasserlosen Bistrica zu dem Randdörfchen Dragovaluka (689 Meter), wo uns Krstos Verwandte zuvorkommend aufnahmen. Um die guten Leute nicht ihrer Betten zu berauben, wählten wir ein abgemähtes

Feld zu unserer Schlafstätte; und die Nacht war so warm, dass wir unsere schweren Mäntel ganz entbehren konnten.

Die nächsten beiden Tage verweilten wir in Nikšić. Das Obst war reif geworden, und wir schwelgten in einem Ueberflusse von Feigen, Melonen, Aepfeln, Birnen und Trauben, von denen das Pfund nur wenige Kreuzer kostete. Zu den alten Bekannten gesellten sich neue Freunde. Da trafen wir Dr. Kustudija und seine mittlerweile aus Graz zurückgekehrte Gemahlin, einen liebenswürdigen Major und mehrere junge Montenegriner, die eben ihre Studien in Italien und Frankreich beendet hatten. Diesmal machten wir auch dem Stadtoberhaupte Vojvoda Čako Petrović unsere Aufwartung; nur war guter Rath betreffs einer würdigen Kleidung theuer, denn so sehr wir unsere Koffer durchstöberten, so wenig tadellose Wäsche fanden wir noch darin. Die Bergschuhe mussten die Salonstiefeln vertreten, der Lodenhut ersetzte den Cylinder, und ein bunt gestreifter Kragen, eine blaue Halsbinde und ein Paar noch halbwegs erträgliche Handschuhe passten mehr oder minder zu dem schwarzen Rocke und den dunklen Hosen, die wir allein aus dem allgemeinen Schiffbruche unserer im Laufe der Zeit abgenutzten Kleider gerettet hatten.

Am Nachmittage des 2. September nahm ich zum dritten Male von Nikšić Abschied. Wir blieben auf der neuen · Strasse, die bis zum Beckenrande fertig ist; eine Brücke jedoch, die das Trockenbett der Zeta überspannen und bei dem allwinterlichen Hochwasser den Verkehr aufrecht erhalten soll, muss erst in Angriff genommen werden, und ebenso harrt die Strasse, soweit sie das Gebirge bis Bogetić durchschneidet, noch der Vollendung. Die erforderlichen Felssprengungen sind bereits ausgeführt, die Fundamente theilweise gelegt, und so ist zu hoffen, dass auch dieser letzte Theil baldigst dem Verkehre übergeben werden kann, zumal jeder Montenegriner einige Tage im Jahre umsonst oder gegen eine geringe Entschädigung an öffentlichen Bauten arbeiten muss.

Die flachgewölbten Faltungen der dünnbankigen Kalke sind an den Strasseneinschnitten gut erkennbar und halten wenige Minuten oder Viertel- und halbe Stunden lang an. Die starke Ausnagung und Zerklüftung hat in den oberen Schichten grosse Zerstörungen und Abtragungen verursacht, so dass eine und dieselbe Kalklage in eine Menge zusammenhangsloser Fetzen getrennt ist.

Weil der Höhenunterschied zwischen Danilovgrad und dem Gebirgsrücken über 700 Meter beträgt, so lief die Strasse in zahlreichen Krümmungen am Abhange hin; und diese Biegungen durch holperige

Steige abschneidend, erreichten wir gegen 7 Uhr Abends das Dörfchen
Bogetić (435 Meter). Der Hanbesitzer wollte uns nicht aufnehmen, da
seine Frau auf den Tod darniederlag und er kaum für sich das Nöthigste
zu essen hatte. Er nannte uns einen wohlhabenden Montenegriner, der
uns gewiss in sein Haus rufen würde. Doch wir erhielten ebenfalls
einen ablehnenden Bescheid und dachten schon daran, die ganze Nacht
hindurch bis Danilovgrad oder Podgorica zu marschiren, als sich der
Eigenthümer des Hans endlich dazu verstand, uns etwas Heu zu
bringen und auf einem kleinen Sturzacker ein Feuer anzuzünden. Aber
die Verpflegung? Er machte ein bedenkliches Gesicht, denn der heisse
regenarme Sommer hatte die Saaten verbrannt, und ein Mandel Eier,
einige Zwiebeln und etwas Schnaps war alles, was er uns vorsetzte,
»Mehr kann ich Euch beim besten Willen nicht bringen«, sagte er,
»hat uns der liebe Gott doch selber bloss Steine gegeben!« Fürwahr
ein bezeichnendes Wort für den Mangel, der die montenegrinischen
Berge so oft heimsucht. Wie gut war es, dass wir ein Brot mitgenommen, sonst hätten wir sogar dieses wichtigste Nahrungsmittel
entbehren müssen.

Da das Plateau ziemlich unvermittelt abfiel, so lag das Zeta-Thal
fast in seiner ganzen Länge vor uns. Die Bergkegel von Orjaluka und
Spuž, der Garač und das in die scheinbar senkrechte Felswand ein-
gemauerte Kloster Ober-Ostrog begleiteten uns beständig auf unserem
Wege, der an den armseligen Hütten von Cerovo und Drenovština
vorbeiführte. Rauchgeschwärzte Ruinen, die wir gestern schon in Stubica bemerkten, waren hier am häufigsten, und voller Stolz zeigte uns
Krsto die Stelle, wo seine Abtheilung in der denkwürdigen Schlacht
von Ostrog stand. Nun mussten wir uns für zwei Tage trennen, weil
Dr. Baldacci Danilovgrad und ich das Gebiet von Kčevo noch nicht
kannte. Gajo nahm sich unseres Pferdes an, und mit leichtem Gepäck
schlugen Marko und ich einen steinigen Saumpfad ein, während unsere
Freunde die Fahrstrasse verfolgten.

Schon strahlte die Sonne heiss vom wolkenlosen Firmamente
herab und verkündete einen jener Tage, die um Mittag $+ 28^0$ C.
Wärme im Schatten besitzen. Doch hatte uns die Länge der Zeit sowohl an das Ungemach der Hitze als an die Beschwerden des Weges
gewöhnt, und rüstig wanderten wir in den jungen Morgen hinein. Wir
betraten eine mit Dolinen übersäete Terrasse. Lichter, gestrüppartiger
Eichenwald, den zuweilen stattliche Bäume überragten, sprosste aus den
Fugen des dünnbankigen Gesteins, und am Grunde der Trichter grünten
kleine Kartoffelfelder. Um 8 Uhr ging es an dem rauhen, wasserlosen

Felshange 500 Meter steil in die Höhe, wobei die Eiche der Buche
Platz machte. Unser Weg, bekannt als Pišine Strane, bildete einen
Theil der kürzesten Verbindungslinie zwischen Cetinje und Nikšić, war
aber nichtsdestoweniger ein erbärmlicher, ermüdender Steig. Endlich
winkte uns der Weiler Orani Do (1010 Meter), und wir flüchteten vor
der drückenden Sonnengluth in den primitiven Han. Der anstrengende
Aufstieg war überwunden, denn die Häuser des Ortes lagen am oberen
Rande der Hochebene, die sich in zwei Terrassen zur Zeta senkt.
Ein niedriger, verwischter Hügelzug sondert beide Absätze von einander,
so dass die Gliederung des linksseitigen Thalhanges genau mit der des
rechtsseitigen übereinstimmt.

Die Inhaber des Hans waren mürrische, stumpfsinnige Menschen.
Als ich das Barometer ablas, in der Gegend Umschau hielt und die
rudistenreichen Kalke betrachtete, hielten sie mich für verrückt und
bereiteten nicht ohne einen vielsagenden Seitenblick auf den sonderbaren Fremden ein frugales Frühstück. Da auch meinem Diener ihre
Gesellschaft nicht gerade behagte, so brachen wir nach dem Essen
gleich wieder auf und bogen in eine schmale Mulde ein, die sich zu
einem wohlbestellten Dolinenthale verlängerte. Einmal erfreute uns
ein stattlicher Buchenhain, vielleicht der letzte Rest eines ausgedehnten
Waldes, und unter seinem grünen Dache überliessen wir uns sorglos
dem Schlummer.

Der Weitermarsch führte uns über das unabsehbare Hochplateau,
das ebenso wasserlos und öde war, wie das Gebiet des Ostrog und der
Prekornica. Quellen waren nirgends, Häuser und Menschen nur in ver-
schwindend geringer Zahl anzutreffen. Der Höhenunterschied zwischen
Orani Do und Ploča betrug etwa 100 Meter, und daher konnten wir das
dachähnlich abfallende Plateau deutlich überschauen, das, um das alte
Bild nochmals zu gebrauchen, einem im wildesten Sturme erstarrten
Ocean glich. Froh ob des zurückgelegten Weges rasteten wir an einem
nie versiegenden Brunnen des Beckens von Ploča (1060 Meter), dessen
klares, kaltes Wasser in einer finsteren Jama zusammensickerte. Wenige
Minuten später sahen wir unser Ziel, Ćevo, zu unseren Füssen.
und bis zum Lovćen und den von Festungen gekrönten Bergen der
Krivošije schweifte der überraschte Blick. Eine von Dolinen und Absätzen unterbrochene Furche verbindet die Polje von Ploča und Ćevo
und stürzt so jäh ab, dass der Saumweg einen grossen Bogen beschreibt, ehe er in den halsbrecherischen Fusspfad einmündet.

Ćevo, berühmt als Geburtsort der Landesfürstin Milena, hat vor
den anderen montenegrinischen Siedelungen nichts voraus, und von

seinen Häusern sind höchstens das Pulvermagazin und der geräumige
Wohnsitz des fürstlichen Schwiegervaters bemerkenswerth. Wir hatten
es uns in dem bescheidenen Han (767 Meter), einem schmalen, ebenerdigen Gebäude, nicht lange bequem gemacht, als uns der Kapetan
nach Landessitte seinen Besuch abstattete. Andere trieb die Neugierde
her, und indem sie sich um uns setzten, sich beständig räusperten —
eine hässliche Angewohnheit der Montenegriner — und ihren Gast
einem regelrechten Bombardement aussetzten, fragten sie: »Woher
kommt er? Was will er? Wie heisst er? Wer bezahlt seine Reise?
Dient er seinem Vaterlande? Spricht er unsere Sprache? Wie alt ist
er? Lebt sein Vater noch? Ist er verheiratet? Hat er Familie? Raucht
er? Trinkt er Branntwein?« u. s. w. Zwar wird man das Rede- und
Antwortstehen bei einem noch sehr ursprünglichen Volke bald gewohnt,
und diese landläufigen Fragen sind aus den alten Zeiten der Blutrache
übernommen, indem man sich bei Ankunft eines jeden Fremden vergewissern wollte, ob man es mit einem Freunde oder Feinde zu thun
hatte. Diesmal schienen mir aber die Zumuthungen so unerhört, dass
ich den lästigen Fragern nur halben Bescheid gab und mich mit einem
jungen Menschen unterhielt, der mir von vornherein artig entgegen-
gekommen war. Er hatte das Gymnasium zu Cetinje besucht, und sein
Benehmen liess eine gediegene Schulung wohl erkennen.

Meine müden Glieder fanden die erhoffte Ruhe nicht, denn sechs-
füssige Plagegeister setzten mir so zu, dass ich erst gegen Morgen ein-
schlief und vor 7 Uhr nicht an den Abmarsch dachte. So anheimelnd
sich das Ćevsko Polje von der Höhe ausnahm, so traurig war es
in Wirklichkeit. Dürftige Aecker und dürres Gras bedeckten den
steinigen Boden, der statt der Quellen einige Cisternen enthielt. Der
spärliche Baumwuchs vermochte sich noch immer nicht zu dichteren
Beständen aufzuschwingen, und die Wärmestrahlung der nackten,
wiederum von Rudisten wimmelnden Kalke steigerte sich zu einem unerträglich hohen Grade.

Die wild verkarsteten, mit Eichen-, Eschen- und Ostrya-Gebüsch
bewachsenen Lehnen gewähren einem flachen Dolinenthale Raum, das
an einem nicht allzuhohen Rücken (940 Meter) nach Nordost abbog.
Zum letzten Male grüsste aus dunstiger Ferne der gewaltige Orjen herüber, und vor uns erhob sich der schroffe, massige Garač. Von welcher
Seite man ihn sehen mag, immer zeigt er zwei flache Kuppen, und ein
tiefer Pass trennt ihn von dem ähnlich geformten, aber viel niedrigeren
Mali Garač. Eine Mulde begleitet ihn bis zu unserem Kamm, und in
ihr soll die in Aussicht genommene Fahrstrasse Cetinje-Danilovgrad ver-

laufen. Plötzlich vernahm ich einen hellen Klang, wie wenn Glas mit
einem Stein in Berührung kommt; voll banger Ahnung drehte ich mich
um, aber das Unglück war schon geschehen. Mein letztes Thermometer
war aus seiner Hülle gefahren und lag in tausend Scherben am Boden,
nachdem es Marko 13 Tage lang mit ängstlicher Sorgfalt behütet hatte.
Verstimmt setzten wir unsern Marsch bis zum Dörfchen Miogost fort
und erkletterten bei $+30^0$ C. Hitze den steilen Pass (732 Meter), nachdem wir einen Schluck schalen Zisternenwassers getrunken hatten. Doch
die Schwüle war zu drückend, und die Mittagssonne stand gerade über
uns, so dass wir ermattet unter einem verkrüppelten Baume Schutz
suchten und der keuchenden Brust eine Stunde Erholung gönnten.

Hinter dem Gebirge zog dunkles Gewölk herauf, und der Donner
trieb uns wieder fort. Beiderseits fielen die nackten Gipfel des Garač
schroff zu der schmalen Einsattelung ab, und ihre dünnbankigen Kalke
waren zu mannshohen Riesentreppen verwittert. Eine kleine Häuseransammlung belebte die mit Getreidefeldern besetzte Mulde, die nach
einer Viertelstunde endete; und das freundliche Danilovgrad vor Augen,
eilten wir auf zahlreichen Serpentinen zur leuchtenden Zeta hinab.
Wohl stellt dieser Pass den kürzesten, geradesten Weg über das Gebirge
dar, aber trotzdem wird er von der geplanten Fahrstrasse nicht benutzt,
da sein 700 Meter betragender, übermässig steiler Absturz ohne schwere
Opfer an Zeit und Geld nicht bezwungen werden kann. Die Strasse um-
geht ihn daher in einem grossen Bogen um den Mali Garač, und auf
ihr wird man ebenso schnell zum Ziele kommen wie auf dem müh-
seligen Wege über den entsetzlich verkarsteten Bergrücken.

Schon tränkten schwere Regentropfen die durstende Erde, als wir
auf einer Steinbrücke die Sušica überschritten und die Ebene betraten,
in der wir eine bequeme Fahrstasse vorfanden. Nächtliches Dunkel
legte sich über die lechzenden Fluren, ein orkanartiger Sturm durch-
raste die schwüle Luft und wirbelte den Staub zu thurmhohen Wolken
auf. So heftig war er zuweilen, dass er uns am Weitergehen hinderte;
aber die Hoffnung, noch ein schützendes Dach zu gewinnen, gab uns
Flügel, und eben hielten wir vor der bekannten Locanda, als sich ein
schweres Gewitter mit einem wolkenbruchähnlichen Platzregen entlud.

Nach einer halben Stunde drang die Sonne wieder siegreich durch
die Wolken, ein frischer Hauch spielte mit den Baumwipfeln, und Mil-
lionen Wassertröpfchen erglänzten in den Farben des Regenbogens. Da
hielt es uns nicht länger in dem dumpfen Zimmer, und nicht eher
hemmten wir unsere Schritte, als bis wir im Abenddunkel das traute
Podgorica erreichten.

15. Capitel.

Das Kuči-Land.

Herzlich bewillkommnet von Dr. Baldacci und den andern Freunden zogen wir in der Locanda des Ivo Carević ein. Die Anstrengungen des über 40 Kilometer betragenden Marsches von Kčevo nach Podgorica wurden erst am andern Morgen fühlbar; daher that uns die Ruhe doppelt wohl, und wir konnten mit Musse nach einem Thermometer Umschau halten. Aber obwohl Podgorica gegen 5000 Einwohner zählte, blieb unsere Nachfrage erfolglos, bis ich erfuhr, dass der Gouverneur ein für mich so werthvolles Instrument besitze. Er überliess es mir mit der grössten Bereitwilligkeit, und wenn es auch ein ganz gewöhnliches Réaumur-Thermometer war, so reichte es für meine Zwecke vollkommen aus. Nun konnte ich mich, um eine Sorge erleichtert, den Bekannten widmen, zu denen sich ein fein gebildeter Montenegriner namens Peter Lipovac gesellt hatte, der das Russische, Französische, Italienische. Englische und Deutsche mit einer seltenen Vollkommenheit beherrschte. Der drückenden Hitze wegen machten wir wenig Ausflüge in die Umgebung und besuchten dafür fleissig die Lesehalle, die Čitaonica, deren es in jeder montenegrinischen Stadt eine giebt. Die grösste besitzt Cetinje, und man vermisst dort auch die englische, französische, deutsche und österreichische Presse nicht, während in Podgorica die wichtigsten türkischen Blätter vertreten sind. Ausserdem liegt in jeder Lesehalle eine mehr oder minder grosse Zahl russischer und serbischer Zeitungen auf, und der montenegrinische Staatsanzeiger »Glas Crnogorca« (Die Stimme des Montenegriners) fehlt natürlich nirgends. Er erscheint wöchentlich einmal und bringt auf vier grossen Folioseiten eine Fülle politischer, belletristischer und anderer Darstellungen.

Der Abend bescherte uns eine eigenartige Ueberraschung. Eben wollten wir schlafen gehen, als die Wirthsleute in unser Zimmer stürzten und in jedes Fenster ein Licht stellten. In andern Häusern geschah dasselbe, und binnen wenigen Minuten war die ganze Stadt erleuchtet. Auf unsere Frage, was das zu bedeuten habe, erhielten wir die Antwort, es seien soeben an der Grenze Schüsse gefallen, und

um den Albanesen zu zeigen, dass die wachsamen Einwohner auf
ihrer Hut seien, pflege man bei derartigen Anlässen eine brennende
Lampe nach der albanesischen Seite zu ins Fenster zu setzen. Doch
es wurde kein Schuss mehr hörbar, und bald herrschte in Podgorica
wieder ungestörte Ruhe.

Leider nahm unser dreitägiger Aufenthalt wie immer zu rasch
ein Ende. Dr. Baldacci schloss seine 2¹⁄₂monatliche Reise ab, und ich
wollte noch fünf Wochen lang die albanesisch-montenegrinischen Grenz-
gebiete und das Küstenland durchstreifen. Da ich in 14 Tagen wieder
in Podgorica einzutreffen gedachte, so liess ich den grössten Theil des
Gepäcks und darunter meine Zither zurück, die mir oft die Langeweile
vertrieben und manche Gelegenheit zu lustigen Erlebnissen gegeben
hatte. Am 8. September schieden wir mit Kuss und herzlichem Hände-
druck von Dr. Baldacci, Krsto und Gajo und durchwanderten bei -|- 28° C.
Hitze etwas niedergeschlagen ob der Trennung von unseren Reisegefährten
die staubige, magere Ebene.

Von der Fruchtbarkeit, welche sonst die Ebenen um Podgorica
auszeichnet, war hier wenig zu bemerken. Der Boden, den vor
Zeiten ein ausgedehnter Binnensee überflutete, setzt sich aus locker
verbackenen Geröllen zusammen, die den Regen nicht lange festhalten
und nur selten von einer anbaufähigen Krume überlagert werden. Gras
und Buschholz überkleiden die wasserlose Steinfläche; aber die Riesel-
felder an der Ribnica und die Aecker längs der Gorica geben reichliche
Erträge. Unser Weg führt durch die Weingärten von Doljani, und
glutrothe, pfundschwere Trauben schimmern verlockend durch die breiten
Blätter.

Bald standen wir vor dem Kirchlein von Doljani (94 Meter) und
erklommen unter den sengenden Sonnenstrahlen die stark verkarsteten
Gehänge, bis mit dem Weiler Sjenica (265 Meter) das Plateau gewonnen
war. Auf dem Wege waren noch die Reste von Unterbauten und roher
Pflasterung erkennbar, lief er doch zu der vielgenannten Zwingburg
Medun. Neben der charakteristischen Karst-Vegetation herrschten dick-
blättrige Eichen vor, und an einer ergiebigen Quelle (+ 15° C.) rasteten
wir einige Minuten. Zu unserer Rechten erhob sich die Kakarička Gora,
ein sanfter, mit dem Plateau wenig zusammenhängender Kalkrücken,
und das schmale, gut bebaute Ribnica-Thal trennte sie von den Ausläufern unserer Hochebene, der Fundina, die wegen ihres Wasserüber-
flusses schon bei den Römern Fontana hiess. Eine grauenvolle Schlacht,
in der es keinen Pardon gab, tobte 1876 auf jenen Höhen. 8000
Crnogorcen schlugen unter dem Befehle Marko Miljanovs 40.000 Türken.

und 11.000 Feinde bedeckten am Abend das blutgedüngte Schlachtfeld. Noch heute sind die Reste der türkischen Feldschanzen zu sehen, und noch immer findet der Wanderer gebleichte Gebeine in den einsamen Schluchten. Marko Miljanov! Mit Ehrfurcht spricht der Montenegriner von dem ritterlichen Kämpen, dessen Wunden eben so zahlreich wie die Köpfe sind, die er im erbitterten Handgemenge erbeutet. Jetzt wohnt er in Medun, dessen Eroberung ihm einen neuen Lorbeerzweig ins graue Haar wand, und mit Genugthuung kann er allabendlich die Fundina-Berge überschauen. —

Zu unserer Rechten begleitet uns ein freundliches Thal, bis ihm die 150 Meter hohe, senkrechte Felswand von Dolnji Medun Halt gebietet. Schon von Podgorica aus ist sie deutlich sichtbar, denn die Felszinnen, welche nirgends so plump und abstossend wie auf dieser Seite die Zeta-Ebene umgrenzen, bilden hier eine Lücke und lassen im Hintergrunde eine jäh abstürzende Mauer frei. Plötzlich ragt vor uns ein nackter, weisser Kalkzahn auf. Zerstörte Ruinen krönen seinen Scheitel, und beiderseits scheinen sich die schroffen Bergmauern die Hand zu reichen. Das ist Medun, das Medione der Römer, und kaum erblickt man von der Ebene aus die alte Türkenveste, die den weiten Plan von Podgorica und die flachen Becken auf der Höhe überwacht. Steinmauern umgeben die Felder und die von Feigenbäumen beschatteten Häuser von Gornji Medun (469 Meter), und eine Cisterne bietet uns einen erwünschten Ruheplatz.

Die geologische Zusammensetzung dieser Gegend scheint auf eine Wechsellagerung zwischen Kreide und Trias hinzuweisen. Die Kalke von Doljani bis Unter-Medun gehören wegen ihrer zahlreichen Rudisten unzweifelhaft zur Kreide und werden hinter Ober-Medun an der Wegkreuzung nach Dučići durch das beschränkte Auftreten von Kreideschiefern und Rudisten abermals als kretaceisch gekennzeichnet. Im Kessel von Ober-Medun dagegen verschwinden die Rudisten ganz, der Habitus der Kalke wird ein anderer, und die im Triaskalk des Durmitor beobachtete Breccie stellt sich ein; dazu kommen Sandsteine und Schiefer, die durchaus den Typus der Werfener Schichten tragen. Kurz vor Ubli werden die Kalke vollkommen versteinerungslos, ohne sich im äusseren Aussehen irgendwie zu verändern; man kann daher hier die Triasformation beginnen lassen, zumal die bisher ziemlich häufigen Rudisten plötzlich und für immer ausbleiben.

Ueber eine zweite Gebirgswand gelangten wir auf ein neues Plateau (502 Meter), dessen wellige Oberfläche an einer dritten Mauer endete, die in eine vierte Hochebene überging. Nun wurde der Karst noch trostloser als bisher, so dass er den verlorenen Einöden von

Bratonožići nicht nachstand. Wo aber eine culturfähige Dolina in den verwitterten Stein eingebettet war, da umschloss sie ein kleines Feld, und um die Weingärten oder die lichten Maulbeer-, Feigen- und Steineichenhaine hatten fleissige Hände einen schützenden Steinwall aufgeschichtet.

So erreichten wir die zerstreuten Hütten von Ubli (500 Meter), und da wir keine grosse Lust verspürten, im heissen Sonnenbrande weiter zu marschieren, so schauten wir uns nach einem Quartiere um. Ein solches war bei den gastfreien Kuči bald gefunden; unsere Wirthe thaten alles Mögliche, um uns den Aufenthalt bei sich angenehm zu machen, und als wir am Morgen von dannen zogen, entschuldigten sie sich immer wieder, dass sie uns wegen ihrer Armuth nichts Besseres als Brot, Trauben und Eier vorsetzen konnten.

Die Kuči zerfallen in die beiden Hauptstämme Kuči Drekalović und Kuči Krajna und sind ihrem Ursprunge nach Albanesen, die ihre Muttersprache und die meisten ihrer heimischen Gebräuche zu Gunsten der montenegrinischen Sprache und Sitte aufgegeben haben. Doch ist die Mehrzahl dem römisch-katholischen Glauben treu geblieben und stand um deswillen mit den streng orthodoxen Crnogorcen zuweilen in scharfem Gegensatze. Wechselheiraten mit den Arnauten sind nichts Seltenes; das hindert indessen die einzelnen Familien nicht, sich wüthend zu bekriegen. Im Gegentheil, während die Regierung die Blutrache durch energische Massregeln unterdrückt hat, ist sie in diesen Grenzgebieten noch immer nicht erloschen und wird es nicht eher sein, als bis sich auch die Albanesen zu einem Vergleich herbeilassen. Damit wird es aber noch gute Wege haben, denn ihre Häuptlinge erklärten in Djakova auf die diesbezüglichen Vorschläge der Pforte, es sei von den Montenegrinern Blut vergossen, und dieses erheische Sühne.

Die Kuči waren stets ein freies Volk, das sich um die türkische Herrschaft eben so wenig kümmerte wie vor dem letzten Kriege die Hirten des Durmitor und wie noch heute die Albanesen der schwer zugänglichen Gebirge. Sie verspotteten die drohende Zwingburg Medun und trotzten in ihren Häusern oft den türkischen Soldaten. Eine feste Mauer umgiebt den gepflasterten Hof und die Wohnstätten, deren Bauart vielfach an das türkische Haus erinnert und deren kleine, schiessschartenartige Fenster den festungsähnlichen Eindruck noch erhöhen.

Der öde, nackte Hang, an dessen Fusse Ubli liegt, wurde auf vielgewundenem Pfad erstiegen. Wein und Feigen kamen fortan nicht mehr fort, und in die fleischrothen Kalke waren gähnende Klammen und Ponos gebohrt. Beachtet man, dass diese Schlünde das Ende

eines tief eingeschnittenen, geröllerfüllten Trockenthales sind und sich
im Becken von Medun und in der Ribnica-Furche fortsetzen, so haben
wir ein neues Beispiel für den hydrographischen Zusammenhang, der
mit den Karsterscheinungen so oft Hand in Hand geht. Das Wasser
rundete die Steine ab und zerriss die Flanken des Gebirges; allein der
klüftige Kalk hat es längst verzehrt, so dass es auf unterirdischen
Canälen zur Ribnica und Morača abfloss. Die unbeschreibliche Wasser-
armuth, ja Wasserlosigkeit jener Bezirke im Allgemeinen und dieses
Karstbaches im Besonderen konnte sich das einfache Volksgemüth nicht
besser erklären als durch die Sage, der heilige Sava habe, ergrimmt
über die Sünden der Umwohner, ihr kostbarstes Gut auf Nimmerwieder-
kehr verflucht.

Nicht weniger langweilig und wild verkarstet war die Gegend, die
sich jetzt vor uns öffnete, und bald nahm uns das eben erwähnte
Trockenthal auf, dessen 5 Meter hohe Wände senkrecht in das Gestein
gegraben waren. Ueberall waren die Leute mit dem Einbringen der
Feldfrüchte beschäftigt, und die Mehrzahl der Aecker stand bereits in
Stoppeln. Der dicht bewölkte Himmel entsandte einen feinen Regen,
aber er war wie der Tropfen auf einen heissen Stein und belästigte uns
längst nicht mehr, als die roh ausgearbeitete Schlucht bei der Kirche von
Dolnji Kržanje (1082 Meter) aufhörte.

Ein weniger steiler Hang führt auf ein fünftes Plateau, das fruchtbare Becken von Ober-Kržanje (1123 Meter). Der Karstwald wird hochstämmiger, und die Steineiche weicht in diesen kühleren Regionen allmählich vor der Buche zurück. Die Laubbäume würden noch kräftiger
sein, wenn nicht die Eingebornen hier wie in andern Theilen Montenegros gezwungen wären, das mangelnde Heu durch die Blätter der
jungen Aeste zu ersetzen, so dass die verstümmelten Bäume wie unsere
geköpften Weiden einen traurigen Anblick darbieten. Sonst verändert
sich die Gegend nicht zum Bessern, ja sie wird bei dem kleinen Weiler
Strapče (1275 Meter) besonders wüst und trostlos.

Nachdem ein Mann aus seiner entfernten Hütte bereitwilligst etwas
Cisternenwasser für uns herbeigeholt hatte, setzten wir unseren Marsch
fort. Der Cañon der Mala Rijeka, der uns zur Linken begleitete, und
die grauen Kuppen des Vjeternik verschwanden langsam, und zu unserer
Rechten trat das imposante Gebirgsmassiv der Žijovo Planina in den
Vordergrund. Leidlich dichter Laubwald bekleidete die untere Hälfte
ihrer stark verkarsteten Gehänge, und schmutzige Firnflecken lagerten
in den Nischen des zersägten Kammes.

Endlich winkte die Erlösung. Wir näherten uns den Werfener und paläozoischen Schiefern, die schon von weitem an ihren sanft abgerundeten Bergformen und ihrer rothbraunen Färbung kenntlich waren, und auf Schritt und Tritt vollzog sich eine durchgreifende Veränderung in dem landschaftlichen Bilde. Als wir um den niederen Zagon-Rücken in eine flache Mulde einbogen, verlor sich der öde Karst immer mehr; inmitten grüner Wiesen lag eine Viehtränke, und an einer ebenso spärlichen Quelle, der zweiten seit Podgorica, rastete eine Schar lustig plaudernder Kuči mit ihren schwer beladenen Packpferden. Sie schafften reichliche Vorräthe an Käse und Skorup für den langen Winter in ihre Dörfer, und Andere trugen ihre Gerätschaften zu Thal; denn bereits erhielten die Bäume ein herbstliches Gewand, und Mitte oder spätestens Ende September verlassen die letzten Senner die Alpenweiden, welche bald darauf der erste Schnee unter einem weissen Schleier begräbt. Wegen der nahen Grenze und aus Furcht vor der Blutrache vermeidet man es, allein zu gehen und schliesst sich möglichst zu kleinen, scharf bewaffneten Gesellschaften zusammen.

Das rechte Gehänge der tiefen, grasigen Brskut-Schlucht, eines Quellarmes der Mala Rijeka, vermittelte den Uebergang zu dem langgestreckten Treskavac, und die Schiefer, aus denen das gesammte Südost-Montenegro besteht, gewannen mit Macht die Oberhand. Der Kalk beschränkte sich auf die oberen Theile der Gebirge und prägte ihnen seine charakteristischen Erosionserscheinungen auf. Die Čebesa z. B. setzte sich zu Dreiviertel aus wenig mächtigen, wohlbewaldeten Schieferbänken zusammen, den zerzackten Kamm aber bildete nackter Kalk, der in breiten Schutthalden an seiner kaum gestörten Unterlage hinabgeglitten und sich mit den Trümmern derselben nicht selten zu einem festen Conglomerat verbunden hatte. Neben dem Farbencontrast stellt also die üppige Pflanzenbedeckung auf der einen, die fast bis zur Vegetationslosigkeit sich steigernde Pflanzenarmuth auf der anderen Seite ein nicht minder wesentliches Unterscheidungsmerkmal beider Gesteinsarten dar.

Wieviel schöner ist die östliche Crnagora als Nord-Montenegro! Müssen wir auch dem königlichen Durmitor vor dem Kom entschieden die Palme zuerkennen, so birgt die Umgebung des letzeren tausendmal mehr Reize in sich als die des ersteren, und es ist nur zu bedauern, dass die Sicherheit des Lebens längs der berüchtigten albanesischen Grenze viel zu wünschen übrig lässt. Verschwunden sind die sonnverbrannten, wald- und wasserarmen Plateaus des montenegrinischen Nordens; statt ihrer erfüllt ein Heer steiler, runder Kuppen das ausgedehnte Gebiet. Ueppige Laub- und Nadelwälder, die uns dort nicht gerade häufig begegneten,

klettern bis auf die niedrigeren Gipfel, und grüne Alpenmatten fehlen
selbst den höchsten Pfeilern nicht. Was Wunder, dass bei 1900 Meter
noch zahllose Kolibas anzutreffen sind, eine Höhe, die seinerzeit bloss
von den wenigen Hütten des Vališnica- und Lokvice-Thales überboten
wurde. Quellen und Bäche eilen in brausenden Cascaden zu den silberhellen Flüssen hinab, die nie versiegend in waldigen Thälern über die
Gerölle springen, und des Durmitor tiefgrüne Meeraugen finden im
Rikavac-See, Vukomirsko Jezero und einigen andern versteckten Teichen

Die Žijovo Planina und der Vukomirsko Jezero (Kuči-Land).

ebenfalls ihre Vertreter. So gleicht die Landschaft der freundlichen Gornje
Morača oder den bosnisch-hercegovinischen Alpen; und dass ihr auch
der ausdrucksvolle Hintergrund nicht fehle, dafür sorgen die seltsamen
Kalkrücken mit ihren Teufelsmauern, Riesentreppen und Hexentanz-
plätzen. Ein Berg auf unserem Wege ragt wie das Matterhorn als scharfer
Zahn empor; es ist der östliche Theil der wilden, wenig bekannten Žijovo
Planina, und unmittelbar vor uns werfen die schwarzgrünen Fluten des
geheimnisvollen Vukomirsko-Weihers kleine Wellen.

Noch bewunderte ich das fesselnde Bild, als mich der Ruf meines
Dieners: »Herr, Kulaš ist gestürzt!« in die Wirklichkeit zurückversetzte.

11*

Das arme Thier war erschöpft zusammengesunken, nicht bloss, weil wir eine zehnstündige, anstrengende Wanderung zurückgelegt hatten, sondern weil für unseren Gaul die goldene Jugendzeit schon lange vorüber war. Zum Glück fand sich rasch Hilfe. Ein junger Bursche, der von Strapče aus mit uns gegangen war und ein lediges Pferd führte, erklärte sich zur Uebernahme unseres Gepäckes bereit, Kulaš trabte trübselig hinterdrein, und eine halbe Stunde später hielten wir vor dem Katun von Mokro (1551 Meter). Bei den wackeren Kuči brauchten wir nicht erst zu sagen, was wir wollten. Decken wurden ausgebreitet, die Frauen bereiteten ein einfaches Abendessen, und da die Luft sich empfindlich abkühlte, so krochen wir in die Hütte und suchten um 9 Uhr das harte Lager auf.

Das schmale Thal Mokro ist zwischen die schroffen Hänge der Ćebesa und des Maglić eingebettet und wird durch einen niederen Kalkrücken vom Plateau Širokar und dem in einen 250 Meter tiefen Kessel eingesenkten Rikavac Jezero getrennt. Seinen Namen Mokro (feuchter Ort) verdient es mit Recht, da sein Grund, der auffallend einem alten Flussbette ähnelt und in die romantische Schlucht des Tara-Quellflusses Veruša ausmündet, reich an Quellen und Bächen ist. — Um sich für den Ausfall schadlos zu halten, den sie in Folge anhaltender Missjahre durch Verkleinerung ihrer Heerden erlitten, wenden sich die Eingeborenen immer mehr dem Feldbau zu. Unser Wirth hatte ebenfalls den Versuch gemacht, Erdäpfel um seine Hütte anzupflanzen und war damit so zufrieden, dass er einen grossen Theil seiner Weiden in Kartoffelland umzuwandeln beabsichtigte.

Als wir dem armen Kulaš seine leichte Last wieder auflegten, sagten mir die erfahrenen Männer und Marko gleich, dass wir keinen guten Weg haben würden, und ein Sohn des Hauses bot sich uns als Soldat, Wegweiser und nöthigenfalls auch als Helfer in der Noth an. Da ich den abgetriebenen Gaul wenigstens bis Andrijevica zu bringen hoffte und dort um jeden Preis zu verkaufen gedachte, so wollte ich es noch einmal mit ihm versuchen, und in der Ebene ging Alles nach Wunsch. Als wir jedoch am steilen Maglić emporzusteigen begannen, fing das Ungemach an. Ganz langsam schritt das alte Pferd fürbass und blieb nach jeder halben Minute keuchend stehen. Der Weg, der vielleicht in 1½ Stunden zurückgelegt worden wäre, beanspruchte unter diesen Verhältnissen das Doppelte, und schliesslich sah ich ein, dass wir so nicht weiterkommen würden. So nahmen wir Kulaš seine Bürde ab und überliessen ihn vorläufig sich selbst. Alsbald fiel er, gefrässig wie er war, über das saftige Gras her, und wir schleppten das nicht gerade schwere Gepäck zu dem nahen Katun

auf dem Kurlaj (1762 Meter). Unser Freund war gern bereit, unsere
Sachen gegen eine geringe Bezahlung nach Podgorica zu schaffen, und
ich schenkte ihm unser Pferd sammt Sattelzeug, da es für uns keinen
Werth mehr hatte. Als ich nach Podgorica zurückkehrte, war der Reise-
korb längst angekommen, und von seinem Inhalte fehlte nicht das
Geringste. Ueberhaupt kann ich von der Ehrlichkeit der Montenegriner
viel Rühmliches sagen. Dr. Baldacci liess seine Leute stets einen Theil
seines Geldes tragen, und ich brachte meinem Diener Marko das gleiche
Vertrauen entgegen, ohne mich jemals getäuscht zu sehen.

Wir nahmen Abschied von dem treuen Thiere, das manche
ernste und heitere Stunde mit uns getheilt, das in Montenegro und in
der Hercegovina unser unverdrossener Reisegefährte gewesen war und
das, am Durmitor geboren, am Kom seine dornenvolle Laufbahn für
uns wenigstens beendete!

Die Buchengrenze lag schon längst unter uns, als wir um $^3/_1$10 Uhr
eine schmale Scharte zwischen Maglić und Crna Planina betraten. Ein
steinernes Grab zierte die einsame Höhe (1945 Meter) und verlieh ihr
den Namen Groblje (Friedhof). Ueber den schwach gefalteten Schiefern
lagerten als letzte Reste einer einst zusammenhängenden Decke einzelne verwitterte Kalkfetzen, und beiderseits fiel das Gebirge nahezu
senkrecht ab. Ein schneidend kalter Ostwind blies uns ins Gesicht, aber
trotzdem blieb ich festgebannt stehen, weil das Bild, das sich uns darbot, zu überwältigend, zu grossartig war. Selbst der Pinsel eines geübten
Malers ist nicht im Stande. dem farbenfrohen Reize der Landschaft gerecht
zu werden; wie viel weniger vermögen das erst Worte zu thun? Eine
majestätische Gebirgsmauer, aus deren finsteren Schluchten breite Firnflecken leuchteten und deren kühn geschwungener Kamm drohende Thürme
und Zinnen trug, so strebten die unnahbaren Alpen Albaniens zu dem
Wolkenmeere auf, das um die zerrissenen Spitzen wogte. Dort, wo der
zackige Wall nach Süden umbog, übertraf er den Durmitor an Höhe,
und auf ihm thronte in starrer Pracht der Verfluchte Berg, die Prokletija.
Tief unten umsäumte eine Waldschlucht die nackten, schutterfüllten
Ketten, und in ihr wand sich das weisse Geröllbett der Skrobotuša-
Vrmoša, des bedeutendsten Quellflusses des Lim, dahin. Uns am nächsten
beherrschte ein Fort die kleine Ebene Veli Polje, und hinter einem Berg-
vorsprung vermischte sich eine zarte Rauchsäule mit der frischen Morgenluft. Das war das liebliche und doch so verrufene Thal von Gusinje und
Plava, und der aufsteigende Rauch verrieth die Stelle, wo Gusinje lag. Leider
sind beide Städte den Fremden seit Jahren so gut wie verschlossen:
denn wild wie das Gebirge sind die hier hausenden Albanesen, die dem

berüchtigten Clan der Malissoren angehören. Der Berliner Congress hatte
den lange gewünschten Bezirk den Montenegrinern zugesprochen, aber
die fanatischen Bewohner leisteten ihrem bewaffneten Einschreiten er-
folgreichen Widerstand, und es blieb den Grossmächten nichts übrig,
als die Crnogorcen durch die Abtretung von Dulcigno zu entschädigen.
Selbst die Türken besitzen trotz ihrer Garnisonen so wenig Autorität,
dass die Eingebornen von Gusinje jüngst den Kaimakam (Richter) vertrieben, und dass es nicht möglich war, die Festung im Veli Polje von
dem nahen Gusinje aus zu verproviantiren. Die türkischen Soldaten mussten
vielmehr durch montenegrinisches Gebiet ziehen und auf einem mehrere
Tagemärsche betragenden Umwege die Lebensmittel in das Fort schaffen.
Während meines Aufenthaltes in Andrijevica sah ich täglich die schmutzigen,
schlecht gekleideten Gestalten auf schwer beladenen Saumthieren Mais,
Reis, Aepfel und andere Dinge über die Grenze befördern. Ja als um
dieselbe Zeit ein Pascha mit starker Geleitmannschaft von Berani nach
Scutari reiste, hielten ihn die getreuen Unterthanen von Gusinje vier
Tage lang gefangen. Nur die montenegrinischen und albanesischen
Frauen können ungefährdet aus- und eingehen, und in Carine wusste
uns ein Mädchen viel von den eigenartigen Arnautenstädten zu erzählen.

Doch unsere Rundschau ist noch nicht beendet. Zur Linken erhebt
sich das stolze, dreigipfelige Massiv des Kom, dessen schroffe Kalkwände
auf einem fahlgrünen Hochplateau ruhen. Es ist von viel begrenzterer
Längen- und Breitenausdehnung als der Durmitor und bedeckt mit
seinen äussersten Ausläufern, seinen Füssen oder Wurzeln, wie das Volk
sagt, die Fläche zwischen Tara, Svinjača, Jelovica und Lim. Im Einzelnen
zeigen jedoch seine Kalkschroffen dieselbe Ausarbeitung wie die Čirova
Pećina. Lockere, halsbrecherische Grate, unzugängliche Pyramiden und
steil gebösschte Schutthalden gibt es auf ihm ebenfalls genug, und
blumige Wiesen, die man dort vergebens sucht, zieren den Scheitel
dieses interessanten Berges. Quellen und Bäche, vom ewigen Schnee
gespeist, rinnen von den Hochweiden hinab, und ihnen ist ein grosser
Theil der Reize zuzuschreiben, die eine vom fliessenden Wasser durch-
zogene Gegend in unseren Augen so sehr auszeichnen. Wie sich aber
von seinen Gipfeln eine umfassende Rundsicht über Montenegro, Bosnien und Albanien erschliesst, so gewährt der Kom selbst einen über-
raschenden Anblick. Auf Wiesen und Felder folgt eine Zone üppigen
Eichen- und Buchenwaldes, dann stellen sich ausgedehnte Bestände
an Fichten und Schwarzkiefern ein, und saftige Alpenmatten vermitteln
den Uebergang zu den Zinnen und Schluchten, die Bären, Wölfen und
Gemsen einen sicheren Schutz gewähren.

Unser Weg lief auf der Höhe der Crna Planina hin, deren kaum
1 Centimeter mächtige Schieferlagen stark, ja bis zur Ueberkippung
gefältelt waren. So jäh stürzt der Hang in die Tiefe, und so abschüssig
wird zuweilen der geländerlose Pfad, dass eine kräftige Hand die schwer
beladenen Pferde festhalten und dass man sich vorsichtig vor einem
Fehltritt hüten muss, ein Umstand, der den Genuss jenes einzigen
Panoramas sehr beeinträchtigt.

Der Kom von Konj u he aus.

Der Rücken bildet einen Theil der grossen Wasserscheide, die von
Gacko durch die Duga-Pässe, über den Vojnik und die Lukavica, über
die Javorje Planina und Moračko Gradište zur Crna Planina streicht und
sich über die Vila zu den Albanesischen Alpen fortsetzt. Oft beträgt
die Entfernung der beiderseitigen Quellsysteme noch nicht 1 Kilometer.
und die Wasserscheiden sind mitunter sehr verwischt. Der Rikavac-
See z. B. fliesst verborgen zur Cijevna (also zur Morača) und zur Skro-
botuša (also zum Lim) ab; und als wir in eine sich beiderseits thalartig
verlängernde Senke (1698 Meter) hinabstiegen, sagte uns ein Hirt. dass
sich in einer flachen Bodenvertiefung während des Winters ein Teich

sammle, der seinen Inhalt an die Opasanica (also die Tara) und die Vučji Rijeka (also den Lim) abgäbe.

Ein ausgedehnter Buchenwald nahm den Raum zwischen diesem Sattel und der Grenze ein. Sein dichtes Unterholz bot bei räuberischen Ueberfällen einen vortrefflichen Schutz, und mehrere einfache Steinpfeiler verriethen die Stellen, wo das Blei des feige im Hinterhalte lauernden Malissoren das nichts ahnende Opfer niederstreckte. Wir beobachteten daher unsere Umgebung mit gespanntester Aufmerksamkeit, bis wir in den Kolibas des Kurlaj anlangten und dort den grössten Theil unseres Gepäckes zum Rücktransport nach Podgorica zurückliessen. Dreimal schneller kamen wir ohne unser Pferd vorwärts und rasteten nur einmal an einer sehr kalten Quelle (+ 3° C.), die zwischen den auflagernden Kalken und den unterlagernden Schiefern austrat und zugleich die Grenze der Buchen (1800 Meter) anzeigte. Oefters bemerkten wir schwarze Kalke, die von röthlichen und weissen Adern durchsetzt waren. Sämmtliche Kalke und Dolomite sind triadisch, weil sie auf den alten Schiefern ruhen und am Kom, wie es scheint, durch eine dünne Schicht Werfener Schiefer von jenen getrennt werden.

Gegen 3 Uhr langten wir in unserem Bestimmungsorte, dem vom Kurlaj aus gut sichtbaren Sommerdörfchen Carine (1884 Meter) an, dessen Hütten auf einem flachwelligen Plateau unterhalb des Kučki Kom zerstreut sind. Ein aus Albanien herüberwehender Wind erniedrigte die Lufttemperatur auf + 8° C., und die Kühle steigerte sich in der Nacht so, dass das Thermometer um 6 Uhr des nächsten Morgen erst ÷ 6° C. angab. In der reinlichen Hütte des Kapetans von Medun fanden wir ein behagliches Unterkommen, und am 11. September schied ich von Carine und dem Kuči-Lande. Von einer Besteigung des 600 Meter höheren Kom-Gipfels sah ich ab, da sie mit meinen Plänen nicht mehr recht vereinbar war und ich schon damals darauf rechnete, auf einer zweiten Reise das Versäumte nachzuholen.

Als wir ins Freie traten, hüllte ein undurchdringlicher Nebel das gewaltige Gebirge ein, so dass die kaum 20 Schritte entfernten Hütten nicht zu erkennen waren. Ein Hirt begleitete uns deshalb, bis sich der knappe Pfad von der hier oben entspringenden Carinska Rijeka abwandte und zur Perućica führte. Unser Mentor hatte uns noch nicht lange verlassen, als die Sonne siegreich durch die Finsterniss drang: binnen Kurzem war der Nebel zu kleinen Wölkchen aufgelöst, die als Vorzeichen guten Wetters ins Thal sanken und dort zerrannen. Hurtig schritten wir auf dem weichen Boden eines erhabenen Kiefernwaldes aus, der an den Kalkklippen zahlreiche Ausläufer nach oben sandte.

Uralte, stark herbstlich angehauchte Buchen mischten sich darunter und gewannen schliesslich die Oberhand. Die wetterfesten Laub- und Nadelbäume waren am unteren Theile ihres Stammes ausnahmslos krumm gebogen und wandten sich vom Gebirge ab, weil durch die Lawinen und die vorherrschenden Winde schon das junge Stämmchen gebeugt ward und in dieser Lage weiterwuchs. Nach einiger Zeit vernahmen wir helles Glockengeläut, Blöken, Meckern und lautes Rufen. Eine endlose Heerde von Kühen, Ziegen und Schafen, wohl 1000 Stück und mehr, wurde bergab getrieben, und es dauerte eine geraume Weile, bis wir uns durch die scheu auseinander weichenden oder störrisch Widerstand leistenden Thiere hindurchgearbeitet hatten.

Wir stiessen auf zwei Kuči, die uns mit Kuss und Handschlag begrüssten und bis Andrijevica unsere Gefährten blieben. Da die Zeit nicht drängte, so rasteten wir inmitten der mannshohen Farnkräuter, aus denen ein guter Theil des Unterholzes bestand, und liessen uns von unseren Freunden nicht lange zum Essen nöthigen. Ein Schluck kalten Wassers, trockenes Brot und in Würfel geschnittener Käse, wie köstlich mundete das bescheidene Mahl, das uns zu neuer Wanderlust stärkte. Je mehr wir ins enge Thal hinabstiegen, um so häufiger wurden die Ansiedelungen und Felder, und um so öfter begegneten wir Eingeborenen. Eine kleine Gesellschaft schloss sich uns auf ein Stündchen an. Die Gesprächigste von allen war ein altes Mütterchen, das der Hexe im Dornröschen aufs Haar glich und seinen Redefluss nur dann unterbrach, wenn es einer Schnupftabaksdose eine tüchtige Prise entnahm. Dabei vergass jedoch die sorgsame Grossmutter nicht, ihrem schreienden Enkelchen, das sie in einer schmalen, hölzernen Wiege auf dem Rücken trug, zur Beruhigung dann und wann ein Stück Käse in den Mund zu stecken.

Unweit der Einmündung der Desna Rijeka (967 Meter) betraten wir den Thalgrund der Perućica, die sich mühevoll einen Abfluss durch die Unmassen ihrer Kalk-, Schiefer- und Diabas-Gerölle bahnte. Ihre Umgebung, Konj u he genannt, entsprach genau den reizvollen Ufern der oberen Morača und mittleren Tara, und die von dichten Hecken umgrenzten Holzhäuser waren eben so freundlich wie dort. Aepfel-, Birnen-, Pflaumen- und Herlitzenbäume wuchsen in den Obstgärten, und Tabak-, Mais- oder Kartoffeläcker nahmen die Uferlehnen ein. Der zahllosen Quellen und Bäche wollen wir ebensowenig wie der stets anmuthigen Landschaft gedenken, die in den dominirenden Zacken des Kom und Zelentin einen würdigen Hintergrund findet. Dort, wo sich das klare Wasser nach Aufnahme der Kučka Rijeka in scharfem Bogen

nordwärts wendet, heisst es Zlorječica, und noch 5 Kilometer waren
in dieser nicht minder anheimelnden, gut bewohnten Gegend mit montenegrinischer Geschwindigkeit zu durchmessen, bis einige Häuschen auf-
tauchten. »Andrijevica!« riefen meine Begleiter, und voller Erwartungen
umging ich den niederen Hügel, der die freie Aussicht verhinderte. Nach
wenigen Minuten standen wir vor dem kleinen Grenzstädtchen, ein
letzter Händedruck galt unseren beiden Kuči. und wir eilten in die
einfache Locanda hinauf.

16. Capitel.

Von Andrijevica nach Berani und über Kolašin zurück nach Podgorica.

Andrijevica (827 Meter), der Endpunkt einer montenegrinischen
Telegraphenlinie, zählt höchstens 200 Einwohner, gilt aber als eine Stadt,
weil seine Gebäude sich zu einer breiten, mit grünen Laternen gezierten
Strasse zusammenschliessen. Die vor wenigen Jahren vollendete Kirche
ist etwa fünf Minuten vom Orte entfernt, unter dessen Häusern das
stattlichste und massivste dem Vojvoda Tomašo gehört. Die Lage von
Andrijevica gleicht vielfach der von Kolašin. Es wurde auf einer hohen
Flussterrasse des Lim am Rande einer nicht sehr ausgedehnten Thal-
weitung gegründet, die aus einer engen Schlucht hervorgeht und sich
wiederum zu einer solchen verschmälert. Sanft geformte, mit Wald,
Wiesen und Feldern bedeckte Berge schützen rings die Niederung. Die
Eiche ist für jenes Gebiet charakteristisch und bildet umfangreiche Bestände, die jedoch nicht hochstämmig werden können, weil die gefrässigen Ziegen mit Vorliebe den jungen Trieben nachstellen und weil der
Mensch in Ermangelung genügender Heuvorräthe die zarten Aeste ab-
schneidet.

Da es zu verlockend schien, türkische Zustände kennen zu lernen,
so plante ich einen Ausflug nach Berani, der nächsten Grenzstadt des
türkischen Sandšaks Novibazar. Der liebenswürdige Kapetan Jevrem
Bakić stellte mir einen Gendarmen zur Verfügung und gab uns ein

Schreiben an den Kaimakam mit, worin er Zeitdauer und Zweck unseres durchaus harmlosen Besuches mittheilte. Savo Bjelica, ein Verwandter meines Marko, wechselte uns etwas türkisches Geld ein, und dem Wirth gab ich meine Barschaft in Verwahrung. Montenegro besitzt keine eigene Münze; italienische und französische Goldstücke, türkisches Silbergeld (Medžidie) und vor allem österreichische Geldstücke sind im Umlauf. Ausserdem cursiren sehr viele sogenannte Zwanziger,

Andrijevica.

die in der Crnagora und den meisten Orten Bosniens 33 Kreuzer, in manchen Städten, z. B. Foča aber nur 30 Kreuzer gelten.

Es war ein klarer Sonntagsmorgen, und die Uhr zeigte noch nicht Sechs, als wir am 13. September mit unserm militärischen Begleiter Ivan das Städtchen verliessen. Ein lindes Lüftchen spielte mit der herbstlichen Natur, und wir schritten bald auf den links-seitigen Terrassen, bald im Thale des luftig dahinplätschernden Lim unserem interessanten Ziele zu. Nach einer guten Stunde hatten wir das kleine von Aeckern und Pflaumenbäumen erfüllte Becken von Trebča (745 Meter) erreicht und stärkten uns im russigen Han mit einigen Gläschen Slivovic. Nach 15 Minuten brachen wir wieder auf, und höher wuchs unsere Neugierde, denn von grüner Bergeshöhe winkte das erste türkische Wachthaus herab. Nicht lange, so stellten sich die kunstlos aus Steinen aufgethürmten Grenzpyramiden ein, und die breite Ebene von Berani entrollte sich vor uns. Sie war von mässig bewaldeten Bergketten umrahmt, auf denen weisse Kulas sichtbar wurden, und den Eingang beherrschte ein grosses kreisrundes Fort. Ein Vorposten sass, das Gewehr an einen Pfeiler gelehnt, gemächlich unter einer Laube, und abseits von ihm war eine Abtheilung Soldaten mit Freiübungen begriffen.

Die Ebene ist noch lange nicht in dem Masse bebaut, wie ihr fruchtbares Schwemmland es verdient. Sie wird von zahlreichen Bächen durchschnitten und ist vor den Ueberschwemmungen des Lim gesichert, weil sich dieser ein tiefes Bett gegraben hat, das mitunter zwei sich genau entsprechende Reihen von Terrassen besitzt. Der Boden ist, nach den ihn zusammensetzenden Geröllen zu urtheilen, wohl der Grund eines alten Seebeckens.

Kurz nach 9 Uhr zogen wir in Berani (745 Meter) ein, neugierig betrachtet von den Stadtbewohnern, Türken, Serben, Albanesen, und von den zahlreichen Soldaten.*) Ich habe nie einen zerlumpteren und tüchtigeren Soldaten gesehen als den türkischen. Die Officiere waren sauber gekleidet; aber die verschossenen Uniformen der Gemeinen und der vielfarbige und vielgestaltige Fez schillerten in allen Abstufungen von Blau, Grün und Roth. Hosen und Waffenrock waren trotz ihres Flickwerkes so zerrissen, dass die nackten Füsse und Ellenbogen aus grossen Löchern hervorschauten: ja einige mussten sich mit Civilkleidern und zusammengenähten Säcken begnügen. Die einen gingen in Stiefeln, die anderen in Schuhen, die dritten in Opanken, die mit wenigen Ausnahmen ebenfalls so abgenutzt waren, dass die durch keinen Strumpf verhüllten Füsse einen nicht gerade ästhetischen Anblick darboten.

Bei einem serbischen Kaufmanne liessen wir unsere Waffen zurück und begaben uns zum Kaimakam, um unsere Ankunft anzumelden. Im Gerichtszimmer, einer niedrigen Kammer, die ausser zerrissenen Tapeten, einigen Tischen und Bänken keinen Schmuck besass, war die Gerichtsbarkeit bereits vollzählig versammelt. Gemäss der türkischen Etiquette traten wir bedeckten Hauptes ein, machten statt des Grusses

---

*) Vielfach werden Berani und Bijelopolje fälschlich zu den Städten des Sandšaks gezählt, die von Oesterreich besetzt sind. Nur in Plevlje, Prijepolje und Priboj liegen gemeinsame österreichische und türkische Garnisonen, in allen übrigen Orten steht ausschliesslich türkisches Militär.

mit der rechten Hand ein Zeichen auf Kopf und Brust und setzten uns,
worauf ein Diener ungezuckerten schwarzen Kaffee und die unvermeidlichen Cigaretten brachte. Darauf überreichten wir unsere Papiere. Aber,
o wehe, die hochwohlweisen Herren waren wohl der serbischen Sprache,
nicht jedoch der serbischen Schrift kundig; und da sie unseren Gendarmen in übergrossem Misstrauen das Schreiben nicht vorlesen lassen
wollten, so dauerte es eine gute Viertelstunde, bis sie einen des Lesens
kundigen Mann nach ihrer Art gefunden hatten. Der wieder konnte

Die Jerinja Glava bei Andrijevica.

die lateinischen Buchstaben nicht entziffern, und daher richteten die
Beamten eine Unmenge Kreuz- und Querfragen an mich. Was will der
Fremde in unserem Lande? Wie lange denkt er hier zu bleiben, und
woher kommt er? Spricht er die französische Sprache, und ist er ein
Russe oder Franzose? Es hatte sich nämlich das Gerücht verbreitet, dass
Russland für die noch immer nicht getilgte Kriegsschuld das Sandžak
verlangen und zwischen Serbien und Montenegro theilen wollte. Was
Wunder, dass ich gleich für einen Spion galt, der nur gekommen war,
um sich das Land anzuschauen und darüber den verhassten Moskovitern

zu berichten? »Aber Herren des Gerichtes, begann jetzt der Mann, der unsere Pässe vorgelesen, was fragt ihr den Reisenden so aus? In Deutschland reisen auch viele Türken, und Keiner unterzieht sie einem so peinlichen Verhöre wie ihr!« Diese Worte kümmerten indessen den würdigen Kaimakam Murad Aga Ganić wenig; er wollte uns sogar einen Zaptieh (Gendarmen) als Begleiter oder vielmehr als Wächter mitgeben, und erst auf den energischen Protest unseres Ivan verzichtete er auf die uns zugedachte zweifelhafte Ehre. Wir wurden ohne unsere Pässe entlassen, aber fortwährend folgte uns ein Gerichtsdiener nach und beobachtete unsere Bewegungen.

Berani zieht sich längs des breiten, von einer wackeligen Holzbrücke überspannten Lim hin und bietet durchaus nichts Originelles. Die Holzhäuser zeigen die altbekannte Bauart, und an einer niederen Kaserne, einer nüchternen Moschee, einem von einem Kiosk überdachten Brunnen und einigen Feldschanzen auf der rechtsseitigen Höhe findet das Auge keine grosse Befriedigung. Wir gingen deshalb zur Post, um einige Karten zu kaufen, klopften aber vergebens an, da man sich erst vergewissern wollte, ob man den verdächtigen Individuen solche aushändigen dürfe. Auf eine zweite Anfrage erhielten wir das Gewünschte, doch aus dem Schreiben wurde noch immer nichts. Der Kaimakam liess mich aufs neue zu einem peinlichen Verhör rufen; er wollte wissen, ob ich ein eifriger Politiker sei und die neuesten Zeitungen gelesen hätte, was ich zu den Bündnissen der europäischen Grossmächte meine, und auf welcher Seite der Sultan stünde. Ich antwortete ihm, der Sultan stünde zunächst auf keiner Seite, würde aber wahrscheinlich zu unserer Allianz halten und nahm zugleich die Gelegenheit wahr, unsere Pässe zu verlangen. Nunmehr, nach 3 Stunden, wurden sie uns zugestellt, ohne dass ein einziger Federstrich darinnen gemacht worden wäre, und ich konnte endlich die Postkarten schreiben, nachdem ich den Herrn Kaimakam noch um seine gütige Erlaubnis gebeten hatte.

Nach Mittag brachen wir zu dem nahen Kloster Djurdjevi Stupovi (774 Meter) auf, das schon vor dem Unglückstage von Kosovo gegründet sein soll. Kaum hatten wir jedoch das Innere der Kirche besichtigt, als ein Mann serbischer Nationalität erschien und meinen Begleitern zuflüsterte, dass der Kaimakam uns mit einer Abtheilung Soldaten auf der Spur sei. Daher eilten wir, Gewehr und Revolver schussbereit, ohne Zögern der Grenze zu und athmeten erst erleichtert auf, als wir den gastlichen Boden Montenegros wieder betraten. Bei hellem Mondschein trafen wir in Andrijevica ein, und ein kräftiges Nachtmahl beschloss den abenteuerlichen Tag.

Nach einem Ruhetage wurde am 14. September der Marsch quer über das Gebirge nach Kolašin angetreten. Da wir das Dorf Zabrdje (916 Meter) durchwandern mussten und unser Kapetan dort sein Haus besass, so scheute er den einstündigen Weg nicht, um uns abzuholen und in seiner Familie zu bewirten. Schwer wurde es mir, von dem wackeren Manne zu scheiden, der, wie die ordengeschmückte Brust zeigte, in manchen Stunden der Gefahr seinem Vaterlande treu gedient hatte, ohne über dem rauhen Kriegerhandwerk das fein fühlende Herz zu ver-

Der Ključ von Kolašin aus.

lieren. Wir stiegen an steilen, mit dünnästigen Eichen bedeckten Schiefer-lehnen empor und waren froh, als wir die Höhe (1360 Meter) erklom-men hatten. Stark erodierte Kalkreste überlagerten die leicht zer-fallenden Schiefer, und kleine Häuser, die letzten dauernd besiedelten Wohnstätten, umsäumten ein endloses Buchendickicht. Im schattigen Hochwalde kamen wir zur schmalen Schlucht der klaren Gradišnica, die bei Trebća in den Lim mündet. Machten am Rande des Plateaus — denn ein solches stellte das weite Gebiet dar — die Eichen und Herlitzensträucher den Buchen Platz, so stritten sich diese hier mit schlanken Fichten um die Herrschaft, bis sie schliesslich wieder vor-herrschten.

Doch bald verliess der Weg das anmuthige Thälchen, und bis zum breitrückigen Ključ ging es unaufhaltsam bergan. Grüne Wiesen und schweigende Wälder wechselten mit luftigen Kolibas ab. und auf dem weichen, quellendurchtränkten Erdreich schritt sichs leicht dahin, obgleich das beständige Aufsteigen einigermassen anstrengte. Eine röthliche Kuppe wurde unser Markstein, und als wir neben ihr standen, blickten wir rechts in die tiefe Jelovica-Rinne hinab. Die wellige Hochfläche bildete eine Wasserscheide zwischen Lim und Tara, und die beiderseitigen Quellbäche hatten enge Schluchten in das Plateau gerissen. Nun gelangten wir in das grasige Krivi Do, das trotz seiner bedeutenden Meereshöhe (1900 Meter) von zahlreichen Sennhütten belebt ward, und endlich war der Ključ nicht mehr weit. Stark verwitterter Diabas stand dort an, und der Kalk gewann für ein kurzes Stück eine ziemliche Mächtigkeit. Die Conturen des Tara-Thales traten deutlicher hervor, und unser imposanter Begleiter, der Kom, verschwand allmählich. Gottlob, jetzt senkte sich der waldige Hang, dauernd bewohnte Häuser fanden sich wieder ein, und die Strahlen der scheidenden Sonne beleuchteten das kleine Kolašin. Als wir den Thalgrund betraten, war es Nacht geworden, und beim Sternenschein hielten wir vor der Locanda. Die Nachricht von unserer Ankunft verbreitete sich rasch, und noch am späten Abend kamen die Freunde, darunter der fein gebildete Stadt-Kapetan Bogdan Memedović Drobnjak und unser alter Bekannter Pope Michail aus Polje, um uns zu besuchen.

Drei Tage waren Kolašin gewidmet, und am 19. September überschritten wir das wasserarme Geröllbett der Tara. Djordjijo Stanić geleitete uns als Getreuester von Allen ein Stück, und dann lenkten wir, uns selbst überlassen, in die schmale Bachschlucht der Bistrica ein. die durchaus in den Rahmen der reizenden Landschaften Südost-Montenegros passte. Ein mahnendes Zeichen des Todes unterbrach das frohe Bild des Lebens. Im friedlichen Walde waren zwei Gräber verborgen, in denen mehrere Crnogorcen ruhten. Noch vor 15 Jahren durchtobte der Guerillakrieg das kleine Thal, da unweit desselben die viel umstrittene Grenze verlief. Wir begegneten einem Trupp serbischer Zigeuner, die wie alle ihre Stammesgenossen mit Stehlen, Betteln. Wahrsagen und dem Schmiedehandwerk ihr unstätes Leben fristen und uns sofort um Tabak oder ein Geldgeschenk angingen. Der bequeme Pfad führte in dem leider rasch endigenden Thale auf die schmale Wasserscheide zwischen Tara und Morača; und überraschend, wenn auch etwas beschränkt, war die Fernsicht, die sich dort oben eröffnete. Die regelmässigen Bergformen der vielgipfeligen Moračko Gradište

versperrten den Blick nach Norden, und ihr gegenüber thürmte sich
die wilde Mauer des Tali und der tafelartigen Kapa Moračka auf. Noch
einige Minuten, da fällt der schroffe Hang wohl 1000 Meter tief zur
Morača ab, und aus ihrem waldumsäumten Grunde leuchtet das Monastir
Morački herauf.

Nun stiegen wir an den Schieferlehnen ab, deren Wasserrisse wir
öfters in grossen Bögen umgehen mussten, und betraten nach Passirung der Dörfer Ravni (1002 Meter) und Bare-Djurdjevine (642 Meter) die

Die Vućje (Moračko Gradište) von Kolašin aus.

fruchtbaren Uferlandschaften der Morača. Auch hier räumen die Buchen
vor den Eichen das Feld, stattliche Herlitzen-, Pflaumen- und Nussbäume mischen sich unter die unabsehbaren Bestände, und alle Getreidearten gedeihen vortrefflich. In wohlgepflegten Obst- und Gemüsegärten rankt sich die Melone am Boden hin, und erst oberhalb Bare
endet das Reich des Weinstockes. Isolirte Kalkfetzen, welche in die
paläozoischen Schiefer eingelagert sind, verschlechtern stellenweise den
aufgewühlten Pfad, der sich wegen der überhand nehmenden Steilheit
des Abhanges zu kleinen Zickzacken auflöst und an der schroffwandigen Mündung eines Baches den Hauptstrom erreicht. Auch er hatte

sich in die verbackenen Geröllmassen eingegraben, die längs der Mo-
rača bis Podgorica zu beobachten sind und das einstige Niveau des
Wasserspiegels andeuten. Im Popenhause zu Medjureč (232 Meter)
wurden wir gastlich aufgenommen, und das muntere, aufgeweckte
Söhnlein des Hauses konnte nicht genug Fragen an mich richten. Was
Küche und Garten aufbieten konnten, wurde uns vorgesetzt; und da
sich eine milde Nacht über das Thal breitete, so schlugen wir unser
Lager auf der schmalen Veranda auf.

Medjureč führt seinen Namen »Zwischen den Flüssen« nicht umsonst, weil es zwischen der Morača und der hier ausmündenden Mrtvica liegt. Die letztere braust aus einem gähnenden Schlund hervor,
der sich mit senkrechten Wänden im Gebirge verliert und dessen Ober-
lauf wir früher besuchten. Auch die Ufer der Morača werden zusehends
wilder, ihr Cañon-Charakter prägt sich immer mehr aus, und bald bietet
das Thal nur noch für den forellenreichen, grünen Fluss Raum. Selten
kann man an den Conglomeratbänken hinabklettern, und zeitraubende
Umwege sind nothwendig, um hinüber und herüber zu kommen. So geniesst die Morača den Ruhm, der grösste Strom Montenegros zu sein, wirth-
schaftlich aber ist sie von sehr geringem Werthe, und die breite Zeta-
Ebene bildet den Lebensnerv des armen, unfruchtbaren Ländchens. Im
mittel-montenegrinischen Karste empfängt jene von der Sjevernica bis
zur Mala Rijeka keinen Nebenfluss mehr. Die kurzlebigen Giessbäche
trocknen sehr bald aus, und in besonders regenarmen Jahren trifft ihren
Mutterstrom dasselbe Schicksal. So wirkt die unwirthliche Gegend be-
klemmend und niederdrückend, weil sie dem Menschen feindlich gegen-
übersteht und weil die hohen Bergketten beängstigend nahe zusammen-
treten. Deshalb gehört das weite Gebiet zu den wenigst bekannten und
unzugänglichsten von ganz Montenegro, und nur zwei Wege vermitteln
den Verkehr zwischen dem Zeta-Thale und der reichen Gornje Morača.
Der eine führt durch die Kessel von Kobilje und Radovce über das
wasser- und menschenarme Plateau von Central-Montenegro zu einem
Passe zwischen Kamenik und Maganik und senkt sich bei Medjureč
steil zur Morača. Der zweite benutzt die Morača bis zum Brotnik,
klimmt an ihm empor und steigt ebenfalls zu jenem Dorfe hinab, wo
eine vom Fürsten Danilo erbaute Steinbrücke die Mrtvica überspannt.

Als wir unsere Augen prüfend über die himmelan strebenden
Felsen gleiten liessen, begannen wir mit nicht gerade angenehmen Ge-
fühlen unsere Wanderung, die ich zu einer der beschwerlichsten auf
meiner Reise rechne. Der hoffnungsvolle Sprössling des Popen wies
uns eine Furt, zu der wir uns auf einem kaum fussbreiten Steige hinab-

arbeiteten. Am jenseitigen Steilufer gelangten wir bald zu dem kleinen
Becken von Gunjen. Ein tiefer Bachriss stürzte vom waldigen Gebirge
herab, und hoch über seinem Bett waren dieselben Conglomerate aufgeschichtet wie an der Morača, eine Erscheinung, die im Verein mit
der Umgebung für die einstige Anwesenheit eines Sees spricht.

Nun nahm die saure Kletterei ihren Anfang, denn bis zur ersten
Ortschaft, Andrijevo, kam auf 3 Meter Weglänge 1 Meter Steigung. Obwohl kräftige Buchen sich zu einem dichten Walde zusammenschlossen,

Tali und Kapa Moračka (Quellgebiet der Morača).

brannte die Sonne mit voller Kraft in den engen Mulden und liess die
Luftwärme bis + 25 ° C. anwachsen. Als wir die wenigen Häuser von
Andrijevo (615 Meter) erreichten, hatte der Kalk und mit ihm die
Verkarstung schon so überhand genommen, dass nur noch die unteren
Theile des Gebirges aus Schiefer bestanden und obendrein vielfach von
den abgebröckelten Kalktrümmern überschüttet waren. Als der Weiler
Bogutov Do (670 Meter) in Sicht kam, glaubten wir, das Schwerste
hinter uns zu haben: aber leider hatten wir uns getäuscht und mussten
nochmals 200 Meter überwinden. Keuchend stiegen wir in einer waldigen Schlucht an, die kein Ende nehmen wollte, während der Pfad

12*

von Minute zu Minute schlechter ward und Quellen schon längst zu den
unbekannten Dingen gehörten. Aus dem Buchengewirr tauchte ein läng-
liches Polje, das Jasenov Do (Eschenthal, 892 Meter), mit wogenden
Maisfeldern und einigen Bauernhäuschen auf. Wasser gab es in der
Nähe nicht, denn was half die in Luftlinie kaum 1 Kilometer entfernte
Morača, wenn sie in einem unerreichbaren, 800 Meter tiefen Grunde dahin-
floss? So mussten die armen Hirten 1½ Stunden, wie sie sagten, nach
dem unersetzlichen Nass laufen; und wer die montenegrinischen Zeit-
masse schätzen gelernt hat, der weiss, dass sie nach unseren Begriffen
fast das Doppelte bedeuten. Um den Leuten, die mit ihren Aeckern
beschäftigt waren, nicht lästig zu fallen, brachen wir nach kurzer Rast
wieder auf; noch 100 Meter wurden zwischen den wild verkarsteten
Kalkhügeln erklommen, und endlich war die höchste Stelle des Plateaus
gewonnen, zu der wir so sehnsuchtsvoll emporgeschaut hatten. Da die
letzten menschlichen Wohnstätten nicht mehr fern waren, so legten
wir uns in einer grasigen Dolina zu einem zweistündigen Schlummer
nieder, den wir nach den Plagen des Vormittags auch verdient zu haben
meinten. Ein frischer Wind weckte uns auf, und rasch durcheilten
wir eine neue Mulde namens Sriete (1036 Meter), die einige vollständig zerfallene Hütten enthielt und seit Jahren nicht mehr benutzt
zu sein schien. Jetzt standen wir auf dem sie abschliessenden Querriegel und blickten erstaunt in ein drittes Becken hinab, das in mancher
Beziehung an die Konjsko Planina oder das Bresno Polje erinnerte.
Ihr weiches, mit kurzem Gras bedecktes Erdreich ist jedenfalls der
Rückstand eines alten Karstsees, dessen Existenz auch die auffallende
Horizontalität des Bodens und die regelmässige Begrenzung seiner
Ränder wahrscheinlich macht. Klüftige Kalkberge ziehen sich als aus-
gesprochenes Kettengebirge längs der mittleren Morača hin, und in unser
Polje schaut der wilde Kamenik (der Steinige) herab. Finsterer Urwald
erfüllt hoch hinauf seine Schluchten, die wilde Thiere in Menge beher-
bergen und aus denen die Hirten sich ihren Bedarf an Schnee holen,
da das anheimelnde Trmanje völlig wasserlos ist.

Am Beckenrande von Trmanje lagen Kolibas, die theils nichts anderes
als roh aneinandergelegte Windschirme aus Baumzweigen, theils dauer-
hafte Holzhütten waren. Als die Niederung nach links umbog, fanden wir
sogar einige nach allen Regeln der montenegrinischen Baukunst errichtete Steinhäuser, die sehr stark gebaut waren, weil sie auch den
strengen, schneereichen Winter über bewohnt werden. Eines derselben
war Eigenthum des Kapetans, und wir durften bei ihm eines freundlichen Willkommens sicher sein. Der breitschulterige Mann lud uns

mit kräftigem Händedruck zum Nähertreten ein und stellte uns seine Frau vor, die sich sofort in ihre besten Kleider warf. Alsbald liess er ein Lamm schlachten und führte uns in das einfache Wohnzimmer. In den gedielten Fussboden war eine viereckige Feuerstelle eingemauert, an den weiss getünchten Wänden hingen Waffen und Wirthschaftsgeräthe, und eine anstossende Kammer enthielt ein breites Bett, das sofort für mich bestimmt wurde.

Waren wir gestern in Luftlinie höchstens 12 Kilometer vorwärts gekommen, so legten wir heute trotz des erbärmlichen Weges mehr als das Doppelte zurück, weil wir beständig bergab gingen. Unser Kapetan war nicht zu bewegen, irgendwelche Bezahlung anzunehmen; er entschuldigte sich sogar, dass er uns nicht mehr bieten konnte. Nach wenigen Minuten waren wir in dem urwaldartigen Buchendickicht verschwunden, das ein unregelmässiges Dolinenthal überwucherte. Da der Himmel stark umwölkt war und zuweilen feine Regentropfen niederfielen, so sprangen wir eilends von Stein zu Stein, bis wir an eine Stelle gelangten, wo der vorgelagerte niedrige Gebirgskamm endete und das Gebiet jenseits der Morača enthüllte. Wieder sahen wir die Steinwüsten des Kuči-Landes, den Kom, den Vjeternik, die Ebene von Podgorica und den glänzenden Streifen des Scutari-Sees. Messerscharf war der Morača-Cañon in das Plateau eingeschnitten, und in flachem Bogen führte der Weg am schroffen Brotnik zu Thal. Statt der Buchen stellten sich rasch Eichen ein, aber es waren keine kräftigen Bäume mehr, sondern kümmerliches Gestrüpp bedeckte die dünnbankigen Kalke. Der Pfad spottete aller Beschreibung, denn er führte durch ein endloses Karrenfeld, und nur derjenige, der die Wanderung durch ein solches aus eigener Erfahrung kennt, vermag sich von den mit ihr verbundenen Mühseligkeiten einen Begriff zu machen. In Begleitung mehrerer Hirten kamen wir zu einer ergiebigen Cisterne, und dann stand uns noch ein ermüdender, jäher Abstieg bevor. Die Füsse schmerzten uns und die Knie zitterten infolge der stundenlangen Anstrengungen, als wir um 11 Uhr das Thal betraten. Wohl konnten wir fortan ganz anders ausschreiten als auf dem hindernden Karste, aber doch fanden wir auf dem unebenen, steinigen Grunde die gehoffte Erleichterung nicht.

Die Morača ist von Polje bis Podgorica mit verbackenen Geröllschichten hoch angefüllt, in welche sich der reissende Strom eine schmale Rinne gegraben hat. Die Humusdecke, welche dieses Steinfeld überlagert, ist an verhältnismässig wenigen Stellen von einiger Mächtigkeit und kann auch in dieser Beziehung nicht mit der Zeta-Ebene wetteifern. Nicht allzu oft treten die Bergketten beiderseits des

Flusses zurück und lassen mehrere kettenförmig aneinander gereihte Becken frei, in denen die vielgewundene Morača hin- und herläuft und wegen ihrer brückenlosen Steilwände zu unliebsamen Umwegen nöthigt. Diese Kessel hingen früher nicht zusammen, bis sie der schäumende Gebirgsstrom durchbrach, zu Karstseen umwandelte und seine Gerölle in ihnen absetzte, sich dann wieder in letztere einschnitt und endlich nach Ausarbeitung einer 6 Kilometer langen Enge ungehindert zur Zeta-Niederung abfliessen konnte.

Das kleine Becken am Fusse des Brotnik war bald durchmessen, und über einen niedrigen Riegel stiegen wir in einen grösseren Kessel ab, der einige Dörfchen und das ehrwürdige Kloster Duga (137 Meter) beherbergte. Die ihn umrandenden Berge verdienten um deswillen Beachtung, weil Tietze hier die Grenze zwischen Trias und Kreide vermuthete. Aeusserlich war nichts wahrzunehmen, aber 30 Minuten unterhalb des Klosters lag am unteren Gehänge der rechtsseitigen Bergmauer ein grosser, mit Rudisten gespickter Block. Da der Regen genauere Untersuchungen verbot und die Fossilien bloss noch in undeutlichen Exemplaren auftraten, so gewährten die für die Kreide so charakteristischen bituminösen Ausschwitzungen bei Bijoče einen um so willkommeneren Anhalt. Vermuthlich war das Kalkstück aus der Höhe herabgefallen; demnach überlagern die Kreidekalke die sich auskeilenden Schichten der Triaskalke, und die von Tietze gezogene Formationsgrenze wäre hier wie zwischen Medun und Ubli nur um wenige Kilometer nach Süden zu verschieben.

Feigenbäume, Granatäpfel und andere südliche Pflanzen zierten bereits den heissen Kessel von Duga. Eben wollten wir am Dörfchen Sviba vorübereilen, als der Zuruf eines Eingeborenen unsere Schritte hemmte. »Halt, Zigeuner, wo wollt Ihr hin?« herrschte uns der naive Montenegriner an, der uns vermuthlich wegen unseres Gepäckes für Angehörige jenes missachteten Volkes hielt. Erstaunt blieben wir stehen. In Zabrdje galten wir wenigstens bloss für Holzfäller, und die Leute beeilten sich, uns die Stellen anzugeben, wo die besten Bäume wuchsen; dass wir aber Zigeuner sein sollten, das war meinem Marko ausser Spass. »Was sagst Du?« antwortete er in hellem Zorne, »dieser Herr ist ein Russe, und ich bin ein Crnogorce!« »Entschuldigt, dass ich mich so irren konnte!« tönte es zurück, und im Nu verschwand der unberufene Frager hinter einem Zaun.

Trotzdem die Sonne vergebens das Gewölk zu durchdringen strebte, herrschte eine drückende Schwüle, und der Durst plagte uns sehr. Wohl gingen wir immer neben dem Wasser hin, aber wir konnten nicht zu ihm hinabsteigen und setzten unsere Hoffnung auf einen Bachriss, der das Polje durchquerte und in die Morača mündete. Doch nicht genug, dass er für den freien Weg ein unerwünschtes Hinderniss bedeutete, er war auch vollkommen ausgetrocknet, und verstimmt durchmassen wir die schroffwandige Rinne, die über 8 Meter tief in die Conglomerate eingewühlt war, ohne deren Grund erreicht zu haben. Endlich bemerkten wir dort, wo das Becken sich verschmälerte, einen zum Wasser führenden Steig. Als Trinkgefäss dienten meine noch ungebrauchten türkischen Schuhe, und Marko brachte in ihnen so schnell als möglich das kühle Nass herauf.

Der Querwall, der den Kessel von Duga von der noch ausgedehnteren Mulde von Bijoče trennte, ward auf einem senkrecht über dem Flusse verlaufenden Pfade überwunden, und um 2 Uhr passirten wir die wohlbekannte Brücke von Bijoče. Die Wolken hatten sich immer dichter zusammengezogen, gewitterhaftes Dunkel lastete über der erschlafften Natur, und endlich verwandelte sich der feine Niederschlag, der mit grösseren Unterbrechungen bereits seit 7 Uhr Morgens anhielt, in einen wolkenbruchartigen Platzregen, um erst gegen $1/_2 6$ Uhr Abends nachzulassen. In einer Minute waren wir vollständig durchnässt, und ehe wir den Han an der Mala Rijeka aufsuchten, konnten wir in unseren triefenden Kleidern auch bis Podgorica eilen, wo uns wenigstens trockene Wäsche und ein behagliches Zimmer erwartete. Aber wenn nur der dreistündige Weg bis dorthin besser gewesen wäre, denn, theilweise in den Fels eingesprengt, war er mit runden und eckigen Gesteinstrümmern wild übersäet. Bald hingen die aufgeweichten Opanken wie Lappen an den Füssen, so dass ihre dünnen Sohlen keinen Schutz mehr gewährten. Bei jedem Schritte fühlte der ohnehin angestrengte Fuss die spitzen Steine, welche das widerstandslose Schuhleder in wenigen Viertelstunden zerschnitten. Schweigend und uns mit Gleichmuth in unser Schicksal fügend, gingen wir nicht mehr, wir rannten unbekümmert um die hoch aufspritzenden Pfützen vorwärts, bis wir an einige Häuser oberhalb Zlatica kamen und in einem derselben ein Weilchen verschnauften. Das unfreundliche Benehmen seines Eigenthümers trieb uns bald wieder fort, und von neuem versuchten wir uns an dem martervollen Pfade, der nicht besser als der Weg zur Hölle war. Endlich verschwand der Spalt, den unsichtbare Hände in das Gebirge gemeisselt zu haben schienen und der noch eben den Fluss einengte, und vor uns breitete sich die unabsehbare Ebene von Podgorica aus. Zahlreiche Montenegriner kamen lustig plaudernd vom Bazar zurück und schienen sich wenig um das Unwetter zu kümmern.

Unter ihnen begegneten wir manchem lieben Freunde und wechselten
mit jedem einige Worte: sonst aber hielten wir uns nicht auf und
langten nach 2½-stündigem Eilmarsche ziemlich erschöpft vor dem
Hause des Ivo Carević an.

17. Capitel.

Der Scutari-See.

Heiterer Sonnenschein vergoldete am anderen Morgen die Berge.
und wenige Spuren erinnerten noch an den wolkenbruchartigen Guss
des gestrigen Tages. Wieder herrschte in dem weiten Kessel eine
solche Wärme, dass das Thermometer bis $+ 25^{\circ}$ C. stieg, und so war
es an jedem unserer drei Rasttage, von denen keiner ohne Gewitter
und heftige Platzregen vorüberging. Ich fürchtete schon, die Zeit der
Herbstniederschläge sei gekommen, aber glücklicherweise hielten ihre
mahnenden Vorboten nicht lange an, und bis zu meiner Abreise wurde
ich nur noch zweimal von ihnen überrascht. Sonst verlief unser Aufenthalt im alten Geleise, und nachdem ich mein Gepäck mit Ausnahme
des photographischen und des Tiefenlothungs-Apparates nach Cetinje
vorausgesandt hatte. sagte ich am 24. September Podgorica Lebewohl.
Wieder war es ein drückend heisser Tag, als wir auf der Fahrstrasse nach Plavnica einherschritten. Beständig begleiteten uns zur Rechten
die Bergzüge Alt-Montenegros. zur Linken die Albanesischen Alpen, und
beiden waren isolirte Rücken vorgelagert, die sich längs des Seerandes
fortsetzten, und, soweit sie auf dem benachbarten türkischen Gebiete
lagen, von Festungen gekrönt wurden. Diese Hügel stellen die Reste
ausgedehnter und vielleicht zusammenhängender Ketten dar, welche der
die Ebene einst überfluthende See zerstörte. Nach dreistündigem
Marsche kamen wir an die friedliche Kirche Srpska Crkva und an die
125 Schritte lange Bogenbrücke. welche die vollkommen wasserlose
Cijevna überspannt. Hier verliessen wir die Fahrstrasse und schlugen
einen ihr ungefähr parallel laufenden Feldweg ein. Das montenegrinische
Element wich vor dem albanesischen immer mehr zurück und war
in den Dörfern, die wir passirten, bereits in der Minderzahl. Ueberall

begegneten wir den fleissigen Bauern, die, auf den landesüblichen Karren sitzend, ihre Vorräthe einbrachten, und schon von weitem war das markdurchdringende Geräusch der mannshohen, roh aus Holzscheiben zusammengefügten Räder hörbar. Die Gerölle, welche den oberen Theil des Polje ausfüllten, verschwanden unter einer feinen Humusdecke; die Gegend wurde zuschends fruchtbarer und gewährte ein freundliches, wenn auch nicht gerade interessantes Landschaftsbild. Wiesen und Maisfelder bildeten ein wogendes Meer, Obstbäume, Maulbeerbäume und die bisher nur bei Podgorica beobachteten Pappeln schlossen sich zu kleinen Gruppen zusammen, und dichte Hecken aus Brombeersträuchern, wildem Wein, Weissdorn und anderen vielrankigen Zaungewächsen umgaben Häuser und Aecker mit einer lebenden Mauer. Abzugsgräben, die nach allen Richtungen hin den Boden durchkreuzten, hatten den Grund der mächtigen Humusschicht noch lange nicht erreicht, auch in den 2, 3 und mehr Meter tiefen Flussbetten war das anstehende Gestein nicht erkennbar, und verwundert fragte man sich: Wo ist das steinige Montenegro, wo die steinige Umgebung von Podgorica geblieben?

Hinter dem Kirchdorfe Mahala bringt uns der Weg an die Moraĉa: ihr wohl 300 Meter breites Bett ist mit hell leuchtenden Geröllen hoch angefüllt, und selten stagniert ein Tümpel schmutzigen Wassers zwischen dem wilden Trümmergewirr. Wie die Cijevna, so trocknet auch die untere Moraĉa im Hochsommer aus, weil die Zufuhr aus dem Sammelgebiete zu gering ist, um das breite von Gesteinsbruchstücken verstopfte Bett des Unterlaufes zu speisen. Der poröse Kalk- und Conglomerat-Untergrund verzehrt schon unterwegs einen grossen Theil des Wassers, und erst dort, wo die Ueberschwemmungen des Scutari-Sees als Grundwasser zurückbleiben, füllt sich das Bett wieder mit schmutzigem, träge dahingleitendem Wasser. Zur Regenzeit dagegen ist die Moraĉa ein majestätischer Strom, und die Kähne, die im Sommer unbenutzt am Ufer liegen, vermitteln dann allein den Verkehr, weil erst bei Podgorica eine Brücke über die aufgeregten Fluten geschlagen ist.

Der Himmel hatte sich drohend umdüstert, und schon in Goriĉani überraschte uns ein kurzer, kräftiger Guss. Da wir jedoch hofften, noch heute trockenen Fusses nach Žabljak zu gelangen, so liessen wir uns durch ihn nicht aufhalten und hatten bereits die Stelle gewonnen, wo das Kalkplateau und mit ihm die Moraĉa nach Westen umbog, als ein strömender Gewitterregen herniederrauschte. Anfangs suchten wir, unbekümmert um die zuckenden Blitze, unter einem Baume Schutz: aber auch hier durchnässte uns der Regen bis auf die Haut, und so sahen

wir den einzigen Ausweg darin, sobald als möglich ein sicheres Dach
zu finden. Nach einer Viertelstunde erblickten wir jenseits des Flusses
einige Häuser; das nahe Ziel vor Augen sprangen wir hurtig über das
aufgehäufte Blockwerk, und einmal in der dunklen, ärmlichen Hütte
angelangt, lauschten wir mit einem gewissen Behagen dem Klatschen
des Regens und dem Rollen des Donners.

Da wir keine trockenen Kleider mehr zum Wechseln hatten, so
wurde es uns in unserer nasskalten Hülle etwas unbehaglich, und wir
vernahmen mit innerlicher Freude, wie uns das alte Hausmütterchen
die Vorzüge des nahen Hans von Bijelopolje in lebhaften Farben schil-
derte. Nach einer Stunde war das Unwetter vorüber, und ein starker
Wind reinigte die Luft; daher machten wir uns wieder auf die Wander-
schaft und durchquerten zum zweiten Male das Moraća-Bett, in dem sich
schmale Wasserstreifen anzusammeln begannen. Die vom Sturm bewegten Bäume überschütteten uns freigebig mit perlenden Tropfen, und
grosse Pfützen erfüllten den aufgeweichten Pfad. Zuerst umgingen wir
sie mit ängstlicher Sorgfalt, da unsere türkischen Schuhe dem Eindringen der Feuchtigkeit noch Stand gehalten hatten. Schliesslich
nahmen jedoch die knöcheltiefen Lachen so überhand, dass sie den
ganzen Weg versperrten und dass uns nichts anderes übrig blieb, als
sie zu durchwaten. Doch schon tauchte der Han von Bijelopolje vor
uns auf. Er bestand aus einem stattlichen Hause, dessen weissgetünchte
Wände und schmucke Fensterläden ihren guten Eindruck auf uns nicht
verfehlten. Das Untergeschoss beherbergte ein kleines Warenmagazin,
in dem man Kaffee, Zucker, Raki, Reis, Nägel, Kapas, Kleiderstoffe,
Opanken, Flaschen, Tinte und dgl. mehr erhalten konnte. Wir stiegen
auf der schmalen Treppe ins Oberstock hinauf; aber da waren meine
Illusionen gleich zerronnen. Wir traten in einen abschreckend kahlen
Raum, der nach unseren Begriffen einen Trockenboden darstellte; Betten gab es ebenso wenig wie Fensterscheiben, und unangenehm blies
der frostige Nord in das ungemüthliche, zugige Zimmer. In einer Ecke
brannte ein kümmerliches Feuerchen, um welches schon eine ganze
Zahl frierender Gestalten kauerte. Wir drängten uns in den kleinen
Kreis, zogen Schuhe und Strümpfe aus und trockneten unsere Kleider
so gut als wir konnten. Noch mehr sank uns der Muth, als das Abendessen aufgetragen wurde, denn es bestand aus abscheulich schmecken-
dem Reis und einem uralten, steinharten Huhn. Als wir uns endlich
schlafen legen wollten, reichten für die Menge der Gäste die Decken
nicht aus: kurz, alles vereinigte sich, um uns diesen Tag auf jede
Weise zu vergällen.

Bald neben, bald in dem über 300 Meter breiten Trockenbett der Morača hinwandernd, näherten wir uns dem malerischen Festungskegel von Žabljak, den wir vordem nur undeutlich über die hohen Bäume hervorragen sahen, immer mehr. So vollkommen eben ist die Niederung, dass der Ausblick ziemlich beschränkt ist und dass Nichts auf die unmittelbare Nachbarschaft des Scutari-Sees hinweist. Plötzlich ist in den Gebirgswall eine fast kreisrunde Lücke geschnitten: sumpfige Wiesen umziehen ihren Rand und umschliessen eine tiefgrüne Wasserfläche, den Kartsee Gornje Blato (Oberer Sumpf). Der nimmer versiegende Sinjac-Bach und zahlreiche Quellen versorgen ihn das ganze Jahr hindurch mit Wasser, während ein unbedeutendes, meist ausgetrocknetes Bächlein die Verbindung mit der Morača, die Karatuna eine solche mit dem Skadarsko Jezero (Scutari-See) herstellt. Vor Zeiten war der Gornje Blato ein oberirdisch abflussloser Binnensee, und an Stelle der eben erwähnten Lücke thürmte sich ein absperrender Kalkwall auf, der bis auf spärliche Reste, z. B. den Berg von Žabljak, der Erosion zum Opfer fiel.

Der Blick wurde freier, und wir sahen die einstöckigen Häuser meist türkischer Bauart, welche rings den kahlen, steilen Bergkegel umgaben. Auf seinem abgeplatteten Scheitel ruhte eine starke Veste, die eigentliche Stammburg des montenegrinischen Herrschergeschlechtes der Crnojević. Wegen ihrer militärischen Wichtigkeit wurde sie von den Türken erobert und fiel nach mancherlei Wechselfällen erst 1878 den Crnogorcen wieder zu. Vor uns dehnte sich ein mauerloser türkischer Friedhof aus. Dornen- und anderes Gestrüpp überwucherten die verwitterten Grabsteine und Grabdenkmäler, das Vieh weidete auf der geweihten Stätte, und eine altersgraue Moschee passte nicht minder in dieses Reich des Verfalls wie eine baufällige Kula, deren vor dem letzten Kriege so viele die Grenze überwachten.

Wir sind in dem unansehnlichen Orte angelangt und kehren in einem der beiden Hane d. h. in einem engen, verrussten Raume ein, der Küche, Schlafstätte, Wohn- und Gastzimmer zugleich ist. Der blosse Fels bildet die Rückwand und den ungedielten, holperigen Boden; die Vorderseite besteht aus einer niedrigen Brüstung, und die bis zum Dache frei bleibende Oeffnung vertritt das Fenster, das durch eine herabklappbare Fallthür verschlossen werden kann. Essen und Trinken giebt es nicht gerade im Uebermass, und mit Marko muss ich in einem Bette schlafen, was unsere widerwärtige Wirthin, deren Mundwerk und Gebaren mit dem Benehmen der montenegrinischen Frauen durchaus nicht im Einklange steht, gleichwohl nicht hindert, einen unverschämten Preis von uns zu verlangen.

Unser erster Besuch galt der wohl erhaltenen Festung (129 m), die eine Rundsicht darbot, wie sie umfassender kaum gedacht werden konnte. Bis zum Lovćen und dem fernen Scutari schweifte das Auge, hier haftete es an dem massigen Doppelkegel von Vranina, dort an den schroffen Ketten des Küstengebirges Rumija und an den Albanesischen Alpen. Zu unsern Füssen lag die endlose, über alle Begriffe fruchtbare Niederung, und unmerklich senkte sie sich zu dem leuchtenden Scutari-See, während sich im Gornje Blato die nackten Kalkkuppen der Bobija und Ponorska Gora widerspiegelten.

Der Rundgang um den kleinen Ort war bald vollendet, denn die vor Schmutz starrenden Gebäude, die zu einem guten Theile zerfallen und verlassen waren, und der übelriechende, schlammige Wassergraben hatten wenig Verlockendes an sich. Eben wollte ich meine Wanderung beenden, als mich einige Leute einholten und ohne weiteres aufforderten, sie zu photographiren. Da mein Plattenvorrath nicht mehr gross war und ich schon genug Eingeborene aufgenommen hatte, so trug ich wenig Verlangen, ihren Wunsch zu erfüllen und erklärte ihnen achselzuckend, mein Apparat sei bloss für Landschaften eingerichtet. Mit dieser Antwort waren beide Theile zufriedengestellt, die Montenegriner, weil sie einen unerfüllbaren Wunsch vorgebracht zu haben meinten, und ich, weil ich durch dieses harmlose Manöver meine Platten gerettet hatte.

Nachdem ich Žabljak gebührend gewürdigt, musste ich auch daran denken, dass ich die nächsten Tage im Skadarsko Jezero Lothungen anstellen wollte. Dazu brauchte ich natürlich ein Boot, und durch Vermittelung des Festungsaufsehers war ein solches bald gemiethet. Die beiden Ruderer verpflichteten sich allerdings nur für einen Tag, da der See wegen seines unbeständigen Charakters gefürchtet ist, wie alle seichten Gewässer vom Sturme stark aufgewühlt wird und alljährlich einige Opfer fordert. Auf Vranina waren indessen leicht andere Leute zu finden, und so entschloss ich mich, am ersten Tage bis zu jener Insel zu fahren. Unser Kahn, Londra oder schlechthin Ladja (Schiff) genannt, war eines jener Fahrzeuge, wie sie ausschliesslich auf dem Scutari-See und seinen schiffbaren Flüssen gebräuchlich sind. Die Londra ist ein enges, schmales Boot mit spitz zulaufenden Enden, deren hinteres viel länger als das vordere ist. Je nach seiner Grösse wird das Fahrzeug von zwei oder drei Menschen fortbewegt, und der am Hintertheil stehende Mann versieht mit seinem langen Ruder zugleich die Dienste des Steuermannes, da es eine besondere Steuervorrichtung nicht giebt. Weht ein günstiger Wind, so wird ein Mastbaum aufgerichtet und ein breites Segel aufgezogen, und die hierdurch erzielte Geschwindigkeit ist so bedeutend, dass man in drei Stunden von Plavnica nach Scutari gelangen kann. Bänke oder Quersitze sind in den Londras nicht angebracht; man muss daher mit einem beliebigen Brett vorlieb nehmen oder sich aus etwa vorhandenen Gepäckstücken einen Ruheplatz bereiten.

Kein Lüftchen regte sich, als wir am 26. September unser schwimmendes Haus bestiegen und sanft auf den trägen, lehmigen Fluthen der Karatuna hinabglitten. Die erdigen Ufer des breiten Stromes waren meist über 2 m hoch, so dass wir selten, und auch dann nur aufrecht stehend die endlose Ebene überschauen konten. Wenn ich eine Messung machte, liess ich das Boot halten. Zahlreiche Kähne kamen uns entgegengefahren, und ihre Insassen waren über unsere Arbeit nicht wenig verwundert. Ja, als ich gegenüber dem Dörfchen Dodoši das Loth auswarf, sammelten sich die Bewohner am Strande und verlangten über unser seltsames Vorhaben sofort Aufklärung. Von hier an sank die Tiefe rasch auf 1 1/2 m und weniger, so dass wir mehrmals aufstiessen und uns nicht ohne Mühe wieder frei machen konnten. Das fruchtbare Ackerland hatte bereits ausgedehnten, halb versumpften Wiesen Platz gemacht, und isolierte Kalkhügel, die Odrinska Gora, der Lipovnjak, Kamenik und die Čakavica-Klippen, wurden theils von ihnen, theils vom Wasser umgeben. Das nunmehr kaum noch fusshohe Schwemmland, an welchem wir vorüberruderten, konnte augenblicklich zur Noth als magere Trift benutzt werden, vom Spätherbst bis zum Frühsommer aber ist es ein unzugänglicher, unbenutzbarer Tummelplatz von Fröschen und Wasservögeln. Diese Eigenschaften erschweren eine genaue Begrenzung ungemein, da das beständig wechselnde Niveau des Sees keine festen Normen gestattet. Bloss die Flüsse besitzen ein halbwegs offenes Bett; beiderseits der Ufer aber erstreckt sich eine mit Schilf dicht überwachsene Wasserfläche, die landeinwärts den Charakter eines schlammigen Morastes annimmt und schliesslich zu festem Boden wird. Man kann also am Ost- und Nordostufer vier Zonen unterscheiden. Die entfernteste, die aus den verbackenen Geröllen der ehemals einmündenden Flüsse besteht, ist wald- und wasserlos und mit magerem Grase überkleidet. Sie verliert sich in dem gut bewachsenen Landstriche, der von den Ueberschwemmungen verschont ist und reiche Erträge liefert. Südlich der Linie Karatuna-Hum beginnt ein weniger stark bewirthschafteter Streifen, der dem jährlichen Hochwasser ausgesetzt ist und die Erntehoffnungen nicht selten zu Schanden werden lässt. Den See endlich umsäumt ein versumpfter Gürtel, der zeitweilig als dürftige Weide Werth hat und unter den Strahlen der Sommersonne so hart und brüchig wird, dass er in grossen Rissen aufspringt.

Inmitten dieser zweifelhaften Umgebung, nicht weit von dem wegen des Scoranzenfanges berühmten Weiler Ploča vereinigt sich die Karatuna mit der noch breiteren, trägeren und wasserreicheren Rijeka. Einige Minuten später fahren wir in den Skadarsko Jezero ein. Leicht kräuseln sich seine Wellen im fluthenden Sonnenlichte, silberglänzende Fische schnellen blitzschnell aus dem blauen Wasser, und kleine Kähne oder grosse Londras werden sichtbar. Vorspringende Caps lassen uns den See noch nicht in seiner Gesammtausdehnung überschauen; vielmehr rudern wir in einer schmalen Strasse hin, die von schroffen Gebirgs-ketten und nackten Inselleibern eingerahmt und von einem wirren Ueberzuge grüner Sumpfpflanzen, zahlloser Wassernüsse und gelber oder weisser Nymphäen noch mehr eingeengt wird. Gerade vor uns ragen stolzer als zuvor die imposanten Felskegel von Vranina auf, und ein kleines, in den Wogen fast verschwindendes Eiland, Lesendra, das eine drohende Festung trägt, schmiegt sich ängstlich an ihren Fuss.

Bald sind wir am Kamenik und an den Čakavica-Klippen vorüber-gesegelt und lenken in den Hafen von Vranina, der grössten Insel des Sees, ein. Ausser Lesendra und Grmožur ist sie das einzig bewohnte Eiland und zwar aus dem Grunde, weil am unteren Horizonte der nackten, dünnbankigen Kalke einige Quellen austreten. Im kleinen Han (27 Meter) des hoch über dem Wasserspiegel angelegten Dorfes fanden wir eine gute Aufnahme. Zum Mittag gab es freilich bloss Käse und Maisbrot; doch vertrösteten wir uns auf den Abend, für den uns ein Gericht schmackhafter Fische in Aussicht gestellt wurde. Da die elenden Fischerhütten und der übelriechende Strand keine grosse Anziehungs-kraft auf uns ausüben konnten, so unternahmen wir eine Besteigung der einen Bergspitze. Sehr steil mussten wir auf den wild verkarsteten, stellenweise mit Karrenfeldern überzogenen Kalken emporklettern, und nicht ohne Anstrengung gewannen wir im heissen Sonnenbrande den Gipfel (330 Meter). Aber was sahen wir? Dort oben waren von Menschen-hand Feldschanzen aus Steinblöcken errichtet. Zwar waren sie zum grössten Theile zerfallen, aber noch immer bezeugten sie die zähe Energie, mit welcher die Türken diese öden Felsen zu behaupten suchten. Auf dem jenseitigen Kegel entdeckten wir ähnliche Brust-wehren, denn diese Höhen waren zur Anlage von Befestigungen wie geschaffen. Von ihnen entrollte sich ein Panorama so reizend und so

wild, so grossartig und so interessant, dass nur wenige Gegenden der
südslavischen Lande sich mit dieser messen können. Von Nord bis
nach Süd, von Ost bis nach West war der Scutari-See zu übersehen,
jede Bucht, jede Klippe hob sich scharf von der stahlblauen Wasserfläche ab, und bis zu den starren Gebirgen Albaniens und des Kuči-
Landes lag die weite Ebene vor uns. Als eine stattliche Hochgebirgs-
kette stieg vom Lovćen bis zum breitrückigen Taraboš das Küstengebirge
auf, und zum ersten Male blickte ich in die vor Fruchtbarkeit strotzenden
Fluren der Crmnica hinab. Ein vielgewundener Fluss durchschnitt die
grünen Wiesen, und aus lichtem Laubwalde schimmerte das Städtchen
Virbazar hervor. Dort grüssten der scheinbar eng mit der Hinterwand
verwachsene Festungsberg von Žabljak und der in blauen, grünen und
braunen Farbentönen schillernde Gornje Blato herüber, und im Süden
erhob sich das weisse Castell von Scutari, hinter dem sich finster und
drohend die Berge jenseits des Drin aufthürmten.

Lange standen wir fest gebannt auf unserem Platze; als wir uns
aber umwandten, umfing uns wieder die trostloseste Karst-Einsamkeit,
und lange dauerte es, bis wir ein schattiges Fleckchen bemerkten,
das uns einige Stunden vor den unbarmherzigen Sonnenstrahlen schützen
sollte. Dann stiegen wir, um noch das Kloster zu besuchen, zu einer
mit Dolinen erfüllten Einsattelung hinab, welche die beiden Kegel von
einander trennt, und standen nach einer beschwerlichen, pfadlosen
Wanderung vor dem Monasterium, einem geräumigen, einstöckigen Gebäude mit einem kleinen Kirchlein. Da das Kloster noch nicht ganz
ausgebaut war, so führte vorläufig ein Pope die Aufsicht, der uns nach
freundlicher Bewirthung ein Stück das Geleit gab. Der Rückweg brachte
uns am Nordfusse der Insel, der von dem baumbewachsenen Nieder-
lande nur durch einen schmalen, stellenweise ganz ausgetrockneten
Sumpf- oder Wasserstreifen getrennt wurde, zum Dorfe Vranina zurück.

Am Spätabend erschienen die Leute, mit denen ich wegen einer
neuen Bootfahrt unterhandeln wollte; als Endstation wurde das albanesische Dorf Murić bestimmt, und um 7 Uhr des nächsten Morgens
stieg unsere von drei Fischern bediente Londra vom Ufer ab. War ich
schon in Žabljak über die abgehärmten Gestalten der Eingeborenen einigermassen erstaunt, so bedauerte ich noch mehr die Insulaner von Vranina,
wenn ich ihre eingefallenen Gesichtszüge betrachtete, in die das nimmer
rastende Fieber seine Spuren eingegraben hatte. Die Ueberschwemmungen,
welche den grössten Theil der Niederung heimsuchen, weichen sehr
langsam zurück, und die Kraft der südlichen Sonne verwandelt die
zurückbleibenden Sümpfe, das aufgeweichte Erdreich und die ver-

faulenden organischen Stoffe in einen unerschöpflichen Brutkessel
schädlicher Miasmen.

Es war ein heiterer, windstiller Tag, und langsam durchschnitten
wir die trüben, undurchsichtigen Fluthen. Nach einer Stunde ankerten
wir in der seichten Bucht von Virbazar, und einige unserer Leute be-
sorgten in dem nahen Städtchen etwas Proviant. Wir andern beobachteten indessen eine schwache Rauchsäule, die rasch näher kam.
Ein Schiff wurde sichtbar und hielt weit von uns entfernt in einer
durch Stangen angezeigten Fahrbahn. Es war ein kleiner Raddampfer,
der im Dienste der kürzlich gegründeten montenegrinischen Dampf-
schiffahrtsgesellschaft den Verkehr zwischen Rijeka, Virbazar, Plavnica
und Scutari vermittelte.

Erst um 11 Uhr waren wir wieder reisefertig und schlugen die
Richtung nach dem entgegengesetzten Ufer ein. Da sich dieses ganz
langsam unter den Seespiegel senkt, so konnten wir, ohne auszusteigen,
nicht an die Stelle kommen, wo das feste Land aus dem Wasser empor-
taucht. Das war für unsere Zwecke jedoch nicht nöthig, und übrigens
sahen wir deutlich, wie sich zahlreiche Heerden auf dem weichen
Wiesenplane tummelten und wie Reiher, Pelikane, Störche, Wasserhühner, Wildenten und andere Wasservögel im mannshohen Röhricht
ihrer Nahrung nachgingen. Ueber den leise plätschernden Wellen
zogen gefrässige Möven ihre Kreise und schossen gewandt herab,
wenn ihr scharfes Auge einen Fisch erspähte, an denen der Scutari-
See überreich ist. Man wird nicht müde, dem lustigen Spiele der
stummen Geschöpfe zuzuschauen, und erstaunt über die Tausende der
grössten und schwersten Aale, Hechte, Karpfen, Forellen, Schleien u. s. w.,
die täglich auf dem Bazar von Scutari verkäuflich sind. Am wichtigsten
von allen ist die Scoranze oder Uklijeva, ein sardellenartiger Fisch, der
zur Herbstzeit seeaufwärts zieht, um in den breiten Strömen zu über-
wintern. Sein Fang gilt als ein wahres Volksfest und wird durch einen
feierlichen Gottesdienst eingeleitet, der wohl am sinnigsten den un-
geheueren Werth und die mit dem Erscheinen des kleinen Fisches
verknüpften Hoffnungen zum Ausdruck bringt. Vermag man doch an
einem Tage nicht selten 15 bis 20 der grössten Londras mit den Unmassen der Scoranzen zu füllen!

Schon nach wenigen Stunden griffen wir zu unseren Vorräten
und stillten in Ermangelung eines Besseren unseren Durst mit dem
trüben, unangenehm schmeckenden Seewasser. Da sich ein schwacher
Wind erhob, so setzten wir den Mast ein und zogen ein Segel auf;
leider fiel das gelinde Lüftchen bald wieder ab, und das ermüdende

Rudern begann von neuem. Die Sonne hatte ihren höchsten Stand bereits überschritten, als wir den Curs nach dem Steilufer des Skadarsko Jezero nahmen. 2½ Stunden später hatten wir Starčevo, eine der dreissig Inselklippen, erreicht, die sich längs des felsigen Westrandes hinziehen. Wildes Trümmerwerk umgab ihren Fuss, und ein gelbbrauner, etwa 3 Meter hoher Schmutzstreifen, der sich an der Küste fortsetzte, zeigte das Niveau des Hochwassers an. Keine Quelle sprudelte aus dem von Gras, Glockenblumen, Brombeersträuchern und niederem Weidengebüsch überwucherten Kalkbänken, kein Mensch hat je auf ihnen seine Hütte aufgeschlagen, und nur auf Murić und Moračnik stehen noch die spärlichen Ruinen uralter Kirchen.

Um ½5 Uhr fuhren wir in den kleinen Hafen von Murić ein. Gern wäre ich am nächsten Tage bis Scutari gerudert; aber unsere Montenegriner wollten nicht darauf eingehen, weil sie einige Arnauten auf ihrem Gewissen hatten und die in Albanien noch immer nicht erloschene Blutrache fürchten mussten. Ein treuherziger Albanese, der auch des Serbischen kundig war und unser Gespräch angehört hatte, lud uns, ohne unsere Frage abzuwarten, in sein Haus ein und versprach mir, für eine neue Londra Sorge zu tragen. Sorglos konnten wir uns ihm anvertrauen; denn die Albanesen des montenegrinischen Gebietes sind fleissige, friedfertige Menschen, bei denen die Gastfreundschaft noch in ihrer patriarchalischen Schlichtheit fortblüht. Hurtig packte unser Freund unsere Habseligkeiten auf seinen Esel, und wir folgten lustig plaudernd hinterdrein.

Nicht bloss die Sprache und die abweichende, vielfach an die türkische Bauart erinnernde Einrichtung der Häuser verrieth, dass wir zu einem fremden Volksstamme gekommen waren; der Typus der Eingeborenen, ihre Tracht, Religion und Denkweise waren anders geworden. Unser Wirth bekannte sich sammt den übrigen Dorfbewohnern zum muhamedanischen Glauben; daher liessen sich seine Frauen vor uns nicht sehen, und er besorgte unser Abendessen und Nachtlager in eigener Person. Der Speisezettel war allerdings sehr einfach, denn es gab weiter nichts als Brot, Käse und Wasser. Vor und nach dem Essen mussten wir uns die Hände und den Mund waschen, und erst nachdem wir zufriedengestellt waren, eilte unser aufmerksamer Wirth ins Nebenzimmer, um dort seine Abendmahlzeit einzunehmen.

Zum dritten Male trug uns eine von drei Albanesen geruderte Londra auf den See hinaus, der sich den farbenprächtigen Strandbildern Istriens und Dalmatiens würdig zur Seite stellt und wegen seiner Schönheiten die Perle Montenegros genannt werden kann. Unsere

Fahrt verlief genau so wie früher. Wir drangen südlich bis zur Gorica Topal, der Grenzinsel zwischen dem türkischen und montenegrinischen Seeantheile, vor und steuerten nordostwärts bis in die Nähe des Hoti Hum. Unsere Bootsleute verspürten durchaus keine Lust, sich dem sumpfigen, schilfbewachsenen Ufer des ungastlichen Albaniens noch mehr zu nähern oder gar ihren rohen, räuberischen Stammesgenossen dort drüben einen Besuch abzustatten. So lenkten wir wieder zum Küstengebirge um und trafen um 5 Uhr wohlbehalten in Murić ein. —

Es sei mir gestattet, die Eindrücke, welche wir aus der knappen Schilderung unserer Kreuz- und Querfahrten über das Wesen des Skadarsko Jezero gewonnen haben, durch einige Bemerkungen zu ergänzen. Vor Zeiten war der Scutari-See viel umfangreicher als heute: er endete bei Podgorica, wenn nicht gar bei Spuž und bildete sich in einem ausgedehnten Polje. Auf die Dauer konnte der klüftige Kalkwall, der die Wasserfläche rings umgrenzte, der Erosion nicht Stand halten; er wurde an zwei Stellen, am Bojana- und Kiri-Austritt, durchbrochen, und die tosenden Wellen fanden einen Ausweg zur Adria. Der Seespiegel musste infolge dessen beträchtlich fallen und sank zu einem breiten Strome herab, der die Rijeka und Morača mit der Bojana verband. In den trockenen Monaten hielten sich Zu- und Abfluss das Gleichgewicht; zur Schnee- und Regenzeit aber konnten die schmalen Ausgänge die Zufuhr nicht mehr bewältigen, und es traten regelmässig wiederkehrende Ueberschwemmungen ein, wie sie für viele Karstbecken charakteristisch sind. Die Ueberfluthungen begannen die Physiognomie der Ebene sofort umzugestalten; schon vor Christi Geburt existirte ein guter Theil des alten Sees wieder, und die im Wachsen begriffene Wasserfläche war nichts anderes, als eine Verbreiterung des oben genannten Verbindungsstromes. Sagen und Urkunden bezeugen das allmähliche Anschwellen des Skadarsko Jezero, und nach einem Schriftstück wurde Vranina zwischen 1200 und 1233 zur Insel. Als 1858/59 der Drin seinen Lauf veränderte und senkrecht in die Bojana einmündete, verstopften seine Ablagerungen den ungenügenden Abfluss des Sees noch mehr, und seitdem stieg sein Niveau unverhältnissmässig rasch. Fruchtbare Felder, die vor 50 Jahren völlig trocken waren, sind jetzt in einen Morast verwandelt, zwei Häuser unweit der Insel Moračnik sind heute verlassen und eingestürzt, weil die periodischen Ueberschwemmungen bereits ihre halbe Höhe erreicht haben, und allwinterlich wird der Bazar von Scutari 3 Meter und höher überfluthet. Der neu entstandene See ist also eine in ihren tiefsten Theilen unter Wasser ge-

setzte Niederung und nimmt ein Gebiet von 350 Quadratkilometern ein,
das sich zur Regenzeit nahezu um die Hälfte vergrössert.

Wegen der Natur des Scutari-Sees haben wir es mit sehr geringen
Tiefen zu thun, ein Umstand, der das Volk häufiger Sumpf von Scutari
als See von Scutari sagen lässt. Seine nördlichen Theile spiegeln
durch ihre ausserordentliche Seichtigkeit, die geringe Höhe der Ufer
und ihr unmerkliches Hinabtauchen unter das Wasser am deutlichsten die
überschwemmte Ebene wider. Dagegen senkt sich der flache Ufersaum südlich des Hoti Hum viel rascher als man erwarten sollte und
fällt erst von 4 Meter an langsamer ab. Am felsigen Westrande ist
der Böschungswinkel am grössten, so dass bei einem Abstande von
1 bis 2 Kilometer bereits die grösste Tiefe, 7 Meter, erreicht wird. Noch
bedeutendere Tiefen wie 8 und 10 Meter gehören entschieden zu den
Seltenheiten. —

Ein lieblicher Küstenstreifen, erfüllt von blumigen Grasmatten,
schmiegsamen Weidenbüschen, Feigen- und Olivenbäumen, das war der
Hintergrund der schmalen Düne, auf deren feinen Sand unser Boot
gestern auffuhr. Ganz anders sah die Stelle aus, wo wir heute landeten.
Eine enge Bucht, die von der langgestreckten Insel Murić verdeckt
ward, nahm uns auf. Ein chaotisches Trümmerwerk aus verwitterten
Kalkblöcken aller Formen und Grössen war ebenfalls mit einem grauen
Schmutzbande überzogen, und erst nach 5 Minuten angestrengten
Kletterns fühlten wir den weichen Wiesenplan unter den Füssen. Diesmal
kehrten wir beim Kommandir Omer Ali ein, der erst gestern Nachts
von seinen Reisfeldern bei Scutari zurückgekommen war und sich
schon in der Frühe entschuldigte, dass wir nicht seine Gastfreunde gewesen waren.

Um die albanesischen Unterthanen an sich zu fesseln und ihrer
Eigenart in jeder Weise Rechnung zu tragen, hat die montenegrinische
Regierung den meisten albanesischen Gemeinden albanesische Vorge-
setzte gegeben. Natürlich müssen dieselben, um die ihnen ertheilten
Aufträge zu verstehen, der Landessprache kundig sein, und Omer Ali
beherrschte dieselbe meisterhaft. Sein Haus war einfach und sauber
eingerichtet. Aus den Kammern und Stallungen des Untergeschosses
führte eine Treppe zu den Wohnräumen im oberen Stock, wo uns
mehrere unverschleierte Frauen begrüssten. Sie brachten Wasser zum
Waschen, und dann setzten wir uns mit gekreuzten Beinen zum
Essen nieder. Wieder einmal musste ich unfreiwilliger Vegetarianer
sein: aber wenigstens gab es zur Abwechslung türkische Gerichte, die
ich bisher noch nicht gegessen hatte und die mir vortrefflich mundeten.

Sie bestanden aus fettem Pilav, dem bekanntesten Nationalgericht der Türken, und einem Kuchen aus Reis und Brot. Statt des Tisches diente eine Bastmatte, statt des Tellers die Hand, und die Finger vertraten das Besteck. Nach dem Essen bereiteten die Frauen aus weichen Decken unser Lager, und der unermüdliche Gastgeber drehte noch eine Menge Cigarretten. Als wir am anderen Morgen aufbrachen, konnten wir unseren Wirthen nur mit aufrichtigem Danke ihre Gastfreundschaft lohnen, denn ein Geldgeschenk wiesen sie entschieden zurück. Bloss für den Transport meines Loth-Apparates nach Virbazar hatte ich eine geringfügige Summe zu bezahlen; und ich brauche wohl kaum zu erwähnen, dass mein Auftrag pünktlich und gewissenhaft ausgeführt wurde.

18. Capitel.

Nach Antivari und Dulcigno.

Kaum lag die Moschee (107 Meter) sammt den letzten Häusern von Murić unter uns, als das öde Gebirge unverhüllt zu Tage trat. Verschwunden waren die zarten Kinder des Südens, dorniges Gesträuch behauptete sich auf den plattigen Kalken, und die trockene Schlucht eines Giessbaches durchfurchte den Abhang. Ehe wir den schweren Marsch begannen, der uns quer über den Gebirgskamm ans Meer bringen sollte, schauten wir uns noch einmal um. Aus den blitzenden Fluthen des Scutari-Sees ragten die weissen Inselklippen empor, und ihnen gegenüber entschwanden in dunstiger Ferne die firnbedeckten Alpen Albaniens und die massigen Gebirgswälle des Kuči-Landes. Als breiter, glänzender Arm drang der Hoti Hum tief ins ebene Flachland ein, aus dessen lichtem Walde der festungsgekrönte Hum und das Kirchlein von Vraka herübergrüssten. Aber wer möchte für das Leben dessen einstehen, der dort ans Land zu gehen wagt? So berüchtigt sind die Albanesen des jenseitigen Ufers und insbesondere die Bewohner von Vraka, dass selbst die montenegrinischen Albanesen nicht ohne Abscheu von ihnen sprechen.

Ein knapper, stellenweise ganz verschwindender Pfad lief zwischen
Karrenrinnen und Steintrümmern zu einer schmalen Scharte, die in eine
wenig ausdrucksvolle Kette von niedrigen Kuppen und Rücken eingesenkt war. Sie verbarg eine grosse, freundliche Doline, Mittel-Murić
(489 Meter), deren sorgsam bebaute Maisfelder, wie überall im Küstenlande und am Scutari-See, bereits die zweite Ernte trugen. Feigen,
dickblätterige Eichen und edle Kastanien überschatteten die Wiesen
und Bauernhäuschen, und eine ebenfalls wasserlose Rinne mündete in
die fruchtbare Oase ein. Auf einem kümmerlichen Steige gelangten wir
in einen dritten, ebenso anheimelnden Kessel, Ober-Murić (678 Meter),
und dann verloren wir uns ganz im trostlosen Karste. Der Weg liess
sich gut an, denn er führte zu einer Cisterne; aber doch hatte er
uns irre geleitet, denn er verlor sich plötzlich im Grase, und auf einem
kümmerlichen Hirtenpfade mussten wir uns querfeldein durch ein Heer
von Dolinen hindurcharbeiten. Sie wurden von duftendem Salbei, Buschholz und hochstämmigen Bäumen überwuchert, die, entsprechend der
Meereshöhe, aus blattabwerfenden Eichen bestanden. Endlich gelangten
wir in eine flache Mulde und sahen an ihrem jenseitigen Rande einen
Saumweg. Ueberdiess trafen wir einen Hirtenknaben, und wenn auch
wegen der Sprachverschiedenheit ein gegenseitiges Verständniss sehr
schwer war, so glückte es uns doch, unter Zuhilfenahme von Zeichen
und Geberden, aus dem anstelligen Albanesen-Jünglinge herauszulocken,
dass jener der richtige Weg nach Antivari sei.

Um 11 Uhr hatten wir den Pass, bekannt unter dem Namen Bijela Skala (Weisse Treppe, 959 Meter), erklommen. Zur Rechten und
Linken erhob sich eine schmale Gebirgskette; ihre zerrissenen Zinnen,
unter denen die massige Rumija wohl die höchste, aber nicht gerade
die imposanteste war, strebten gespensterhaft zum wolkenlosen Himmel
auf, und ein einförmiges Gewand hüllte die Dolinenlandschaft ein, die
wir soeben durchmessen hatten. Auf der Einsattelung befand sich ein
kaum quadratfussgrosses Loch, ein Schöpfbecher mit langem Holzstiel
lag daneben, und mit ihm holten wir einen erquickenden Trunk Wasser
aus der dunklen Tiefe herauf. Behaglich streckten wir uns an dem kleinen Börnlein aus und hielten Umschau. Ein schmaler, glitzernder
Streifen, der hinter den abstossenden Kalken hervortauchte, entrollte
sich als der Scutari-See. Wir wandten uns um, und viel jäher als auf
der andern Seite stürzte das Gebirge ab; brausende Bäche durchschnitten
seine Flanken, Wiesen, Aecker und Häuser erfüllten die Becken, und
in spitzen Zickzacken lief eine Fahrstrasse zum dunstumwobenen Sutorman-Passe empor. Wie Wetterleuchten aber schimmert es am Gebirgs-

fusse, und blaue Wogen ziehen ihre Kreise, um am unendlichen Horizonte zu verschwinden. Ja, vor uns breitet es sich aus in seiner zauberischen Pracht das Meer, das allgewaltige und unermessliche!

In wenigen Secunden hatten wir den kaum 5 Meter breiten Gebirgsrücken überschritten und stiegen neu gestärkt zur Adria ab, die uns bald durch einen flachen Rücken entzogen wurde und erst bei Antivari wieder in Sicht kam. Der Abhang war geologisch ganz anders beschaffen als der Abfall zum Skadarsko Jezero. Schon 100 Meter unterhalb des Passes wurden die Kalke dünnblätteriger und gingen rasch in gelbliche Schiefer über, die sich sandig anfühlten und auch dort, wo sie noch nicht zu Grus verwittert waren, beim Berühren leicht abbröckelten. Sie lagen in der Verlängerungszone der analog ausgebildeten Schichtencomplexe, die Tietze zwischen Antivari und dem Sutorman-Passe beobachtete, und wurden weiter unterhalb von glimmerglänzenden Sandsteinschiefern und intensiv grünen oder braunrothen Schiefern abgelöst, die für die Werfener Schichten Montenegros so charakteristisch sind und in ihren untersten Horizonten von dem genannten Reisenden ebenfalls bereits festgestellt wurden. Zahlreiche Bruchstücke der überlagernden Kalke waren auf die weichen Schiefer herabgefallen und wieder verkittet, doch konnten sie die Oberflächenformen nicht beeinflussen, die sich ebenfalls auffallend von denen der minder begünstigten Ostseite unterschieden. Zwar fehlten auch hier steile Schluchten nicht, aber ihre sanft abgeböschten Hänge nahmen sich ganz anders aus als die scharf abgebrochenen, harten Kalkbänke. Und endlich, welch' ein Wasserreichthum! Zahllos waren die Quellen, die den undurchlässigen Schiefern entsprangen und sich zu nimmer versiegenden Bächen vereinigten, eine Erscheinung, die wir auf dem Ostabfall vergebens suchten.

Obwohl unser Weg die kürzeste Verbindung zwischen dem Meere und dem Scutari-See darstellt, war er ein erbärmlicher Pfad. Im Orient ist eben der Begriff Strasse ein sehr ausgedehnter, denn er umfasst sowohl die nach allen Regeln der Technik angelegte Fahrstrasse als den halsbrecherischen Steig, auf welchem kaum die gewandte Ziege fortkommt. Im Bereiche der Schiefer wurde der Weg auffallend besser, leider nur stellte sich zu bald eine türkische Strasse ein, und mit der Bequemlichkeit war es vorbei. Die roh zubehauenen Steine waren so glatt, dass wir uns vor dem Ausrutschen hüten mussten; an den meisten Stellen war der Saumweg jedoch verfallen, und schliesslich wanderten wir auf einem endlosen Blockmeere wie in dem trockenen Bett eines Wildbaches abwärts. Vor dem letzten Kriege lief über den Sutorman-Pass die Grenze, und der Pfad Antivari-Murić wurde aus dem Grunde

viel benutzt, weil die Türkei sich eine von Montenegro unabhängige
Strasse sichern wollte. Nachdem aber das Küstenland in montenegrinischen Besitz übergegangen und Antivari mit Virbazar durch eine Fahrstrasse verbunden war, überliess man den alten überaus beschwerlichen Pfad quer über das Gebirge seinem Schicksal.

Wir waren in eine schroffwandige Thalenge gelangt, die uns den
Anblick der Stadt noch immer missgönnte. Der am Grunde schäumende
Wildbach wurde auf schmalen Steinbrücken zweimal überschritten, und

Die Rumija und Antivari, vom Hafen aus.

endlich mehrten sich die Anzeichen, dass die alte Türkenveste nicht
mehr fern sein konnte. Einige vollständig in Trümmer geschossene
Forts waren die ersten Vorboten, dann rasteten wir an einer überhängenden Schieferwand, die eine mit Schiessscharten gespickte Mauer
stützte. Aus sorgsam gearbeiteter Steinfassung sprang ein heller Wasser-
strahl, und verborgene Röhren leiteten den Ueberschuss in die Festung.
Wir bogen um einen niedrigen Felsvorsprung, und mehr erschrocken
als erstaunt hemmten wir unseren Schritt, denn vor uns lagen — die
Ruinen von Antivari. Da gab es kein Gebäude, in welches die montenegrinischen Kanonen nicht eine klaffende Bresche gelegt hätten.

Selten war von den Dächern, den spitzen Minarets und den hohen
Rauchfängen ein dürftiger Rest erhalten: hier schauten verkohlte Balken
aus den rauchgeschwärzten Mauern, dort standen noch die blendend
weissen Wände und drohten, jeden Augenblick einzustürzen. Mächtige
Rosen- und Goldregensträucher, Feigen- und Lorbeerbüsche verhüllten
schmeichelnd die zerborstenen Mauern und umschlangen die zersprun-
genen Quadern in fester Umarmung. Noch schrecklicher entrollten sich
die Spuren der Verwüstung, als wir am nächsten Tage die Trümmerstadt durchwanderten. Undurchdringliche Schuttmassen erfüllten die
Gassen, in denen kein Haus unversehrt geblieben war, verrostete Kanonen lagen überall herum, und der eingegrabene Stern und die fremd-
artigen, verschnörkelten Buchstaben zeigten, dass es türkische Geschütze
waren, die den Siegern in die Hand fielen. Sechs Wochen belagerten
die Montenegriner die feindlichen Wälle, und erst nachdem sie
durch einen kühnen Handstreich die Wasserleitung zerstört hatten, ergab sich die Garnison. Auch Spizza und Dulcigno mussten vor den
triumphirenden Bergsöhnen die Flagge streichen, und Vojvoda Mašo
Vrbica, dem Befehlshaber der Artillerie und zugleich einem scharfsin-
nigen Ingenieur, gebührte in erster Linie die Siegespalme.

Langsam näherten wir uns den hochromantischen Ruinen, die
einer verwunschenen Stadt aus Tausend und einer Nacht glichen. Von
den Hügeln bis zum Meere breitete sich ein silbergrüner Olivenwald
aus, der so hoch und dicht war, dass nur zuweilen ein rothes Dach aus
ihm hervorschaute. Unter den verschlungenen Baumkronen wanderten
wir leicht dahin und sahen uns bald zwischen den zerstreuten Häusern,
die, umschlossen von hässlichen Mauern, sich zu einem Labyrinth
enger, winkeliger Gässchen aneinanderreihten. Jetzt stehen wir vor einem
festen Wall, der wie die Wasserleitung ein Werk der Venetianer ist.
Im Osten findet er an der tiefen Schlucht, in der wir abwärts wanderten
und in der die neue Olivenöl-Raffinerie errichtet ist, einen natürlichen
Graben. Die Mauer umschliesst das Reich des Todes, und um sie gruppieren sich die vom Feuer verschonten oder neu aufgebauten Häuser.
Ueberhaupt kann man für unsere Stadt vier Perioden unterscheiden.
Sie wurde von den Römern gegründet und Antibarium genannt, weil
sie dem italienischen Hafen Bari gegenüberliegt. Gut erhaltene Inschriften
und einige leider sehr beschädigte Gebäude erinnern an diese alte
Zeit. Hierauf kamen die Venetianer, nach ihnen die Türken, bis endlich
das jugendkräftige Montenegro die Herrschaft in die Hand nahm.

Obwohl nach dem Kriege sehr viele Türken Antivari (slavisch Bar)
verliessen, kann man die Bevölkerung doch auf 1000 bis 1500 Seelen

veranschlagen, unter denen das türkische und albanesische Element weit-
aus überwiegt. Eine breite, stark geneigte Strasse, auf deren glattem
Pflaster man sehr vorsichtig gehen muss, stellt den Bazar dar, und in
offenen Verkaufsbuden mit vorspringendem Dach werden allerhand
Dinge feilgeboten; doch sucht man vergebens nach Artikeln, die wir
nicht schon in Podgorica gesehen hätten, und nur eins gab es, wonach
sich der Deutsche immer sehnt: Bier! Dankbar gedachte ich des österrei-
chisch-ungarischen Lloyd, dessen Schiffe zweimal wöchentlich hier halten
und den schäumenden Gerstensaft an diese halb vergessenen Küsten
tragen, und eilends trat ich in den Laden, der die wohlverkorkten
Flaschen enthielt. Auch Besuch stellte sich ein, nicht das faule,
bettelnde Volk, welches sich vor dem Verkaufsstande ansammelte,
sondern ein alter österreichischer Tischler, der gleich von mir wissen
wollte, wie es »draussen« aussähe.

Erst um 4 Uhr dachten wir daran, zum Pristan (Hafen) zu wandern. Wohl gab es in der Stadt einige Schänken und Hans; da sich
indessen der Hafen einer nach abendländischer Art eingerichteten Locanda erfreute, so zog ich diese natürlich vor. Der belebte Bazar mit
seinen Läden und offenen Werkstätten nahm rasch ein Ende, aber am
Bergrande waren noch zahlreiche Häuser angelegt, und im Umkreise
zierten freundliche Ortschaften die grasigen Bergrücken. Die Ebene,
in welche wir hinabstiegen, bildete einen einzigen Garten voll
unbeschreiblicher Fruchtbarkeit. Wo der Wald der hundertjährigen Oelbäume eine Lücke aufwies, da drängten sich Maisfelder, Feigen und
Granaten hinein, an schlanken Pappeln rankte sich der edle Wein
empor und kaum verbarg das Blattgewirr die schweren, grossbeerigen
Trauben. Quellen und Bäche bewässerten dieses Paradies, und so gross
war der Ueberfluss an Feuchtigkeit, dass er den Grund stellenweise in
einen Morast verwandelte, während die tiefsten Fluren in der Nachbarschaft des Meeres wegen der alljährlichen Ueberschwemmungen nur
schmiegsame Weiden, düstere Lebensbäume und mageres Gras trugen.
Welch' eine Fülle landschaftlicher Gegensätze bot sich dar, wenn man
den Blick über die Niederung schweifen liess! Im Westen schienen die
brandenden Wogen der Adria mit den Wolken zu verschwimmen; im
Norden thürmten sich Sutorman und Vrsuta auf, aber die wildesten Berg-
zinnen umschlossen im Osten und Süden die Ebene, die ihre Entstehung
den Meeres- und Flussanschwemmungen verdankt. Hier fiel der eben-
mässige Lisin in steilen, zerrissenen Wänden ab, an ihn stiess, durch
ein breites Thal getrennt, die Rumija. Bestimmte Formen sind in ihrer
von Schutthalden und Erosionsrinnen erfüllten Mauer schwer zu er-

kennen: was sie aber vor allem auszeichnet, das ist nicht bloss die pittoreske Lage von Antivari (182 Meter), in noch höherem Grade sind es die colossalen Faltungen und Knickungen der fast senkrecht abgebrochenen Gesteinsschichten, die mit grosser Wahrscheinlichkeit für eine Verwerfung sprechen, wie wir sie eben deshalb für das Škrk-Thal im Durmitor annahmen und wie sie bereits Tietze hierher verlegte. In diesem Falle kommt hinzu, dass die Kalke der Rumija wegen der unterlagernden Werfener und Wengener Schichten triadisch sind, dabei aber unmittelbar neben einer Zone tertiären Flysches lagern, ferner dass Tietze hier ein Erdbeben erlebte, wie solche für Gebiete tektonischer Störungen bekanntermassen charakteristisch sind.

Der Hafen ist mit der 5 Kilometer entfernten Stadt durch eine Fahrstrasse verbunden, und seinen Einrichtungen merkt man sofort das jugendliche Alter an, wenngleich nicht geleugnet werden kann, dass bereits ein anerkennenswerther Fortschritt zum Bessern gemacht worden ist. Etwa ein Dutzend einstöckiger Häuser zieht sich längs der weit ins Meer vorspringenden Volovica hin, kräftige Bäume beschatten die Marina, und erbeutete Geschützrohre, sowie mehrere Pyramiden verrosteter Kanonenkugeln verleihen dem Ganzen ein kriegerisches Gepräge. Die Bai selbst ist wegen ihrer Seichtigkeit grösseren Schiffen nicht zugänglich; doch wird eine Ausbaggerung, die bei gesteigertem Verkehr nothwendig vorgenommen werden muss, dieses Hindernis leicht beseitigen, und wo die Volovica gegen Stürme nicht mehr wirksam genug ist, lassen sich Wellenbrecher oder andere Schutzanlagen anbringen. Obwohl Montenegro beide Hafenplätze der weiten Bucht, Antivari und Spizza, mit stürmender Hand eroberte, nahm Oesterreich Spizza und den grössten Theil des Bassins für sich in Anspruch, und zwar aus militärischen Gründen, weil es so den montenegrinischen Küstenantheil überwachen konnte.

Doch nun machen wir es uns in der wohnlichen Locanda bequem und versparen uns die Besichtigung der Stadt und ihrer Umgebung auf morgen. Längs des Meeres gehen wir zu dem innerlich wie äusserlich eleganten Palaste des Fürsten und zu dem Leuchtthurm, der auf der Punta Volovica neben den Trümmern eines alten Türkenforts erbaut ist. Am Nachmittag führt uns ein Soldat in die grausige Trümmerstadt von Antivari, deren Besuch ohne Erlaubniss der Behörden nicht gestattet ist, und in der Frühe des 1. October sind wir zu unserem Marsche nach Dulcigno gerüstet.

Anfangs war der Weg sehr schlecht, da wir einen abkürzenden Fusspfad längs der stark verkarsteten Volovica einschlugen. Oft gab

uns nur die Telegraphenleitung nach Scutari die Richtung an, und
schliesslich verirrten wir uns ganz, so dass wir querfeldein liefen, bis
wir zu einem Dorfe unweit Antivari kamen und eine türkische Strasse
betraten, die wie alle ihresgleichen von höchst fragwürdiger Beschaffenheit war und den armen Füssen ein grosses Opfer zumuthete. Wir
waren daher sehr froh, als der Mensch ganz und gar aufgehört hatte,
die Natur zu verschlechtern, statt zu verbessern.

Der Lisin, von Antivari aus.

Unser Weg führte zwischen Olivenhainen, Obstgärten und den
hohen Mauern der peinlich verwahrten Türkenhäuser hin. In die Fugen
hatten sich mit verschwenderischer Ueppigkeit die lieblichen Kinder der
süd-europäischen Flora eingenistet und begleiteten uns bis zu unserem
Ziele. Immergrüne Eichen und ernste Pinien, Lorbeer- und Myrthen-
büsche umsäumten die Gehänge, dornige Sträucher zogen schützende
Hecken um die Getreide- und Tabakfelder, und bis auf die höchsten
Spitzen der thurmhohen Pappeln kletterten die fruchtbeladenen Reben,
deren·unerreichbare, pfundschwere Trauben vertrockneten oder eine
Beute der gefrässigen Vögel wurden.

Nun stiegen wir, begleitet von dem azurblauen Meere, an den
Ausläufern des Lisin über Dobravoda (Gutes Wasser, 262 Meter), Pe-
ćurica (225 Meter) und Kunje (325 Meter) beständig auf und ab, denn
vor das zusehends niedriger werdende Küstengebirge schiebt sich eine
Reihe flacher Ketten, die quer zu unserem Wege zur Adria streichen,
aus leicht zerstörbaren Nummulitenkalken, Flyschschiefern und Sandsteinen bestehen und von der Brandung in eine imposante Steilküste
umgewandelt sind. Dabei leisteten die härteren Kalke länger Widerstand
als die weichen Schiefer, und daher setzt sich das Gestade aus einer
Menge kleiner Buchten zusammen, die durch die vorragenden Kalk-
zungen von einander getrennt werden. Man kann sich keine schärferen
landschaftlichen Gegensätze denken als zwischen diesen beiden Gesteins-
complexen, die zwischen Antivari und Dulcigno je dreimal mit einander
abwechseln. Der graue verkarstete Kalk, der z. B. bei Kunje reich an
Nummuliten ist, bildet baumarme, wasserlose Rücken, die unter sich
und mit dem Küstengebirge parallel laufen und in der Možura-Planina
ihre bedeutendste Höhe erlangen. Die dunkelgrünen, feinblätterigen und
leicht ablösbaren Schiefer zeichnen sich durch eine Fülle von Vegetation
und Wasser aus; sie nehmen die Thalmulden ein, werden von Bach-
schluchten mannigfach zerschnitten und neigen gern zu Rutschungen.
In ihnen sind Acker- und Weinbau zu Hause, und manche der kleinen
Becken wie Mirkojeviċi und Gorana gleichen einem lieblichen Garten.

Bei Kunje begann dichter Eichenwald vorzuherrschen, und in
grossen Biegungen erklomm der Pfad die steinige Možura Planina.
Nichts verrieth in diesen gesegneten Gefilden den Einzug des Herbstes,
im Gegentheil, die Sonne brannte so heiss, dass wir uns im Hochsommer wähnten. Mancher Schweisstropfen rollte von der gebräunten Stirn,
als wir uns an den nicht gerade steilen Lehnen versuchten, und erwartungsvoll begrüssten wir drei ausgemauerte Cisternen, die auf halber
Bergeshöhe angelegt waren. Wohl leuchtete aus der Tiefe das kühle
Nass herauf, und doch war es für uns werthlos, denn es gab keine
Schöpfgeräthe, mittelst deren wir das durststillende Getränk heraufholen
konnten. Da der Bergrücken (452 Meter) bald überwunden war, so ver-
gassen wir unser Missgeschick, zumal sich zu der Aussicht, die wir bisher genossen, ein lieber alter Bekannter, der Scutari-See, gesellte. Auch
der südliche Theil der Adria öffnete sich. Dulcigno war noch nicht
sichtbar, aber die unserem Standpunkte parallel laufenden Hügelzüge
lagen frei vor uns, und hinter ihnen breitete sich die endlose Bojana-
Ebene aus, der erst die nebelverhüllten Berge jenseits des Drin ein
Ziel setzten.

Eben wollte ich meinen Diener einholen, als ich ein lautes »Stani (Halt)!« vernahm und sah, wie ein Montenegriner mit schussfertigem Revolver vor dem erbosten Marko stand und bei meiner Ankunft die gefährliche Waffe sinken liess. Es war der Briefträger, der die Post von Dulcigno nach Antivari beförderte und uns über sein Gebaren sofort aufklärte. Es sei, sagte er, in diesen von den Albanesen noch immer unsicher gemachten Gegenden ein Gebot der Klugheit, den Revolver jederzeit bereit zu halten und von Jedem Aufschluss über seine Personalien zu verlangen, da jene unbotmässigen Menschen oft genug einen Raubmord verübten und in das nahe türkische Gebiet, das Eldorado aller Verbrecher, flüchteten. Höchlichst vergnügt über das lustige Abenteuer sagte ich dem kriegerischen Diener Stephans Lebewohl, Marko dagegen konnte seine Aufregung nicht gleich bemeistern und ärgerte sich weidlich über seinen unhöflichen Landsmann.

Vorbei an den Dörfern Kruć und Kruse stiegen wir in ein schmales Thal hinab, dessen geröllreicher Bach so wenig Wasser führte, dass die Mühlen an seinen Ufern still standen. Die kalkigen Hügel beiderseits wurden niedriger, bei Bratica (53 Meter) erweiterte sich die enge Rinne mehr und mehr, und die Vegetation wurde wieder üppiger. Auf dem kahlen, sonnigen Gestein wuchsen stachelblätterige Eichen, mächtige Aloës, der überall im warmen Küstenlande heimische spanische Ginster, und zwischen dichtem Gestrüpp bemerkte ich die erste Palme in Montenegro, die Stechpalme. Jetzt öffnete sich auch die grüne Bojana-Ebene; ein paar Schritte noch auf der verfallenen türkischen Strasse und das vielgenannte Dulcigno lag vor uns. Im ersten Augenblicke wusste ich nicht, was ich sagen und denken sollte. Ich erinnerte mich eines Holzschnittes aus einer illustrirten Zeitschrift, der eine kleine Felsinsel mit einer Zusammenhäufung elender Gebäude darstellte. Ich hatte deshalb meine Erwartungen nicht sehr hoch gespannt und erstaunte um so mehr, als nichts von diesen Phantasiegebilden vorhanden war. Doch versparen wir unsere Eindrücke auf eine zusammenhängende Schilderung und führen wir rasch unsere Erlebnisse zu Ende. Am Hafen bot uns die saubere Locanda eines Albanesen einen angenehmen Aufenthalt, und der nächste Tag galt der Besichtigung der Stadt, der ich viel mehr Reize und Interesse abgewinnen konnte als dem vielgepriesenen Scutari.

Dulcigno, das Olcinium der Römer, Ulcinj der Slaven, Olgun der Albanesen, zerfällt in die alte und in die neue Stadt. Erstere, auf den schroff zum Meere abfallenden Ausläufern der Bijela Gora errichtet, bietet das malerische Bild zerstörter Ruinen und beherbergt für den

Archäologen manchen kostbaren Schatz, da sie nicht weniger als fünf Herren, den Römern, Byzantinern, Serben, Venetianern und Türken, gehörte, bis sie als Entgelt für das Gebiet von Gusinje und Plava den Montenegrinern zugesprochen wurde. Allerdings hat die Flotten-Demonstration, durch welche die Grossmächte die Türkei oder vielmehr die nach Selbstständigkeit strebende Albanesische Liga zur Abtretung dieses Hafens zwangen, beträchtlichen Schaden angerichtet, obgleich das Zerstörungswerk nicht von so furchtbaren Wirkungen begleitet war, wie in Antivari. Kümmerliche Reste von Häusern und Minarets, die Ruinen einer alten lateinischen Kirche und durchlöcherte Mauern ragen in die Luft, und bloss der starke Festungswall und die meterdicken Wände des Castells haben sich ziemlich gut erhalten. Jetzt ist das alte Dulcigno fast verlassen, und seine als kühne Piraten berüchtigten Bewohner machen nicht mehr die Küsten der Adria bis hinüber nach Italien und Sicilien unsicher.

Wir suchen die Neustadt auf, wo ein warm pulsirendes Leben uns entgegenschlägt und wo wir drei Theile unterscheiden können, den Hafen, den Bazar und die sich um beide gruppirenden Gebäude. Der erstere bildet ein kleines, auf drei Seiten von klippigen Uferwänden umschlossenes Bassin, das sich mit der ausgedehnten Bai von Antivari in keiner Weise messen kann. Die schroffen Hügel gehören dem marinen Neogen an und bestehen aus abgerundeten Kalkstücken, die durch ein gelb gefärbtes, ockeriges, lehmiges oder sandiges Bindemittel verkittet sind und Reste von Austern und Bohrmuscheln enthalten. Leider ist die Bucht so versandet, dass sich viele Meter entfernt vom Strande die Wellen brechen und dass tiefgehende Schiffe nicht einfahren können. Eine gründliche Ausbaggerung ist also auch hier nothwendig. Die Bucht ist der Ausläufer eines schmalen Querthales, wie deren mehrere von den früher erwähnten Parallelketten herabkommen; eine Senke dagegen, die zwischen Bijela Gora und Mendra verlaufend die parallele Hauptrichtung beibehält und Val di Noce (Nussthal) heisst, endigt in dem zweiten Hafen, der einen Leuchtthurm besitzt. Er liegt 4 Kilometer von der Stadt ab, ist viel grösser als der erstere und bis ans Ufer tief genug. Auf drei Seiten vortrefflich geschützt, wäre er auf der vierten leicht durch Dämme zu sichern, eine Fahrstrasse liesse sich ohne weiteres anlegen, und alle Bedingungen wären gegeben, um hier den Zukunftshafen von Dulcigno zu schaffen.

Ehe wir vom Strande auf den Bazar gelangen, müssen wir mehrere schmale Gässchen durchwandern, die in einer breiten Fahrstrasse enden. Eine Bachrinne läuft neben ihr hin, und zu beiden Seiten tauchen zer-

streute Häuser aus dem Grün auf, bis die Handelsstadt Dulcigno ihren
Anfang nimmt, auf deren Getriebe ein altehrwürdiger Uhrthurm her-
niederschaut. Die Läden zwar haben sich nicht verändert, und auch die
Waren sind zum kleinsten Theil Erzeugnisse des einheimischen Gewerbe-
fleisses. Da aber die Handwerker ihre Beschäftigung nicht hinter ver-
schlossenen Thüren ausüben, so kann man mit Musse die Geschicklichkeit der Töpfer und Klempner, Tischler und Holzschnitzer, Schuhmacher
und Schneider bewundern, während vom andern Ende der Strasse das

Dulcigno (Altstadt).

Hämmern der gewandten Schmiede heraufschallt. Hier legen die Bäcker
ihre flachen Brote aus dort zerhackt der Fleischer das wichtigste
Schlachtthier des Orients, den Hammel, und überall halten Obstverkäufer
oder geschwätzige, vermummte Frauen ihre verlockenden Früchte feil.
Neben einem der vielen Tabaksläden hat ein Materialwarenhändler seinen
Stand aufgeschlagen, und dort locken Kleiderstoffe, Schmucksachen und
farbige Kleinigkeiten die Damenwelt an. Die Kaufleute sind mit wenigen
Ausnahmen Türken und Albanesen, die Montenegriner besitzen meist
die Hans oder die primitiven Kaffeehäuser, und fortwährend tragen

flinke Jungen den duftenden Mocca in kleinen Schälchen von Haus
zu Haus.

In Dulcigno tritt das montenegrinische Element noch mehr zurück
wie in Antivari; auch die Tracht ist südlich der Możura eine andere
geworden, indem sie sich mehr an die prunkvolle Scutariner Kleidung
anlehnt. Das grösste Interesse gebührt jedoch den Frauen, denen
gerade hier die Sitte eine abscheuliche Vermummung aufgezwungen
hat. Auf gelbe Schuhe fallen weite, faltige Hosen herab, bauschige
seidene Obergewänder werden von einem bunt gestreiften Gürtel zu-
sammengehalten, und rabenschwarzes Haar hängt über das weiche Gesicht, aus welchem zwei schwarze, lebhafte Augen blitzen. Aber wie
wenig kann man von den feinen Zügen sehen. Ein seidener Schleier
verhüllt das Gesicht bis auf Augen und Stirn, darüber wird ein Shawl
geschlungen und um Alles ungeachtet der Hitze ein Mantel aus
schwerem, grobem Stoff geworfen, der zum Ueberfluss eine hässliche
Kaputze besitzt und mit dem vielfarbigen Costüm nicht im geringsten
harmonirt. Allerdings lüften die Muhamedanerinnen, wenn sie sich unbe-
achtet glauben, gern die lästige Hülle, und man erkennt zuweilen die
zarten, ebenmässigen Züge, die man an den unverschleierten Mädchen
bewundert; sowie sie jedoch des Mannes ansichtig werden, ziehen sie
rasch den Mantel um und wenden das Gesicht ab, bis der Fremde
vorüber ist. Wie ungeheuer stechen von den Türkinnen die knöchernen,
sonnenverbrannten und dürftig gekleideten Montenegrinerinnen ab, die
sich beim Strassen- und Hausbau ihr Brot verdienen müssen. Sie sind
die abgehärteten Vertreterinnen der Entbehrung und der Arbeit, während
jene auf weichem Pfühl dem Nichtsthun huldigen.

Ueber den Frauen hätten wir beinahe etwas vergessen, was unsere
Aufmerksamkeit nicht minder verdient. Begegneten wir schon in Antivari vereinzelten Söhnen des Schwarzen Erdtheils, so giebt es in Dulcigno gleich eine ganze Negercolonie, die sich aus allen Farben und
Stämmen der äthiopischen Rasse zusammensetzt und ein origineller
Rest aus der Türkenzeit ist, in welcher diese schwarzen und dunkelbraunen Gestalten im Haremsdienst u. s. w. Verwendung fanden.

Wir haben noch den dritten Theil des eigenartigen Küstenplatzes,
die Villencolonie und die vom Meere aus nicht sichtbare Neustadt, zu
durchwandern. Jene liegt am Hafen und zeigt bereits eine recht stattliche Entwicklung; dort steht das Palais des Fürsten, die Wohnung
des Gouverneurs, das Lusthaus des russischen Residenten, das türkische
Consulat u. s. w. Auch eine Moschee fehlt nicht; von ihrem Minaret
aus fordert der Muezzin die Moslims zum Gebet auf, ihm antwortet

der Muezzin aus der Altstadt, und bald erschallt der gleiche Ruf von
den übrigen Minarets, die wie Nadeln die rothen Dächer von Neu-Ulj-
cinj überragen.

In dem anmuthigen Thale, dessen wir schon mehrfach gedacht,
sind die Wohnstätten des neuen Viertels zerstreut. Die Häuser sind
ganz nach türkischer Art gebaut, die Wände mit Malereien und
Inschriften bedeckt, die Fenster nach der Strasse zu klein und ver-
gittert oder gänzlich durch feine Holzgitter ersetzt. Auf der Bijela Gora
stehen die kleinen Kirchen der Orthodoxen und Katholiken (138 Meter),
die wogenumtoste Mendra ziert das neu erbaute stattliche Gotteshaus
der Orthodoxen, und nun nimmt uns ein unabsehbarer Olivenwald
auf, in dessen Schatten wir stundenlang sitzen, um den Blick über
das blaue Meer und die malerischen Ruinen der Altstadt schweifen zu
lassen.

Dulcigno fordert von selbst zu einem Vergleiche mit Antivari auf.
Die Beschaffenheit der Häfen haben wir schon hervorgehoben; nur ist
die Lage der Stadt zum Hafen hier eine günstigere, indem beide unmittelbar zusammenhängen. Die Einwohnerzahl von Uljcinj übertrifft
die von Bar um ein Bedeutendes, denn man kann trotz der massen-
haften Auswanderung der Muhamedaner 4000 bis 4500 Seelen an-
nehmen. Wie Antivari als Stapelplatz für Virbazar, Podgorica und den
nördlichen Scutari-See gelten kann, so ist Dulcigno der Vorhafen von
Scutari und dem ertragreichen Bojana-Gebiet. Leider fällt der Umstand schwer ins Gewicht, dass die Metropole Nord-Albaniens sich in
türkischem Besitze befindet und dass ihre Umgebung zu den un-
sichersten Theilen der Türkei gehört. Andererseits liegt das von den
Montenegrinern viel benutzte Cattaro auf österreichischem Boden, und das
Haus Habsburg wird nie daran denken, dasselbe einer anderen Macht
zu überlassen. Warum streben indessen die Crnogorcen so sehr nach
Cattaro, das einer steilen Gebirgsmauer angelehnt ist und Montenegros
werthlosesten Bezirk, die Katunska Nahija, zum Hinterlande hat? Antivari und Dulcigno dagegen besitzen als Hinterland die fruchtbaren
Niederungen um den Skadarsko Jezero, die den wirthschaftlichen Mittelpunkt Albaniens und der Schwarzen Berge ausmachen. Allerdings
müssten beide Häfen eine durchgreifende Ausbaggerung und Ver-
besserung erfahren, und die Bojana-Regulirung wäre eine ebenso un-
erlässliche Vorbedingung, damit das zeitraubende und preisvertheuernde
Umladen der Waren erspart bliebe und damit der Dampfer vom Meere
bis Scutari und Rijeka fahren könnte. Aber das kleine Montenegro,

jenes Räubernest, wie man es noch immer gern nennt, hat bereits
eine so erspriessliche reformatorische Thätigkeit entfaltet, dass es
sicherlich auch hier nach Kräften zur Förderung seiner Interessen bei-
tragen wird.

19. Capitel.

Durch die Bojana-Ebene nach Scutari und zurück nach Antivari.

Da jetzt ein Gebiet vor uns lag, in welchem die serbische Sprache
nur noch von den Wenigsten verstanden wurde, so musste uns darum
zu thun sein, einen des Albanesischen kundigen Begleiter zu gewinnen.
Marko, so hiess unser Dragoman, war ein guter Bekannter meines
Dieners und hatte eine bewegte Vergangenheit hinter sich. Er war
ein Hercegoviner aus Bilek, der in dem berüchtigten Corps des Insur-
gentenführers Kovačević acht Jahre lang ein vogelfreies Hajduken-, d. i.
Räuberleben führte und schliesslich nach Montenegro flüchtete, als die
verwegene Schar zersprengt wurde und sich auflöste. Mir gegenüber zeigte
er sich anfangs etwas zurückhaltend, da er mich bei seinen beschränkten
geographischen Kenntnissen für einen der verhassten Oesterreicher hielt;
allmählich thaute er jedoch auf, und nach vier Tagen schieden wir als
die besten Freunde von einander.

Südlich von Dulcigno beginnt die öfters erwähnte Niederung, die
sich weit über die Bojana und den Drin fortsetzt und mit dem flachen
Ostufer des Scutari-Sees ein Ganzes bildet. Sie ist wegen ihrer Fruchtbarkeit berühmt, und nicht ohne Grund heisst ein Theil derselben, das
Štoj, die Kornkammer Montenegros. Zahllos sind die Wiesen, die
Mais-, Getreide- und Tabaksfelder, die Feigen- und Quittenbäume, und
üppige Hecken aus Himbeer-, Brombeer- und Haselnussgesträuch umgeben die einzelnen Besitzthümer, während aus dichtem Unterholze
Eichen und Erlen hervorragen, und wegen ihres Reichthums an Reb-
hühnern, Wildenten und anderem Vogelwild für den Jäger ein wahres
Paradies bedeuten. Kein Stein ist in den weichen Humusboden einge-

bettet, der, wie die vielen Geleise verrathen, auch fahrbar ist, ohne dass der Mensch nöthig hätte, mit künstlichen Mitteln einzugreifen. 3 Meter, ja stellenweise 6 Meter und tiefer hat sich die Bojana in das Erdreich eingegraben, ohne auf das unterlagernde Gestein gestossen zu sein, und alljährlich führt der majestätische Strom durch seine Ueberschwemmungen dem Boden neue Ackerkrume zu. Da sein Gefäll ein fast unmerkliches ist, so vermag er bloss die feinen, schlammigen Stoffe niederzuschlagen, und wie man Aegypten als ein Geschenk des Nil bezeichnet, so kann man diese Gegenden als ein Geschenk der Bojana auffassen. Leider lässt sie Sümpfe zurück und hat lästige Fieber im Gefolge, und gerade das Štoj ist wegen seiner bösartigen Bojana-Fieber so verrufen, dass die wenigen Ansiedelungen ausnahmslos am kühlen Meere oder am luftigen Gebirgshang angelegt sind.

So vollkommen horizontal ist das Niederland und so dicht sein Baumwuchs, dass man das Meer nicht sieht, obwohl der Weg noch nicht 1 Kilometer entfernt an ihm entlang führt. Nur durch das Brausen der Wogen, das noch 15 Kilometer landeinwärts in Oboti als dumpf grollender Donner vernehmbar ist, verräth sich seine unmittelbare Nachbarschaft. Man muss jedoch hinzufügen, dass sich flache Dünen, die einzigen in Montenegro, an der Küste hinziehen, weshalb schon aus diesem Grunde der freie Ausblick unmöglich ist. Ebenso bemerkt man die Bojana erst, wenn man noch wenige hundert Schritte von ihr entfernt ist, und den Zoganjsko- und Šas-See bekommt man überhaupt nicht zu Gesicht, obwohl man an ihnen gar nur in $\frac{1}{2}$ Kilometer Entfernung vorüberwandert. So plötzlich sind die Berge und die schlechten Wege verschwunden, dass dieser Umstand geradezu befremdet, und in der That haben wir in dieser Ebene die grossartige Wirkung eines geologischen Ereignisses vor uns. Bis nach Scutari und über den Drin wurden die schroffen Mauern des Küstengebirges durch tektonische Störungen abgebrochen und bildeten die innerste Bucht des grossen süd-adriatischen Einbruchskessels; zahlreiche Kalkklippen, die in der Streichungsrichtung des Küstengebirges verlaufen, waren die Inseln dieses Golfes, der im Laufe der Jahrtausende wieder verlandet wurde. Am Rande der Ebene, bei Dulcigno, soll eine abbauwürdige Braunkohlenmine aufgeschlossen und bereits in Angriff genommen worden sein; ich hörte davon erst in Cetinje und kann daher weder Einzelheiten angeben, noch für die Wahrheit dieses Gerüchtes einstehen.

Wohlgemuth marschirten wir am 3. October in die grüne, wenig abwechslungsreiche Ebene und standen nach einer halben Stunde auf

der Holzbrücke (10 Meter), welche einen schmalen Canal überspannt.
Er leitet den Ueberschuss des Zoganjsko Jezero ins unersättliche Meer,
denn dieser abflusslose Binnensee entzog durch Versumpfung seiner
Ufer grosse Strecken fruchtbaren Ackerbodens der Cultur und ist nach
Anlage des Canals beträchtlich zurückgegangen.

Wir rasteten einige Zeit in dem Hause eines unserem Marko be-
freundeten Albanesen und erblickten von dort die Masten der an der
Bojana-Mündung ankernden Schiffe. Um 1/22 Uhr war der schmutzig-
gelbe, 700 Meter breite Riesenstrom und das Kirchdorf Šinkol oder
Sveti Nikola (8 Meter) erreicht. Zahlreiche Schiffe, meist Küstenfahrer,
liefen aus und ein, und auch für kleine Dampfer wäre die Bojana zugänglich, hätten sich an ihrer Mündung die Sinkstoffe nicht zu einer
fliegenden Barre angehäuft, die mit dem Wechsel von Wind und
Strömung beständig ihre Lage verändert und bloss noch 2 bis 5 Meter
unter dem Meeresspiegel liegt. In diesem dritten Hafen seines Landes
besass der Fürst ein Landhaus, das in seiner Abwesenheit der Bezirks-
Kapetan inne hatte. Der verantwortungsvolle Posten bedurfte einer
tüchtigen Kraft, und Kapetan Philipp war seiner Stellung durchaus gewachsen. Der fein gebildete Mann, der sammt seiner Gemahlin das
Italienische, Französische und Albanesische geläufig sprach, lud uns
mit herzgewinnender Freundlichkeit ein und zog uns in eine interessante
Unterhaltung. Am meisten klagte er über die unausgesetzt anhaltenden
Fieber, die ihn und seine Familie schon so geschwächt hatten, dass
sie tagtäglich eine nicht unbedeutende Dosis Chinin einnehmen mussten,
um einem sofortigen Rückfalle vorzubeugen.

Unser Pfad führte längs der Bojana hin, und in dem regellosen
Durcheinander von Feldwegen, Hecken und Sümpfen wussten wir oft
nicht, wo aus und ein. Nach zwei Stunden betraten wir das Dörfchen
Reč und kehrten bei einem katholischen Albanesen ein. Zum ersten
Male wurden uns hier Süssigkeiten, candierte Aniskörner u. s. w. vorgesetzt, die in dem Paris aller Albanesen, in Scutari, zubereitet waren.
Sonst herrschten dieselben Gebräuche wie in Murić; doch waren
die katholischen Arnauten nicht so enthaltsam wie ihre muhamedanischen Stammesgenossen, und die Branntweinflasche machte fleissig
die Runde.

Vor Einbruch der Dunkelheit bestiegen wir eine Hügelkuppe
(76 Meter), an deren Fuss sich das kleine Dorf anschmiegte. Die
dünnbankigen, mit niederem Buschholz bewachsenen Kalke waren deshalb von Interesse, weil sie Nummuliten enthielten, also ein isolirter
Rest der früher durchwanderten Nummulitenkalke waren. Von der

Höhe konnten wir die weite Ebene überschauen und entdeckten jetzt erst die stahlblaue Wasserfläche des Zoganjsko- und Šas-Sees, während sich die blutrothe Scheibe der untergehenden Sonne in der vielgewundenen Bojana wiederspiegelte.

Von unserem Hügel und einem ihm gegenüberliegenden, auf welchem türkische Soldaten eben Befestigungen anlegten, wird der gewaltige Strom zum ersten Male eingeengt. Allmählich treten die letzten Ausläufer des Küstengebirges und die flachen Flügel des linken Ufers näher zusammen, und die Gegend verliert den Charakter einer vollkommenen Ebene. Sonst bot unser Marsch nach dem Grenzorte Snerč oder Sveti Djordjijo eben so wenig etwas Neues wie der Rückweg längs des Gebirges nach Zoganj. Das Bemerkenswertheste waren die Rudisten, die der Mali Brijeg (Kleiner Hügel) bei Kneta, einem halb verfallenen Weiler zwischen jenen beiden Orten, enthielt.

In Zoganj wusste unser Dolmetscher ebenfalls ein gastliches Dach, und wir wurden von seinem Freunde, einem wohlhabenden albanesischen Grundbesitzer namens Marko Uijk, aufs herzlichste empfangen. Die Frauen mussten eine grosse Kanne Feigenschnaps herbeiholen, und auf die erste folgte bald eine zweite. Das einzige Glas unseres Wirthes kreiste ohne Aufhören von Mund zu Mund; es wurde auf gegenseitige Gesundheit, auf das Wohlergehen von Haus, Familie und Staat getrunken, und wenn unsere Complimente erschöpft waren, so begnügten wir uns mit einem einfachen Živio! oder Na Zdravlje (Zur Gesundheit)! Als Dankeswort folgte das übliche Živio! Zdravi bio (Ich bin gesund gewesen)! oder Bog ti da zdravlje (Gott gebe dir Gesundheit)! und so ging es bis zum Mittagsmahle hin und her. Natürlich wurde uns auch die unvermeidliche Cigarrette gereicht; denn überall waren die abgeernteten Tabaksblätter zum Trocknen aufgehängt, und Marko Uijk nahm eine Handvoll derselben, legte sie auf eine Maschine und schnitt soviel als wir brauchten, in feine, dünne Streifen. Die eben so einfache als praktische Maschine bestand aus einem mit einer Rinne versehenen Holzbalken, an dessen Ende ein scharfes, breites Messer befestigt war; in der Rinne wurde das Blätterbündel langsam vorgeschoben und durch einfaches Niederdrücken des Messers abgeschnitten. Im Nu hatte sich die Familie unseres neuen Freundes um uns versammelt, und ein kaum 16-jähriger Bursche wurde uns als glücklicher Bräutigam vorgestellt, der demnächst heiraten wollte. Er sah noch recht kindlich aus, doch das that dem kleinen Manne keinen Abbruch; sind doch im Orient frühe Heiraten nichts Ungewöhnliches! Bei unserem Gespräch spielte natürlich Scutari und die Unsicherheit jenseits der Grenze eine Haupt-

rolle, und wenn dabei auch vieles übertrieben war, so entsprachen
im Grunde genommen die Mittheilungen doch den thatsächlichen Verhältnissen.

Im ganzen sind die montenegrinischen Albanesen fleissige, wohl-
habende Menschen; als getreue Unterthanen jedoch lassen sie mancherlei
zu wünschen übrig, da sie es schwer empfinden, dass der arme Mann
über den reichen herrscht. An einem Kriege gegen ihre Glaubensge-
nossen würden die muhamedanischen Arnauten wohl nur mit Wider-
streben theilnehmen, und immer sprechen sie in einem Athemzuge vom
Landesfürsten und vom Sultan. Zwar hält sie das montenegrinische
Regiment streng darnieder, jedoch der ungünstige Verlauf der Grenze
leistet einem Verbrecher in jeder Weise Vorschub, und mancher Mörder
entkam ungestraft auf türkisches Gebiet. Trotzdem kann der Sprach-
kundige allein und ungefährdet Montenegrinisch-Albanien durchstreifen,
wehe aber dem, der das im Nachbarstaate versuchen wollte. Die
türkischen Albanesen stehen zur Regierung in einem sehr lockeren
Abhängigkeitsverhältnis; sie haben einige Abgaben, z. B. die Kriegs-
steuer zu entrichten, aber oft genug verweigern sie dieselben und lassen
es auf die Entscheidung der Waffen ankommen. Bismarck's berühmtes
Wort: »Wir Deutsche fürchten Gott und sonst Niemanden in der
Welt!« hat auch bei den Arnauten seine Geltung, nur lautet es bei
ihnen: »Wir Albanesen fürchten Niemanden ausser Gott und auch
diesen nur ein wenig!« Kein Wunder, dass sie von der türkischen
Herrschaft nichts wissen wollen; sagte doch ein alter Malissore zu mir:
»Wenn du einmal in unser Land reisen willst, so komme nicht etwa
mit türkischen Gendarmen, denn dann findest du verschlossene Thüren;
gehst du hingegen mit zweien von uns, so bist du sicherer als unter
dem Schutze von zwanzig Türken!« Unter diesen Verhältnissen muss
es als ein groser Fortschritt der türkischen Machtbefestigung gelten,
dass der energische Gouverner von Scutari, Ferik Pascha, den unbotmässigen Stämmen 50.000 Gewehre abgenommen hat, da frühere Ver-
suche von den Albanesen schroff abgelehnt wurden.

Fast täglich hört man von einem Morde, und es mag Wenige
geben, die ihre Hand nicht mit Menschenblut befleckt haben. Doch
nicht im offenen, ehrlichen Kampfe, sondern feige und wohlversteckt
aus dem Hinterhalte lauern die elenden Strauchdiebe ihrem Opfer auf,
und ein beliebter Kunstgriff besteht darin, sich hinter einem Busche
schlafend zu stellen. Daher schiesst der vorsichtige Reisende auf jeden
am Wege schlafenden Albanesen, und unser Begleiter Marko rettete auf
diese Art zweimal sein Leben. Wie oft aber erreicht der Schurke seinen

Zweck und flieht nach vollbrachter That in ein Dorf, wo man ihn an-
standslos aufnimmt und vor den nachforschenden Gendarmen verbirgt.
Einige Tage vor unserer Ankunft in Reč hatte ein Arnaut seinen Feind
aus Blutrache, — ein barbarischer Brauch, der in diesen Gebieten noch
in furchtbarer Blüthe steht, — erschossen und liess dessen Bruder in
beissendem Hohne sagen: »Komm und begrabe deinen Bruder, ich habe
ihn getödtet!« Darauf entfloh er und lebt irgendwo unbehelligt weiter,
bis ihn vielleicht doch die gerechte Strafe, sei es durch die türkischen
Behörden oder durch die Kugel des unermüdlichen Rächers, ereilt.

Alle diese Umstände waren nicht darnach angethan, einen Besuch
von Scutari auf dem Landwege als etwas Verlockendes erscheinen zu
lassen; da aber unsere Freunde die Schönheiten von Scutari mit beredter Zunge schilderten, so konnte ich der Versuchung nicht mehr
widerstehen. »Wollen wir nach Scutari gehen?« fragte ich. »»Wir
wollen«, riefen meine Leute wie aus einem Munde »da es im Grunde
unrecht wäre, wenn wir, unserem Ziele so nahe, Skadar nicht gesehen
hätten.«« So brachen wir um $^1/_{,2}$ Uhr eilends auf, weil wir hofften,
noch vor Abend in dem Bagdad Albaniens einzutreffen. Nach einer
Stunde hatten wir das Kirchdorf Sneč hinter uns und betraten klopfenden Herzens die schmale Holzbrücke, die über den Ausfluss des Ŝas-
Sees geschlagen war. Noch ein Schritt, und das ungastliche Albanien
nahm uns auf. Der Charakter der Ebene war derselbe wie drüben in
Montenegro; daher widmeten wir unsere Aufmerksamkeit ganz und gar
der Strasse. Vorsichtig spähten wir nach den Zäunen zur Rechten
und Linken und schauten unverwandt nach den Baumkronen; denn
düstere Wahrzeichen verkündeten, dass es mit der Sicherheit durchaus
nicht aufs beste bestellt war. Wir waren kaum einige Minuten jenseits
der Grenze, als uns ein Grabstein auffiel, der dort errichtet war,
wo ein unglücklicher Reisender seinen Tod von Mörderhand gefunden hatte. Mit jedem Fuss breit mehrten sich diese stummen Zeugen
einer Blutthat und häuften sich stellenweise so, dass fünf, sechs und
mehr neben einander lagen.

Nach einer zweiten Stunde sehen wir uns dem Weiler Belaj
gegenüber, wo zwei Hügel so nahe an die Bojana treten, dass sie den
geeignetsten Platz für Sperrforts darbieten und wirklich von Feldschanzen gekrönt sind. Hier beschreibt der Strom eine solche
Biegung, dass deren Umgehung einen zeitraubenden Umweg erfordern
würde. Deshalb führt eine Fähre über die trägen, schmutzigen Fluthen,
und ein zerlumpter Albanese setzte uns über, der ausser seiner Bezahlung sofort ein Trinkgeld, ein Backschisch, verlangte. Wir ver-

trösteten den wackeren Bootsmann bis zu unserer Rückkehr, konnten es
aber trotz unserer beschränkten Zeit nicht ausschlagen, einen Kaffee
zu trinken. Die verdächtigen Gesellen, die sich in der rauchigen Hütte
aufhielten, benützten die Gelegenheit, um mitzutrinken, denn für sie
verstand es sich ja von selbst, dass wir alles bezahlen würden. Rüstig
durchmassen wir die Niederung, die im Verhältnis zu ihrem cultur-
fähigen Lande noch lange nicht ausgiebig genug bebaut war; und als
wir nach 5 Uhr in Oboti ankamen, ging der kurze Herbsttag bereits
zur Rüste. Daher hielten wir es für gerathener, nicht weiter zu marschieren, und liessen uns ans rechte Ufer des 700 Meter breiten Stromes
rudern, wo uns die kaiserlich türkische Zollwache in Gestalt eines
nichts weniger als höflichen und elegant gekleideten Beamten den Pass
abverlangte. Der gestrenge Herr richtete seine Augen durchdringend
auf mich, und ich zog es vor, Barometer und Thermometer im Ge-
heimen abzulesen, damit man mich wegen dieser unschuldigen Instrumente nicht zu einem Spion stempelte. Ein einfacher Han gewährte
uns eine leidliche Unterkunft, und die wie ferner Kanonendonner herüber-
schallende Brandung wiegte uns in festen Schlummer.

Die steilen, erdigen Ufer der Bojana sind 5 Meter hoch
und höher geworden, die Wassertiefe dagegen ist von 5 Meter auf 1
und 2 Meter gesunken, so dass grössere Schiffe nicht weiter vordringen
können und ihren Inhalt auf die flachen Londras umladen müssen.
Um deswillen ist Oboti der beste Ort für eine Zollstelle, und zur Ueber-
wachung des Stromes liegt hier ein Raddampfer vor Anker, der bei
Hochwasser von Scutari bis zum Meere verkehren kann. Unser Dolmetscher fand einige Bekannte aus Dulcigno wieder, und ein herculischer
Neger beehrte uns alsbald mit Raki und Kaffee. Ans Bezahlen dachte
er nicht, und so hatte er nebst einigen anderen eine erkleckliche Zahl
von Kreidestrichen auf dem Kerbholze, eine Einrichtung, die demnach das halbwilde Albanien nicht minder kennt wie das civilisierte
Abendland.

Am 5. October waren wir sehr früh auf den Beinen und wanderten
mit verdoppelter Schnelligkeit Scutari entgegen, dessen weisses Castell
uns schon lange entgegenleuchtete. Deutlich konnten wir die Zerstörungen beobachten, welche die Bojana alljährlich an ihren Ufern
und dem umliegenden Lande anrichtet. Tiefe Buchten waren in das
weiche Schwemmland gewühlt, und mächtige Erdmassen stürzten in
den fischreichen Strom hinab, Barren und fliegende Inseln bildend und
raubgierigen Möven einen erwünschten Ruheplatz darbietend. An
seichten Stellen hatten sich vielästige Bäume verfangen, Sand, Erde,

Zweige und Holzstücke setzten sich an ihnen fest und verwuchsen zu neuen Inseln, bis eine kräftige Hochwasserströmung die eine oder andere derselben fortriss. Infolge dieser Verstopfungen hat der Strom an Breite gewonnen und an Tiefe verloren, er musste sich andere Auswege suchen und brach da durch, wo er den schwächsten Widerstand fand. Eine ebenfalls den Charakter der Verwilderung tragende Vegetation verhüllte die Ufer, und oft mussten wir uns durch eine dichte Wand von Ulmen, Erlen und Espen, durch Farnkraut, Weidengebüsch und Dornensträucher hindurcharbeiten, die nur in der Nähe eines Dorfes Weinreben, Feigen, Nussbäume und Aecker anmuthig unterbrachen.

Die Fundamente einer türkischen Strasse und die zunehmende Menge der Häuser verkündeten die Nähe der Metropole Ober-Albaniens. Wir holten zwei Gendarmen ein, deren Uniformen bedenkliche Risse und Flecken aufwiesen und deren mit Rost überzogene Carabiner uns keine sonderliche Achtung vor dem türkischen Armeewesen einflössten. Nun engte der Taraboš im Verein mit dem Bergkegel von Scutari zum letzten Male die Bojana ein, und die Strasse war in den Felsen hineingesprengt. Die Festung, wiederum ein Werk der Venetianer, ist nicht mehr in bestem Zustande und hat an strategischem Werthe sehr verloren, da sie von dem 400 Meter höheren Taraboš leicht bestrichen werden kann.

Doch das grösste Interesse hat für den Naturfreund die Vereinigung von Drin und Bojana südwestlich des Festungsberges. Bauminseln, Schlamm- und Sandbänke werden von seichten Wasserstreifen umschlossen, die ihrerseits in die sumpfige Niederung übergehen. Senkrecht zu dieser schmutzigen Wasser- und Morastfläche, welche die Bojana darstellt, mündet eine breite, trockene Rinne ein, die hoch hinauf mit Geröllen erfüllt ist und einen mächtigen Schuttkegel in den Hauptstrom vorgeschoben hat. Das ist der Drin, der im Winter 1858/59 die Ebene durchbrach und sich rechtwinklig in die Bojana einbohrte. Zwar hatte er schon früher seine Richtung mehrfach gewechselt, aber so gross war seine Geröllführung und mechanische Wirkung noch nie gewesen. Die schon im Sommer, geschweige denn im Winter unzureichenden Abzugsöffnungen zwangen nunmehr das Wasser zum Stillstande, zur Versumpfung und trieben es in den Scutari-See zurück. Ausgedehnte, lang anhaltende Ueberschwemmungen wurden unvermeidlich; allwinterlich steht der Bazar von Skadar unter Wasser, und eine durchgreifende Stromregulierung ist nothwendig, um das Schlimmste abzuwenden. Vor allem muss der Drin in sein

altes Bett zurückgedrängt und die Bojana auf der seichten Strecke von
Scutari bis Oboti ausgebaggert werden. Dann können die Ueberschwemmungen keinen so hohen Stand mehr erreichen wie bisher, weil
ihre Ursache, der verzögerte, ungenügende Abfluss, beseitigt ist, und
überdies würden umfangreiche Moraststrecken in fruchtbares Ackerland
umgewandelt.

Schon eine geraume Weile waren beiderseits des Festungskegels
einzelne Gebäude und die wohlbekannten Minarets sichtbar geworden.
Sie boten aus der Ferne ein recht freundliches Bild, aber jetzt trugen
sie einen entschieden kleinstädtischen, verwahrlosten Anstrich. Das war
also das oft genannte Skadar der Serben, das viel gepriesene Škodra
der Albanesen! Ich muss gestehen, dass mich sein Anblick enttäuschte
und meine Vorstellungen sofort zerstörte, die mir die Königin Ober-
Albaniens als eine echt türkische Stadt, ausgestattet mit allen Reizen
der orientalischen Pracht, erscheinen liessen. Und nun die schmutzigen
Häuser und eine 250 Schritte lange, wackelige Holzbrücke, die über
die missfarbige Bojana führte. Doch wir haben zu Betrachtungen wenig
Zeit, denn die am Ende der Brücke stationierte Polizeiwache hält uns
an und fragt nach dem Passe, dessen Inhalt natürlich kaum beachtet wird.

Zuerst gelangen wir auf den Bazar, der entschieden das Eigen-
artigste von Scutari ist. Er besteht aus 2000 offenen Läden oder leicht
gebauten Baracken, die sich zu einem Labyrinthe von Gassen zusammenschliessen. Allerdings gibt es auch in der eigentlichen Stadt Verkaufsstände übergenug, doch drängt sich hier das unruhige Hasten und
Treiben zusammen, während dort eine schläfrige Langweile herrscht.
Die vorspringenden Ladendächer, aufgespannte Leinwandschirme oder
üppig sich emporrankender Wein machen die engen dunklen Gassen
noch dunkler, und wegen der Menschenmenge, die sie erfüllt, ist unsere
Wanderung ein ununterbrochenes Drängen, Schieben, Stossen und Aus-
weichen. Finster blickende Albanesen, reich gekleidete Scutariner, bis
an die Zähne bewaffnete Polizisten und Soldaten, dicht verschleierte
Türkinnen, Albanesinnen im kurzen, rothgestreiften Rock und einzelne
Söhne Afrikas wogen in buntem Durcheinander an uns vorüber. Und
was für zierliche Dinge findet man nicht in den Läden! Fein gear-
beitete Schuhe, elegante Ledersachen, vielfarbige Truhen und geschmack-
volle Klempnerei-Erzeugnisse sind am häufigsten vertreten, Holzschnitzer
fertigen gefällig zugerichtete und bemalte Stühle, Tischchen und Wand-
schränke an, und der Töpfer legt die bauchigen Krüge aus, die in keiner
albanesischen Wirthschaft fehlen. Dort hängt der Metzger sein nicht

gerade appetitliches Fleisch auf, und hier breitet der Bäcker seine dünnen Brotfladen oder eine beliebte Leckerei der Scutariner, fingerdicke
Maiskuchen mit Obstfülle, aus, und vor den verlockenden Süssigkeiten
eines Conditors bleiben die schönen Scutarinerinnen stehen. Gleich darauf
fesselt sie das glänzende Geschmeide eines Goldschmiedes, und so kann
man stundenlang gehen und schauen. Wie in den Markthallen unserer
grossen Städte die Anordnung der Verkaufsstände nach gewissen Gruppen geschieht, so wird auch hier diese Strasse vornehmlich von den
Bäckern, jene von den Getreide- und Reishändlern eingenommen, dort
sind die Fleischer oder Schmiede in der Ueberzahl, und an einer andern Stelle erfreuen die Fische des Skadarsko Jezero und der Bojana
das Auge. Bald kommen die Tuch- und Teppichhändler, bald die Nipp-
sachenverkäufer, deren Gegenstände wohl ausschliesslich mittel-euro-
päisches Fabrikat sind. Dazwischen halten Obsthändler ihre Früchte
feil, und aus den Tabaksläden strömt der aromatische Geruch des edlen
Scutariner Krautes, das bekanntlich einen Weltruf geniesst. Beständig
laufen schreiende Fleischverkäufer und flinke Jungen hin und her, die
in glühenden Kohlenbecken die kleinen Tässchen und die kleinen
blechernen Kaffeekannen in die Läden tragen.

Um das Volksleben recht kennen zu lernen und meinen nicht
mehr allzustraffen Geldbeutel zu schonen, vertauschte ich das Hôtel
— Scutari besitzt deren zwei — mit der Behausung eines türkischen Gar-
koches, deren es neben Schenken und Kaffeehäusern eine grosse Zahl
gibt. Es wurde uns ein mit Matten belegter Raum im oberen Stock
eingeräumt, und mit Wohlbehagen verzehrten wir die türkischen Gerichte, eine säuerliche Suppe mit kleinen Fleischwürfeln und eine fette,
süsse Mehlspeise. Viele Gäste gingen aus und ein und wählten sich unter
den Gerichten aus, die auf kleinen Blechtellern bereit standen. Dann
wuschen sie sich die Hände, zogen die Schuhe aus und setzten sich
mit gekreuzten Beinen auf das Strohgeflecht, nach dem Essen wuschen
sie sich abermals und gingen ebenso schweigend und würdevoll von
dannen, wie sie gekommen. Eben wollte ich meine Instrumente ablesen,
als mich ein türkischer Polizist vertraulich auf die Schulter klopfte und
zum zweiten Male nach meinen Papieren fragte. Vielleicht hoffte er,
sich ein Backschisch zu erjagen; aber ich wies ihm kaltblütig meinen
Pass hin und wartete mit der Beobachtung, bis der pflichteifrige Diener
der heiligen Hermandad um die Ecke bog.

Wir wollten nun auch der Stadt einen Besuch abstatten, die sich
eine gute Viertelstunde entfernt längs des langgestreckten Festungsberges hinzieht und mit dem Bazar durch eine vortreffliche Fahrstrasse

verbunden ist. Zur Linken dehnt sich eine sumpfige, baumbewachsene
Wiese aus, die im Winter unter Wasser steht und in die stahlblauen
Fluthen des Scutari-Sees übergeht, dessen Charakter als überschwemmte
Niederung hier ganz augenfällig ist. Ohrenzerreissendes Trompeten-
geschmetter schallt uns entgegen; Dutzende von Soldaten lagern auf dem
grünen Plane und üben sich im Signalblasen, denn Skadar gleicht
einem grossen Kriegslager und hat eine starke Garnison von Truppen
aller Waffengattungen. Rasch eilen wir aus dem Bereiche dieser abscheulichen Musik und betreten die Stadt (11 Meter); aber noch immer
will sie uns ihren orientalischen Charakter nicht offenbaren, sondern
eine breite Strasse mit Häusern abendländischen Stiles nimmt uns auf.
Da finden wir das russische, österreichische und griechische Consulat,
die Tabak-Regie, die Hôtels u. s. w. Das türkische Post- und Telegraphenamt und das österreichische Postamt sind in türkischen Häusern untergebracht. In allen Haupt- und Handelsstädten des Osmanischen Reiches
besitzt die eine oder andere europäische Grossmacht eine Postanstalt,
und so kann uns die Anwesenheit einer österreichischen Post in Scutari
nicht überraschen.

Endlich beginnen die türkischen Häuser, und die krummen, hoch
ummauerten Gassen haben dasselbe nüchterne Aussehen wie in jeder
orientalischen Stadt. Grosse Thorwege sperren das Innere des Hofes
ab und machen es unmöglich, hinter seine Geheimnisse zu dringen, ja
man verliert darüber leicht die Orientierung, denn der sich ohne jeden
Plan kreuzenden Strassen gibt es unzählige, und noch immer soll in
ihnen der Christ vor dem thätlichen Angriffe eines fanatischen Moslims
nicht sicher sein. Regellos — im Orient ist ja Regellosigkeit die
Regel — sind auch die Friedhöfe angelegt; oft gruppieren sie sich um
eine Moschee oder Schule, und stürmt nach beendetem Unterrichte die
liebe Jugend mit Schreien und Zanken heraus, so fragt man sich allen
Ernstes, ob man auf einem Kinderspielplatze oder einer Ruhestätte der
Todten angelangt ist. Zuweilen liegen die Gräber beiderseits der Strasse,
und dort sitzt mit Vorliebe der bettelnde Faullenzer, um sich sein Brot
durch Nichtsthun zu verdienen. Endlich stehen wir vor einem stattlichen,
in europäischem Stile gehaltenen Uhrthurme und vor der mächtigen
Kaserne, die wie eine kleine Festung mit Wall und Graben umgeben
ist und auf drei Seiten einen geräumigen Hof umschliesst. Ihre zweistöckigen Gebäude, die den mitteleuropäischen Kasernen aufs Haar
gleichen, beherbergen die gesammte Garnison und gewähren auch dem
Pascha von Scutari Wohnung. Ein türkisches Bad fehlt selbstverständlich nicht, und ein kleiner, wohlgepflegter Park bildet den Abschluss der

Sehenswürdigkeiten. So entspricht Skadar trotz seiner 30.000 Einwohner und als Hauptstadt des gleichnamigen Paschaliks einer gewöhnlichen türkischen Stadt, die wenig von dem geheimnissvollen Zauber des Morgenlandes an sich hat.

Die brennende Sonne neigt sich zum Horizonte, und die Kühle des Spätnachmittags lockt die Menschen aus ihren vergitterten Häusern. Scharen türkischer Frauen, begleitet von gravitätisch einherschreitenden Eunuchen, huschen schüchtern und sich zugleich neugierig umblickend über die Strasse; Scutariner, Officiere und reich ausstaffierte Neger plaudern in kleinen Gruppen, und stark bewaffnete Albanesen machen sich nach ihren freien Bergen auf. Die Posten treten stets mit geladenem Gewehr und patronengespicktem Gürtel an, und ebenso halten die Polizeimannschaften den Revolver schussbereit, da der wilde Arnaut in Scutari oft seinen Gegner trifft und ohne Gnade und ohne an seine eigene Sicherheit zu denken, niederschiesst.

Nach einem Ausfluge an den Drin, den See und die von Fischereireusen fast versperrte Bojana suchten wir den Bazar wieder auf und kehrten bei einem andern Garkoch ein. Das verdross indessen seinen Nachbar, und als mein Diener sein Messer von ihm zurückforderte, welches er am Morgen in dessen Hause vergessen hatte, wollte er es nicht herausgeben und bequemte sich hierzu erst auf energisches Verlangen. Als wir ihn ob seines Benehmens zur Rede stellten, antwortete er gereizt, er hätte das Messer eigentlich behalten sollen, weil wir bei ihm nicht zu Abend gegessen hätten. Nach diesem sonderbaren Zwischenfall mussten wir schleunigst den Heimweg in unsern Han jenseits der Brücke antreten, denn es dunkelte stark, die meisten Kaufleute hatten ihre Läden schon geschlossen, und das rege Leben war überraschend schnell verstummt. Noch lange genossen wir am offenen Fenster die milde Abendluft und blickten auf die weite Stadt, die wie ausgestorben schien. Zuweilen zog eine Patrouille gemessenen Schrittes vorüber, dann wurde wieder alles still, und nur den Wind hörten wir leise in den Blättern rauschen, da lästige Insecten uns erst gegen Morgen einen kurzen Schlaf gönnten.

Der 6. October war zur Abreise von Scutari bestimmt; als wir jedoch zum Fenster hinausschauten, war der Himmel dicht umwölkt und sandte einen wolkenbruchähnlichen Gewitterregen hernieder. Drei Stunden hielt derselbe an, und erst um 9 Uhr konnten wir an den Abmarsch denken. Der Weg freilich war überall aufgeweicht und mit knöcheltiefen Pfützen bedeckt; denn Skadar steht mit dem Meere bloss durch kunstlose Saumpfade in Verbindung, die von einem kräftigen Regen in einen einzigen Morast verwandelt werden. Ungeachtet des Schmutzes und der sonstigen Unannehmlichkeiten eilten wir vorwärts, brannten wir doch vor Verlangen, den sicheren Boden Montenegros baldigst wieder zu betreten. Um 10 Uhr rasteten wir in Oboti, setzten bei Belaj zum letzten Male über die Bojana und gaben dem bettelnden Fährmanne das versprochene Trinkgeld. Um ½ 2 Uhr standen wir auf montenegrinischer Erde, und ein kräftiges »Živio Crnagora!« entrang sich unserer aufathmenden Brust. Eine Stunde später empfingen uns die albanesischen Freunde in Zoganj, und nun gings an ein Erzählen, Essen und Trinken, dass wir uns erst spät Abends der feuchten Kleider entledigten und auf dem Altan unser Lager bereiteten.

Mit herzlichem Danke trennten wir uns von den gastlichen Arnauten, Marko, um nach Dulcigno, wir, um nach Antivari zurückzukehren. Hinter Zoganj erhebt sich der Možura-Rücken und wird durch ein tiefes, schmales Thal vom Mali Brijeg getrennt. In diese Schlucht bogen wir ein, klommen an der stark verkarsteten Možura empor und wanderten in der flachen Mulde von Gorana (250 Meter) fort. Der klüftige Kalk war von wohlriechendem Salbei und dickblätterigen Eichen überwuchert, und am Beckenrande lagen die Häuser der Albanesen. Einer von ihnen bot uns eine Tasse Kaffee an, und wir leisteten seiner Einladung Folge. Diese hatte aber den Zweck gehabt, uns zu einem Gegendienst zu verpflichten, denn der schlaue Eingeborene führte mich zu seiner kranken Frau und bat mich, ich solle sie gesund machen. Wie es dem Fremden bei einem naturwüchsigen Volke so oft ergeht, so war ich wieder einmal für einen Arzt gehalten worden und musste meine Unkenntnis hinter einer ernsthaften Miene und einigen allgemeinen Worten verbergen, um dem Ansehen des Europäers keine Blösse zu geben.

Eben lenkten wir bei Kunje in die vor einer Woche begangene Strasse ein, als uns ein reisender Handwerksbursche begegnete. Gilt der fahrende Gesell schon bei uns als eine originelle Gestalt, wieviel mehr musste seine Anwesenheit in einem Lande überraschen, wo man ihn kaum vermuthet! Sonst verlief unser Marsch bis Pristan Bar ohne dass sich etwas Bemerkenswertes ereignet hätte. Nur die vor kurzem noch spärlichen Rinnsale glichen infolge des Regens brausenden Bächen, und die schmalen Wasserläufe der Ebene von Antivari waren so breit und tief geworden, dass mich Marko hinübertragen musste. War also unsere Wanderung mit einigen Hindernissen verknüpft, so sollte der letzte Theil derselben noch unangenehmer werden. Die Niederung ist reich an wilden Tauben, und die Umwohner liegen deren Jagd mit

einer gewissen Leidenschaft ob. Auch heute knallte bald hier, bald dort
ein Schuss, und plötzlich stiessen wir auf einige Männer, die, obwohl
sie uns bemerkt und unsern warnenden Zuruf vernommen hatten, in
blindem Eifer dreinfeuerten, so dass uns die Schrote um das Gesicht
flogen, glücklicherweise ohne Schaden anzurichten. Als wir die Unvor-
sichtigen darob anfuhren, waren sie sogar so naiv, uns ihre Beute
zum Kaufe anzubieten. Noch mehr. An der Brücke, welche im
Zuge der Fahrstrasse einen Bach überspannt und wenige Minuten
vom Hafen entfernt ist, hatten wir einige Zeit gerastet und waren in
fröhlichster Stimmung bis zu den ersten Häusern des Pristan gelangt,
als ich mein Tagebuch mit den Aufzeichnungen der letzten beiden
Monate vermisste. Um so grösser ward mein Schrecken, als ich es auf
der Brücke nicht mehr fand, obwohl ich mich genau entsann, es dort
zuletzt in der Hand gehabt zu haben. Schon wollte ich niedergeschlagen
die aussichtslosen Bemühungen aufgeben, als mein Diener ausrief:
»Herr, ich sehe Ihr Buch!« Und wirklich, da ragte ein kleines Endchen
desselben unter einem Steine hervor, der unter der Brücke halb im
Wasser lag. Sofort sicherte ich mir den kostbaren Fund, Marko dagegen, auch hier das Richtige erkennend, holte zwei Jungen ein, die
eilends Fersengeld gaben. Obgleich das Buch für sie nicht den geringsten
Werth hatte, ganz abgesehen davon, dass sein Inhalt in deutscher
Sprache geschrieben und obendrein stenographirt war, so waren sie
unehrlich genug, es an sich zu nehmen, und ich musste es als
ein Glück betrachten, dass sie das gestohlene Gut nicht gleich mitgenommen hatten. Wir verspürten nicht wenig Lust, ihnen eine hand-
greifliche Strafe zu Theil werden zu lassen; aber ihr Vater, der an der
Volovica Steine klopfte, war über unsere Absicht sehr erbost, statt seinen
Sprösslingen den Unterschied zwischen Mein und Dein gehörig klar zu
machen. Nach diesem letzten und bedenklichsten Zwischenfalle suchten
wir die Locanda auf, um uns für den morgigen genussreichen Marsch
zu stärken.

20. Capitel.

Durch die Crmnica nach Cetinje und über den Lovćen nach Cattaro.

Wenige Tage noch, und ich stand am Ende meiner Reise: angenehm war dieser Gedanke, und doch mischte sich in die Freude ein unbestimmtes wehmüthiges Gefühl, wenn ich der schönen Stunden gedachte, deren ich in den Schwarzen Bergen so viele erlebt hatte. Bald frohen, bald ernsten Sinnes schritten wir durch die Ebene, bis zur Wegkreuzung am Gebirgsrande immer der neuen Strasse folgend. Stattliche Ortschaften, wie es deren vor dem Südthore von Antivari gab, waren auf der Nordseite nicht minder zahlreich, und hier wie dort grünte eine üppige Vegetation. Je mehr wir auf der vortrefflichen Kunststrasse anstiegen, die den Wanderer mühelos auf den Sutorman-Pass hinaufbringt, um so ausdrucksvoller traten die zackigen Mauern des Küstengebirges hervor, und um die kahlen Häupter wogte ein wallender, sich proteushaft verändernder Nebel. Als die kleinen Dörfer Sustaš (174 Meter) und Tudjemile (308 Meter) hinter uns lagen, gewann das Pflanzenkleid ein anderes Aussehen. Die Oliven, Feigen und anderen Vertreter der südeuropäischen Flora machten dickblätterigen Eichen Platz, die als ausgedehnter Niederwald die Lehnen bedeckten. Die Einlagerungen der Werfener und Wengener Schichten stachen unverkennbar vom Triaskalke ab, und die Bäche, die uns auf der Höhe einen kühlen Trunk gespendet, flossen zwischen beiden Orten zur Zelesnica (Eisenwasser) zusammen. In Tudjemile, einer der letzten albanesischen Siedelungen, rasteten wir in Gesellschaft mehrerer bedauernswerther Crnogorcen, die im Štoj ihr Glück zu finden hofften, aber vom Fieber geschwächt und ärmer als zuvor in ihre rauhe Heimat zurückkehren mussten. Der beschwerliche Steig über die Bijela Skala, an dem wir uns vor zehn Tagen versucht hatten, kam stellenweise der neuen Strasse sehr nahe, allein ein überaus schroffer Abhang trennte beide von einander. Die tiefen Wasserrisse zwangen die Strasse öfters zu weiten Biegungen; trotzdem zog ich es vor, auf ihr zu bleiben, da wir mit unserer Zeit nicht zu geizen brauchten und da ich die kunst-

volle Anlage kennen lernen wollte, der die Strasse von Cattaro nach
Cetinje zum Vorbilde gedient hat. Schlangengleich winden sich die
Serpentinen empor und erreichen bei der Ueberwindung des Passes ihre
höchste technische Vollendung.

Da die Fahrstrasse wieder eine grosse Curve beschrieb, so kürzten
wir sie auf einem Saumpfade ab, der, wie alle seinesgleichen, mit Steinen
übersäet war und uns unter der heissen Sonnenhitze manchen Seufzer
abpresste. Und doch bedeutete dieser Pfad, der in gerader Richtung

Der Sutorman-Pass von Tudjemile aus.

von Antivari nach Virbazar führt und an dem auch die Telegraphenleitung hinläuft, die Haupthandelsstrasse über den Sutorman! Fünf
malerische und zum Theil gut erhaltene Festungen beherrschten ihn
gänzlich; das oberste Fort war auf dem Kamme errichtet und
bestrich zugleich die Einsattelung und die Crmnica - Ebene. Nun
befanden wir uns im traurigen Karste, und nordischer, niedriger
Eichenwald überzog das verwitterte Gestein. Welch ein Gegensatz
zwischen unserer Höhe und den Landschaften unmittelbar an ihrem
Fusse, die, so schien es, ein Steinwurf treffen musste. Wir waren

froh, als der Pfad wieder in die bequeme Fahrstrasse einmündete, und noch froher, als wir in eine wasserreiche Zone gelangten, die beiderseits den Pass unterlagert und Bašena Voda heisst.

Hier konnte mein Diener seinen langgehegten Wunsch nicht mehr verheimlichen. Er hatte von jeher den für mich vollkommen überflüssigen Revolver tragen dürfen und bat mich jetzt mit einem vielsagenden Blicke, ihm statt des zugedachten Abschiedsgeschenkes die Waffe zu geben, die ihm eine liebe Erinnerung an unsere gemeinsame Wanderung sein würde. Anfangs that ich, als ob mir an ihrem Besitze selber viel gelegen sei, schliesslich sagte ich ihm aber zu, und da hätte einer die Freude meines Marko sehen sollen. Wie ein Kind sprang er herum, überglücklich, dass der Revolver endlich sein war; denn es ist der Stolz eines jeden Montenegriners, einen solchen zu besitzen.

Die Strasse klomm in grossen Windungen an der Gebirgswand empor und hatte bald den Sutorman-Pass (844 Meter) gewonnen, der sich wesentlich von den schmalen Passeinschnitten des Njegoš, Garač und der Javorje Planina unterschied. Rings von Bergen umgeben, glich er, wie der Brenner, einem aussichtslosen Hochthale, das mit einem wahren Urwalde kräftiger Steineichen und unserer nordischen Eichen bestanden war und in einer schroffwandigen Schlucht endete. Sehr langsam erweitert sich der Ausblick nach Süden zum Meere und nach Norden gegen Alt-Montenegro; eine Kette jedoch, die dem Hauptkamme des Küstengebirges parallel streicht und erst bei Virbazar von einer Scharte unterbrochen wird, entzieht den Scutari-See unseren Augen. Noch immer bildet der Sutorman die Völkerscheide zwischen Montenegrinern und Albanesen, wie vor 1½ Jahrzehnten die politische Grenze über ihn lief. Daher die türkischen Befestigungen, die gleichwohl die Raubzüge der Crnogorcen ebensowenig aufhielten, wie ihrerseits die Türken sehr oft verwüstend in die Crmnica einfielen. Auch die österreichische Grenze hält sich stets in nächster Nähe der Strasse, und ein bewaldeter Höhenzug, die Vrsuta, gehört halb dem kleinen Fürstenthum und halb dem grossen Kaiserstaate.

Da unser Weg in einer grossen Biegung die tiefe Crmnica-Schlucht übersetzte, um an der dem Skadarsko Jezero vorgelagerten Kette Virbazar zu gewinnen, so schlugen wir den alten Saumpfad ein, der direct in die dicht mit Weissbuchen, Eichen und Eschen bewaldete Rinne hinabführte. Eine ergiebige, ebenfalls Bašena Voda genannte Quelle sprudelte aus dem laubverhüllten Gestein, und nach einem tüchtigen Trunke ihres kalten, reinen Wassers stiegen wir rüstig zu Thal. Immer freier wurde der Blick auf die fruchtbare Ebene vor uns, die Vegetation der

kühlen Höhe blieb zurück, und als wir in Limljani (425 Meter) anlangten, waren wir in einen gesegneten Landstrich, den Garten Montenegros, eingetreten, der keine oder bloss kurze, milde Winter kennt.
Schüchtern stellt sich die Olive, die Feige, der Maulbeerbaum und der Tabak
wieder ein, edle Obstbäume wechseln mit anmuthigen Pappel- oder
Eichenhainen ab, und auf kleinen Beeten werden Gemüsepflanzen und
Melonen angebaut, wie man sie in gleicher Güte nirgends in der Crnagora
wiederfindet. Im hohen Grase der saftigen Wiesen weiden strotzende
Herden, auf den sorgsam gepflegten und bewässerten Aeckern gedeihen
alle Getreidearten in üppiger Fülle, und auf den sonnendurchglühten
Kalkgehängen kriechen die genügsamen Reben dahin, deren Trauben-
blut den berühmten, weit über die Landesgrenze hinaus bekannten
Crmnica-Wein liefert. Um die Fruchtbarkeit und den Wasserreichthum
zu erhöhen, besteht der Grund der Ebene aus undurchlässigen Werfener Schichten, die an den Hängen hoch hinaufreichen und wegen
ihrer leichten Zerstörbarkeit dieselben Erosionsformen aufweisen wie
die Flyschbildungen zwischen Antivari und Dulcigno. Endlich wurde
unterhalb Boljevići, als würdiges Gegenstück zu den Petroleumquellen
von Bukovik, im anstehenden Schiefer und unweit eines Diabasstockes
Manganit entdeckt; doch bleibt noch abzuwarten, ob sich der bereits in
Angriff genommene Abbau lohnt, da die chemische Untersuchung ziemlich abweichende Resultate ergab und die Ausdehnung jenes Eisenlagers
bis jetzt verhältnismässig beschränkt ist. Seltsam contrastirten mit dieser
blühenden, friedlichen Natur und den kleinen Kirchen die älteren
Häuser, die mit ihren schiessschartenartigen Fenstern und hohen Mauern
wie Festungen aussahen. Das waren sie in der That, als die Türken
fortwährend das schöne Land bedrohten und in jedem Gebäude ein
tapfer vertheidigtes Bollwerk fanden. Hing doch von der Erhaltung der
Ernten, auf deren Vernichtung der Gegner es hauptsächlich absah.
nicht allein das Wohl und Wehe der Crmnica, sondern von einem
grossen Theile Alt-Montenegros ab. Bereits sind neue, freundliche
Häuser in grosser Zahl erbaut worden, deren Einrichtung sofort den
Wohlstand ihrer Bewohner erkennen lässt. Auf der einen Seite schauen
die nackten, coulissenartig in einander geschobenen Ketten der Crnagora
herab, auch vom Lovćen — und welcher Sohn der Schwarzen Berge
wäre nicht stolz auf ihn — ist ein kleines Stück sichtbar, und im
Süden schliesst der Sutorman die lieblich-ernste Landschaft ab. Zwar
erscheint er von der Crmnica aus viel weniger imposant als vom Meere,
dafür ist er jedoch leichter zugänglich, und die Fahrstrasse macht nur
wenige Biegungen.

Nach einer angenehmen Wanderung langten wir in Boljević (168 Meter) an, wo ich einen der jungen Montenegriner wieder antraf, mit denen ich Anfang August auf dem Dampfschiffe enge Freundschaft geschlossen hatte. Pavle Plamenac, so hiess er, war ein naher Verwandter des Kriegsministers, seine Familie gehörte einem der edelsten Geschlechter Montenegros an und besass hier ihr Haus. Selbstverständlich musste ich bis zum nächsten Morgen in Boljević bleiben, und über unserer angenehmen Unterhaltung verflog die Zeit gar zu schnell. Das Abendessen wurde aufgetragen, und die Frau des Hauses, die in der Familie die einer Frau vom Stande gebührende Stellung einnahm, wies uns die Plätze an dem schneeweiss gedeckten Tische an. Nach dem zweiten Gange erhob sich Pavle zu einer kurzen Rede, er hiess mich namens seiner Familie herzlich willkommen und bedankte sich, dass ich auf meinen Streifzügen auch ihr Heim aufgesucht hätte. Zugleich verlieh er der Hoffnung Ausdruck, dass ich befriedigt von meiner Reise in die Heimat zurückkehren und seinem Vaterlande ein freundliches Andenken bewahren möge. Zum Schluss stiess er mit allen Anwesenden auf mein Wohl an, und ich dankte ihm unverzüglich auf seine einfachen, warm empfundenen Worte.

Ungern schied ich von dem gastlichen Dache, und Pavle gab mir noch auf eine kurze Strecke das Geleit. Schon winkte am Ende der Ebene Virbazar, und langsam senkte sich die Strasse zu dem kleinen Marktflecken hinab, den zwei von den Montenegrinern erbaute Kulas beherrschten. Der Bergzug, an welchem die Strasse hinlief, verschmälerte sich immer mehr, und plötzlich lag, ein überraschendes Bild, der blaue Scutari-See vor uns. Im hellen Sonnenschein spielten seine Wellen, aus dem Morgennebel tauchten die Alpen Albaniens und des Kuči-Landes hervor, und ein breiter, mit zahlreichen Wassertümpeln besetzter Moraststreifen umgab den Fuss unseres schroff abfallenden Hanges. Nun war der Hauptort der Crmnička Nahija nicht mehr weit; bald standen wir an der schmalen, hochgewölbten Steinbrücke, die theils von den Türken, theils von den Crnogorcen errichtet worden ist, und wenige Minuten später nahm uns die einfache Locanda auf.

Die meist einstöckigen und im Untergeschoss von Läden eingenommenen Häuser des Städtchens schliessen sich zu einem grossen Platze zusammen, der auf drei Seiten von den Flüssen Oraoštica und Crmnica begrenzt wird, während die vierte nach der sumpfigen Niederung zu offen ist. Trotzdem der Platz und die in ihn einmünden-

den Saumwege mehrere Meter hoch aufgeschüttet oder aufgemauert
sind, so werden sie fast allwinterlich von den Hochfluthen des Skadarsko Jezero überschwemmt, und wegen des zurückbleibenden stag-
nirenden Wassers sind Fieber so häufig, dass die Umgebung von
Virbazar oder Vir zu den ungesundesten Gegenden Montenegros
gehört.

Trotz seiner geringen Volksmenge war das Städtchen von jeher ein
Stapelplatz für den Localverkehr und Binnenhandel; wegen der Ungunst
der politischen und commerciellen Verhältnisse konnte von einem Fernverkehr allerdings keine Rede sein, und erst nach dem glücklichen Ausgange
des letzten Krieges und nach Fertigstellung der Fahrstrasse Antivari-
Virbazar fängt auch dieser an, sich einzubürgern. Die ununterbrochenen
und mit wechselndem Erfolge geführten Kämpfe gegen den muhamedanischen Erbfeind unterbanden Handel und Wandel, und wegen der
ewigen Einfälle der Türken und Albanesen konnte der ergiebige Boden
nicht in dem Masse ausgenutzt werden, wie er es verdiente. Wieviel
Blut hat nicht schon die Gefilde um den Scutari-See getränkt, wie viele
erbitterte Schlachten haben seine Ufer nicht gesehen! In Vir war es,
wo 1702 die montenegrinische Vesper ausbrach. Die Soldaten des
Paschas von Scutari waren gekommen, den Tribut zu holen, und einer
derselben beschuldigte einen Crnogorcen, sein Mass sei zu klein. Der
aber schlug ihm mit den Worten: »Das ist Montenegriner-Mass!« den
Schädel ein, und in dem nun beginnenden grauenvollen Ringen fielen
fast sämmtliche Türken der Volkswuth zum Opfer. Heute war jede
Spur der Jahrhunderte langen Fehde verwischt; von allen Seiten
strömten die Landleute auf dem vielbesuchten Wochenmarkte zusammen und erfüllten in buntem Durcheinander den Platz und die Schänken.
Vom See und aus der Rijeka kamen die Londras herangefahren, aus
den Dörfern der Crmnica und des Küstengebirges trieben die Bauern
ihre schwer beladenen Saumthiere vor sich her, und den ganzen Tag
dauerte das rege Leben. Hier hielten die Fischer von Vranina frische
und getrocknete Fische feil, dort wurden die Erzeugnisse der reichen
Crmnica ausgeboten, und redselige Frauen breiteten Brot, Eier und
pfundschwere Käse auf groben Decken aus. Die Einen untersuchten
prüfend die goldgelben Maiskörner oder den hellbraunen Roggen, die
Anderen handelten Werkzeuge und Geräthe für den Ackerbau und
Haushalt ein, und jenseits der Brücke waren die Schafe, Ziegen,
Schweine, Kühe und Pferde zum Verkaufe ausgestellt. Der Freund fand
den Freund und lud ihn zu einem Kaffee, Raki oder einem Glase
Wein ein, die Kapetane und die anderen Behörden trafen mit ihren

Amtsgenossen zusammen, und der einfache Mann sprach mit seinem Vorgesetzten nach höflicher Begrüssung wie mit seinesgleichen.

Nach Mittag liess das unruhige Treiben nach, und die meisten der entfernter Wohnenden machten sich in ihre Dörfer auf. Da mehrere Londras aus Rijeka in dem kleinen Hafen vor Anker lagen, so bot sich uns eine willkommene Gelegenheit, für einen billigen Preis und in lustiger Gesellschaft nach unserem heutigen Ziele befördert zu werden, und das umsomehr, als wir den aus Murić nach Vir geschafften Tiefenlothungsapparat mitzunehmen hatten, der unser Gepäck nach Umfang und Gewicht nicht unbeträchtlich vermehrte. Wir wurden mit den Fährleuten schnell handelseinig und nahmen gegen 1 Uhr unseren Platz im Boote ein. Die anderen Fahrgäste, meist Frauen und Mädchen, liessen ebenfalls nicht lange auf sich warten; ihre Körbe waren bis zum Rande mit Feigen, Trauben, Aepfeln und Melonen angefüllt, und bald war der grosse Kahn so voll, dass man sich kaum rühren konnte. Ueberall gab es fröhliche Gesichter, und nur zwei Fieberkranke sassen theilnahmslos und in sich gekehrt da. Wir stiessen ab, um im nächsten Augenblicke auf dem Schlamme fest zu sitzen, denn die schwer beladene Londra besass für die seichte Rijeka Vir, den Unterlauf der bei der Stadt zusammenfliessenden Crmnica und Oraoštica, einen viel zu grossen Tiefgang. Daher mussten wir aussteigen und ein gutes Stück längs des Wassers hinlaufen, während unser schwimmendes Haus erst nach mancherlei Anstrengungen wieder flott gemacht werden konnte. So erging es uns noch mehrmals, bis wir den Scutari-See vor uns sahen und hoffen konnten, in ein günstigeres Fahrwasser zu gelangen. Aber weit gefehlt. An der Mündung verflachte sich der Fluss immer mehr, und seine Ablagerungen, die gleich den Sedimentabsätzen an den Mündungsarmen der Morača ein vorgeschobenes Delta bildeten, tauchten so langsam unter das Wasser, dass dessen Tiefe höchstens einen Fuss betrug. Was blieb uns abermals übrig, als Schuhe und Strümpfe auszuziehen und, Männer und Weiber in buntem Durcheinander, im See herumzuwaten? Wohl eine Viertelstunde dauerte es, ehe wir knietiefes Wasser fanden und unsere Fahrt ungestört fortsetzen konnten. Unter den gleichmässigen Ruderschlägen dreier Schiffer glitt das Boot hurtig auf dem ruhigen Skadarsko Jezero dahin, und wir bedurften der Eile, weil über dem abwechselnden Aus- und Einsteigen viel Zeit verloren gegangen war. Die Sonne neigte sich stark zum Horizonte, als wir in die Rijeka einbogen, die trotz ihrer stattlichen Breite so von einem wirr verfilzten Sumpfpflanzenteppich verhüllt war, dass bloss eine schmale, vielgewundene Fahrstrasse frei blieb. Unaufhörlich folgten sich die neckischen Schlangenlinien aufeinander, und bald zwang ein vorspringender Hügel, bald ein inselartig emporragender Fels den Fluss zu einer grossen Krümmung. Ohne Aufenthalt passirten wir die schmutzige, träge Karatuna und den ärmlichen, aber wegen des Scoranzenfanges berühmten Weiler Ploča, und doch kamen wir so langsam von der Stelle, dass bereits die Sterne am abendlichen Himmel erglänzten, als wir die Bergkette ereichten, in welche die nach Podgorica führende Fahrstrasse eingesprengt ist und die der bisher nordwärts fliessenden Rijeka eine westliche Richtung gibt. Von neuem begann das Boot aufzufahren, und die Seichtigkeit des Bettes nahm so überhand, dass unsere Londrafahrt zu Ende war. Wir ruderten ans Ufer, erklommen auf einem schmalen Pfade das steile Gehänge und wanderten auf der Kunststrasse nach Rijeka, wo wir gegen 8 Uhr abends eintrafen.

Der wissenschaftliche Theil meiner Reise war abgeschlossen, und in gehobener Stimmung brachen wir am nächsten Tage, dem 10. October, nach Cetinje auf, nicht ohne zuvor dem wildromantischen Höhlenaustritte der Rijeka einen Besuch abgestattet zu haben. Im heissen Sonnenschein schritten wir auf der wohlbekannten Fahrstrasse gemächlich aus, schauten vom Belvedere noch einmal auf den See und die dunstumwobene Gebirgswelt hinter uns und begrüssten eine halbe Stunde später mit kräftigem Hurrah die freundliche Ebene von Cetinje. Reges Leben herrschte in der Hauptstadt der Crnagora; vor wenigen Tagen war die neu erbaute Wasserleitung unter dem Jubel der Bewohner dem allgemeinen Gebrauche übergeben worden, und heute feierte der Landesvater seinen Geburtstag. Ueberall ertönten Böllerschüsse, Musik und froher Gesang, und eine festlich gekleidete Volksmenge wogte durch die reich beflaggten Strassen. Das legte ich auch als einen guten Willkommengruss für uns aus, und herzlich empfangen von den Freunden und Bekannten, deren ich hier wie in Montenegro so viele gefunden, hielt ich meinen Einzug in Cetinje. Zwei Tage waren der Ruhe und den Abschiedsbesuchen gewidmet, der Bruder meines bewährten Marko übernahm den Transport des Gepäckes nach Cattaro, und am Morgen des 13. October sagte ich Cetinje Lebewohl.

Doch ich wollte mich von den mir lieb gewordenen Schwarzen Bergen nicht trennen, ohne auf ihrem berühmtesten Gipfel, dem Lovćen, gewesen zu sein. Der Eildampfer nach Fiume fuhr erst in zwei Tagen ab, und so blieb mir zur Verwirklichung meines Planes Zeit genug. Zahlreiche Fussstege, Saumpfade und ein bequemer Reitweg führen

von allen Seiten zum Lovćen hinauf, und wir wählten den von Bajce
aus auf die Höhe laufenden Pfad. Ueber stark verkarstetes, mit
dichtem Buchenwalde bestandenes und von zahllosen Dolinen erfülltes
Kalkgestein stiegen wir mehrere Stunden lang zu einer ausgedehnten
Ebene empor, die eine sehr unregelmässige Oberfläche besass und in
die ausgedehnte Mulde Korita überging. Ein kleiner Karstbach und
nie versiegende Quellen tränken die grasige Niederung; eine derselben
sprudelt mit mächtigem Strahl unweit einer uralten, zerfallenen Kirche
aus den Kalkbänken, und ihr ausserordentlich kaltes Wasser ($+ 5^0$ C.)
fliesst durch eine Reihe von Trögen ab, um sich dann in den blumigen
Wiesen zu verlieren. Ein schier undurchdringlicher Urwald riesiger
Buchen umsäumt die vortrefflichen Weiden und die grösseren Becken,
die in den meisten Fällen wohlbestellte Aecker und menschliche Wohnstätten beherbergen, und aus dem Gewirr von Bergen und Vertiefungen
erheben sich in stolzer Majestät die beiden Hauptgipfel des Lovćen-
Gebietes, der Štirovnik und der Jezerski Vrh, auch schlechthin Lovćen
genannt. Unvermittelt ruht der ungefüge würfelähnliche Coloss des
Štirovnik auf seiner breiten Unterlage, in vollkommen senkrechten
Mauern stürzt er zu dem schmalen Dolinenthale ab, das ihn vom Jezerski Vrh trennt, und kein Baum wächst auf seinen wild verkarsteten,
nackten und schwer zugänglichen Felsen. Ganz anders der ausdrucks-
vollere Nachbarberg. Zwar ragen seine hellen, nicht selten krystal-
linischen Kalke ebenfalls in schroffen Wänden empor und werden nur
in ihren unteren Horizonten von lichtem Eichen- und Buchenwalde überkleidet; aber sie sind zu einem scharfen, schmalen Rücken ausge-
arbeitet, der beiderseits mit Schutthalden überdeckt ist und einen
kleineren, sargdeckelartigen Aufsatz trägt. In allen Theilen Montenegros
ist seine charakteristische Gestalt erkennbar, und als ein weithin sichtbares Wahrzeichen lugt die dem Andenken des Fürsten Petar II. ge-
weihte Capelle ins Land hinein. Ein sumpfiger See, eigentlich ein
Teich mit tiefgrünem Wasser, der von unterirdischen Quellen gespeist
wird und zu gewissen Monaten ganz verschwindet, gibt dem Jezerski
Vrh seinen Namen Seeberg. und es möchten hier einige abschliessende
Bemerkungen über die einheimischen Ortsnamen am Platze sein, soweit
sie auf die Eigenschaften ihrer Umgebung hinweisen. In einem
trockenen Lande spielen Wasser und Schnee eine hervorragende Rolle,
daher kehren die entsprechenden Namen am häufigsten wieder. z. B.
Suvo Polje Trockenes Feld, Dobra Voda Gutes Wasser, Mokro Feuchter
Ort. Ponorska Gora Schlundgebirge, Ponikvica Loch, Ubli Brunnen-
oder Cisternenort, Sušica Wildbach, Ledenica Pećina Eishöhle, Drecin

Usov Lawinenberg. Der Wald und seine Baumarten spiegeln sich wider in den Bezeichnungen Gvozd Urwald, Golija Nacktes Gebirge, Travni Do Grasthal, Borovnik Fichtenberg, Lipa oder Lipnik Lindenort, Bukovik oder Bukovica Buchengegend, Dubovik oder Dubrave Eichengegend, Jabuka Apfelort, Trešnjevo Kirschenort, Javorje Planina Ahorngebirge u. a. Die Viehzucht oder das Vorhandensein irgend eines Thieres gaben Veranlassungen zu den Namen Žabljak Froschort, Riblje

Der Lovćen.

Jezero Fischsee, Golubovci Taubenort, Katunska Nahija Sennerei-Bezirk, Medjed Bärenberg, Jelen Do Hirschthal, Kosovi Lug Amselnhain. Die Farbe bedingt Namen wie Crvena Greda Rothe Klippen, Bijela die Weisse, Crno Jezero Schwarzer See u. v. a. Nach der äusseren Form, der Lage oder einer Kirche richten sich die Bezeichnungen Crkvice Kirchenort, Podgorica Unter dem kleinen Berge, Troglav Drei Köpfe, Bijela Skala Weisse Treppe, Korito Trog, Krivi Do Schiefes Thal, Sto Tisch. Aus dem Klima entspringen die Namen Studena Planina Kaltes Gebirge, Župa Sonniges Land, von Volkssagen rühren her Savinkuk Berg des heiligen Sava, Drobnjak Land des Riesen Drob, und an die bereits erwähnten Familien- und Verwandtschaftsnamen knüpfen an Kuči, Vasojevići, Petrovići, Banjani u. v. a.

Nach kurzer Rast an der kalten Quelle von Korita wanderten wir in die von einigen Häusern belebte Thalrinne zwischen Štirovnik und Jezerski Vih und klommen, eine ergiebige Cisterne hinter uns lassend, an den steilen Lehnen des letzteren in die Höhe. Die Gewinnung des Grates machte keine allzugrossen Schwierigkeiten, denn der vom Fürsten angelegte Reitweg lief bis auf ihn hinauf, und ein wendeltreppenartiger, durch Mauern geschützter Fusssteig leitete uns in kurzer Frist an den senkrechten Zinnen des aufgesetzten Rückens zu dem kleinen, einsamen Kirchlein (1657 Meter) empor. Um 12 Uhr betraten wir das nach Länge und Breite beschränkte Plateau, in welchem jener Rücken endete, und ein schneidender Wind wehte uns entgegen, sodass wir uns fröstelnd in unsere Mäntel hüllten. Doch wir achteten nicht der unangenehmen Kälte und hörten kaum das Pfeifen des Sturmes, der unsern Standpunkt umtobte, weil das Bild, das sich zu unseren Füssen ausbreitete, uns alles Andere vergessen liess. Wer könnte dieses Panorama beschreiben, gegen welches die Rundsicht vom Durmitor, Vojnik, Ostrog oder von Vranina in nichts zusammenschrumpft und dem selbst der umfassende Blick vom Kom an zauberischer Schönheit nicht gleichkommt? Wahrlich, ein poetisches Gemüth, wie das des Fürsten Petar, konnte es wieder und immer wieder auf jene starre Höhe ziehen, von welcher der als Dichter und Herrscher gleich erprobte Sohn der Schwarzen Berge sein kleines Land, das einst allmächtige Serbenreich und das türkische Gebiet überschaute, wo er die Gedanken zu seinem berühmten Heldenliede Gorski Vijenac, dem Bergkranz, sammelte und wo er, seinem Wunsche gemäss, begraben wurde. Leider beeinträchtigte ein feiner Nebel die Aussicht, so dass die entfernteren Bergzüge undeutlich aus der Dunsthülle hervortraten; aber das gesammte Montenegro lag wie auf einer Reliefkarte vor uns. Hier spielte die Sonne mit den leicht bewegten Fluthen der Bocche, dort leuchtete der Spiegel des Scutari-Sees herauf, und am Horizonte verschwand die blaue Adria. In wilder Pracht erhoben sich die Albanesischen Alpen und das Küstengebirge Rumija, und allerorts schweifte das Auge über ein endloses Durcheinander von Ketten und Thälern, aus deren Hintergrunde die schneebedeckten Zacken des Durmitor und Kom zum letzten Male herübergrüssten. Vom grünen Plane hob sich Podgorica ab, die kleinen Becken von Cetinje, Njeguš und Kćevo unterbrachen anmuthig das Grau in Grau gehüllte Gestein, und 100 Meter unter uns war in einen kreisrunden Kessel der See des Jezerski Vrh eingebettet.

Nur schwer vermochte ich mich von dem überwältigenden Bilde zu trennen, und beflügelten Schrittes eilten wir auf dem einzig möglichen

Wege wieder ins Thal hinab, das nach kurzer Wanderung rasch abfiel und sich zu der mit Häusern, Feldern und Wiesen bedeckten Mulde Žanjev Do erweiterte. Die Bocche di Cattaro zeigten sich uns unverwandt, und bei jeder Biegung des erträglichen Pfades schien die reizvolle, farbenfrohe Landschaft am Meeresstrand ein anderes Gewand anzunehmen, während hoch oben selten ein grünes Becken oder ein kleiner Buchenhain die zersprengten, fast vegetationslosen Kalke zierte. In Žanjev Do angelangt, hatten wir noch wenige Schritte bis zum Han Krstac an der neuen Strasse, und hier verbrachte ich die letzte Nacht auf montenegrinischem Boden, um mich noch einmal in die Einfachheit der einheimischen Unterkunftsverhältnisse zurückzuversetzen und am Morgen mit frischen Kräften auf dem alten, noch heute viel benutzten Saumwege nach Cattaro hinabzusteigen. Zwei nebeneinander gestellte Holzladen bildeten das Bettgestell, einige Decken das Bett, aber erst in der Frühe konnte ich wegen der unbefugten sechsfüssigen Bewohner meiner harten Lagerstatt einschlafen und trieb schon zeitig zum Abmarsche. In 67 kurzen Windungen führte der mauer- und geländerlose Pfad längs einer schroffwandigen Schlucht an den abschüssigen Lehnen hinab zum Meere. Verwitterte Kalktrümmer überdeckten den kümmerlichen, mitunter sogar halsbrecherischen Steig, oft hatte das Wasser tiefe Löcher und Risse in die stellenweise vorhandenen Fundamente gewühlt, und überall starrten uns seltsame Felsformen an. Ohne Aufhören ging es von rechts nach links und von links nach rechts, ja wenn uns die Curven gar zu gross dünkten, kürzten wir sie nach montenegrinischer Art durch gerade Verbindungswege ab und und kamen rasch an die Linie, welche den Besitz des Hauses Habsburg von dem des Hauses Petrović sondert. Auf österreichischem Gebiet wurde der Weg nach Breite und Ausbau besser, doch lässt man ihn seit Vollendung der Fahrstrasse verfallen, und die Gewalt der Elemente hat bereits mannigfachen Schaden angerichtet. Nach zweistündiger Wanderung standen wir vor dem Festungsthore von Cattaro, und ein allzupflichteifriger Zollwächter unterwarf mein Handgepäck einer peinlichen Durchsuchung. Die für die Abreise nöthigen Vorkehrungen waren binnen kurzem erledigt, und wir konnten den Nachmittag der Musse und unseren Gedanken widmen. Am Morgen des 13. October schlug die Scheidestunde, und mein treuer Marko liess es sich nicht nehmen, mich bis an Bord zu begleiten. Noch ein herzlicher Abschied, dann mussten wir uns trennen; er kehrte zurück zu seinen Bergen, und mich trugen Dampfschiff und Eisenbahn eilenden Flugs der Heimat zu.

Inhalt.